# 元興寺とならまちの建築・美術

## ――語られなかった謎に迫る――

清水和彦

# はじめに

元興寺は飛鳥京で創建されたわが国初の本格的寺院、法興寺（飛鳥寺）の由緒を受け継ぎます。平城遷都とともに養老二（七一八）年以降、平城京で新たに建立されました。南都七大寺の一つでしたが、古代末から中世にかけて衰え、今では▽世界遺産「古都奈良の文化財」を構成する真言律宗・元興寺▽華厳宗・元興寺▽真言律宗・小塔院――の三つの寺院に分かれました。

奈良市の旧市街「奈良町」の中心部、古い町並みが残る一帯が今では「ならまち」とひらがなで書かれ、世界遺産の元興寺はそのシンボルです。町並みの中で一千三百年の間、火災にも遭わず奈良時代以降の文化遺産を伝えているのは奇跡です。一方、華厳宗・元興寺には幕末まで奈良時代創建の五重塔（大塔）が残っていましたが、町家の火事が飛び火して惜しくも焼失してしまいました。

本書では大塔の復原をめぐる戦前の忘れられた論争を手がかりにして、これまで語られなかった元興寺をめぐる謎に迫りました。大塔と、過去にその雛形（ひながた）とされていた五重小塔（奈良時代、国宝）の外形がほぼ相似形であることを見出し、小塔は元興寺では建てられなかった西塔の代わりに祀られたことを裏付けました。

古代の僧房から生まれた双生児・本堂と禅室（ともに鎌倉時代、国宝）の中軸線のずれの原因を探り、「設計」意図を示す基準線が秘められていたことを明らかにして、極樂浄土の伝説に彩られた智光曼荼羅の信仰と深く関わっていたことを論じました。

また、本堂内陣と本尊の変遷をたどり、位置づけが曖昧だった板絵の智光曼荼羅（平安時代末期～鎌倉時代初期、重要文化財)が、「掌(たなごころ)の曼荼羅」として崇められた智光曼荼羅原本の代わりに制作されたもと本尊だったことを示しました。

他に中世書院造の遺構・今西家書院(重要文化財)、中世以来の伝統を伝える町会所(ちょうかいしょ)、古代都市再開発の道、辻子(ずし)・突抜(つきぬけ)、興福寺の板彫十二神将像(平安時代後期、国宝)など、元興寺を中心にした「ならまち」の歴史文化遺産を取り上げ、残されていた問題に新たな角度からアプローチしました。

改めて「ならまち」の歴史の奥深さの一端に触れた思いがしています。

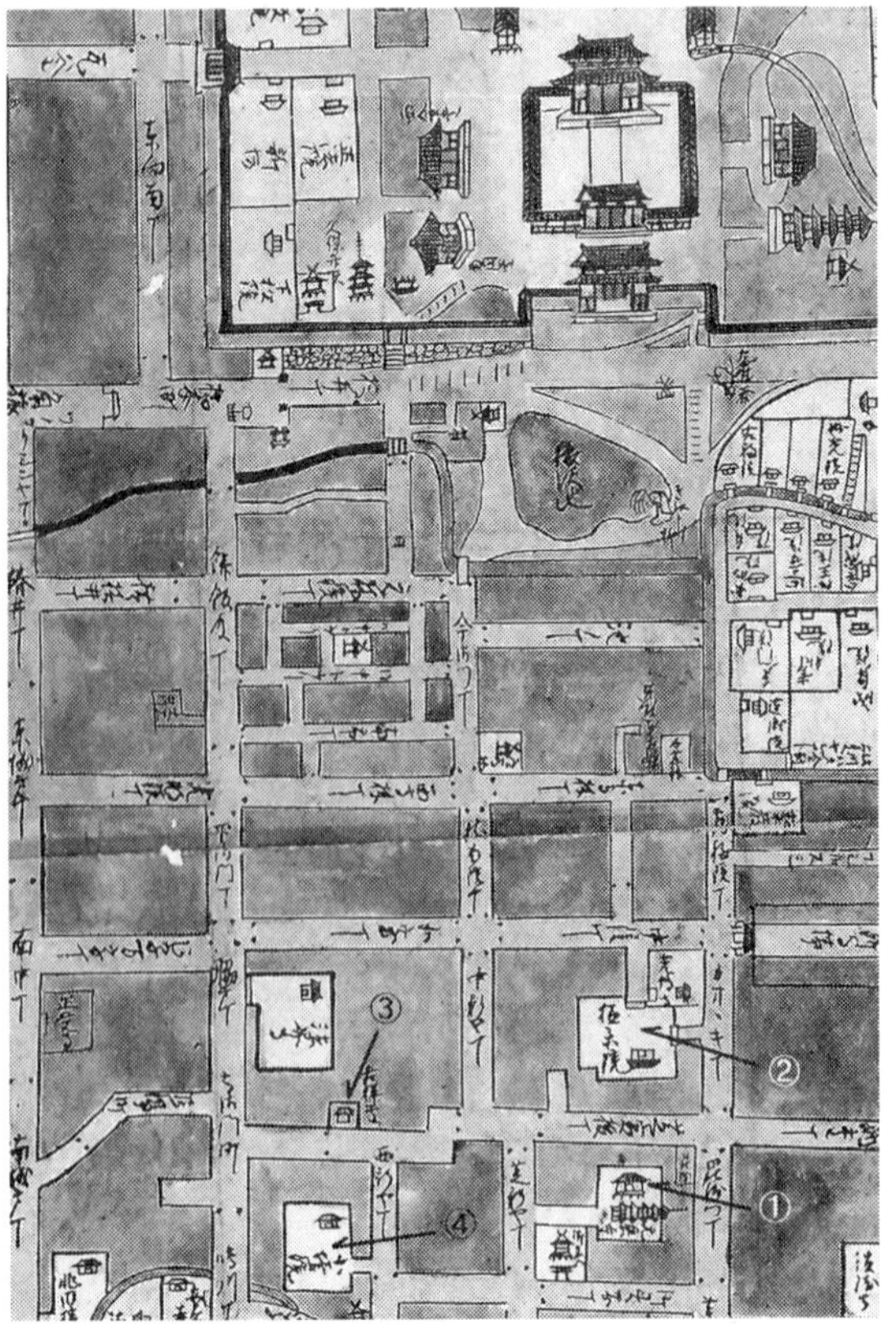


江戸時代の奈良町絵図（江戸時代中期、奈良市史料保存館所蔵）に描かれた「ならまち」中心部。著者撮影

上部は猿沢池と興福寺の伽藍（享保の焼失前の姿）。道に打たれた二つの点は町境にあった木戸を示す。

①元興寺（現華厳宗）。幕末に焼失した五重塔が見える
②極楽院（現真言律宗・元興寺）
③町の堂・吉祥堂。会所を兼ねて建てられた
④小塔院（現真言律宗）

# 目次

# 第一章　元興寺五重塔（大塔）の焼失
## ―忘れられた論争と史料を見直す―

元興寺金堂は宝徳三（一四五一）年、土一揆のため焼失し、伽藍があった地には近世以降、町家が進出して「ならまち」の中心部が形成されました。

幕末まで「ならまち」にそびえていた五重塔（以下大塔という）は、金堂などから少し遅れ、天平神護元（七六五）年以降の奈良時代後期の建立とされています。大塔には幕末の修理の際に作成された実測データ「元興寺塔寸尺覚（すんしゃくおぼえ）」（東京国立博物館所蔵）と、実測図とされる立面図「南都元興寺大塔貳拾歩一（にじゅうぶいち）（二〇分の一）図」（奈良県庁所蔵）が残っていました。

この章では、失われた大塔の姿を近世の史料で探るとともに、寸尺覚に基づく戦前の復原研究と、それをめぐる忘れられた論争を取り上げました。さらに論争以降もその性格を確かめないまま「実測図」として扱われてきた貳拾歩一図の細部を検討し、実際にはあり得ない組物（くみもの）（斗栱（ときょう）＝軒の出を支えるため柱の上に組まれた部材）図が使い回されていることを突き止めました。

これに基づき貳拾歩一図の実測図としての限界を明らかにするとともに、否定されていた戦前の復原研究の再評価を行いました。

# Ⅰ．大塔のかつての姿

## （1）プロローグ　幕末の炎上―ろうそくの火が燃えるように―

安政六（一八五九）年二月二八日三更半ば（二九日午前一時頃）のこと。

「ならまち」の一角、芝新屋町の元興寺（現華厳宗）の裏口で、急を告げる女の声とともに戸を激しくたたく音が響いた。驚いて飛び起きた下男留吉が戸を開けながら「なにごとか」と尋ねると、寺の借家に住む佐野屋の後家、お茂が血相を変えて「毘沙門町で火事や」と叫んだ。毘沙門町といえば寺のすぐ東隣だ。騒ぎを聞きつけて起きてきた留守居僧の真観も驚き、留吉と門を開けると、毘沙門町の西側の町家三軒が激しく燃えていた。狼狽した人々が立ち騒ぐうち、火勢で吹き上げられた大量の火の粉が修理中の大塔の最上部、五重目の杉皮で下葺きした屋根に降ってくすぶり、やがて燃え出した。

混乱の中、人々は本堂の観音堂に入って公儀の位牌、宝物の面「八雷神面」や仏具類を入口まで運び、いざというとき持ち出す用意をした。さらに庫裏から道具類を運び出そうとしたが、蔵の戸に鍵がかかっていて蹴破ろうとしても開かない。仕方なく本堂の品々を手分けして北すぐ近くの極樂院（現在の真言律宗・元興寺）に運んだ。

寺の雇い勇介の弟、亀吉が鎌を帯に挟み、提灯を持って勇敢にも大塔に登り始めた。亀吉は五重目で足場伝いに最上部の屋根に上がって鎌で火を打ち消そうとしたがとても及ばず、火はますます燃え上がった。後に続いて登ってくる者もなく、危険になったので諦めて下に降り、本堂から宝物の八雷神面を持ち出す手伝いをして働いた。

写真１　薬師如来立像（平安時代、国宝）華厳宗・元興寺蔵＝奈良県文化財図録Ⅵ（同県教育委員会刊）より

元興寺の南東近く、西紀寺町の璉城寺では、僧了融が大塔の最上部に火がついたのを見た。

「すわ一大事」と親族の一人と走って寺の西門から境内に入ったが、人はだれも見えなかった。塔内に駆け込み、安置されていた本尊・薬師如来像を運び出そうとしたが、びくとも動かない。

了融は親族の者と像に抱きつき、「尊像よ　火災から逃れる思し召しあらば、早く我らが肩に取り付き給え」と一心に祈りながら引き上げると、今度は軽々と持ち上げることができた。親族の者は像を肩に担いで走り出したが、重いとも思わず、そのまま町の中を璉城寺まで運んだ。了融は塔内に止まり、他の仏像を運び出そうとしたが、だれも来ず、火の粉が滝のように落ちてくるので璉城寺に戻り、運ばれていた像を奥殿に安置した。

火は五重目から次第に下層へ燃え移り、火炎はますます激しく、一帯は昼のように明るくなった。観音堂や庫裏にも飛び火して燃え始め、近隣の町家にも延焼した。

やがて大塔は焼け落ち、焼けた青銅製の相輪は足下の毘沙門町に落下してばらばらに壊れた。観音堂など境内の建物と付近の町家を焼いた火は、明け方になってやっと鎮まった――。

約一六〇年前の出来事なのに、火災の状況や人々の動きが緊迫感とともに映像を見るように迫ってくる。華厳宗・元興寺に残る詳細な「安政六年元興寺焼亡記録」(1)の記述を著者が現代文に改め、若干の字句を補った。「焼亡記録」は他に本山の東大寺はじめ近隣の寺や各町とのやりとりと見舞い、奈良奉行所の検分、手伝った人々への酒飯の提供などにわたり詳細だ。元興寺がそのとき働きがあった人々への聞き取りを行い、書き上げたと考えられる。

薬師如来像は、現在、奈良国立博物館に寄託されている国宝像（平安時代）＝**写真1**とされる。これを一人で担いで運んだという記述にはやや疑問がある。像は等身より少し小さい高さ約一四五センチ、台座の蓮肉部までを含むヒノキの一木造りだ。背中に大きな長方形の内刳（干割れを防ぐため木像の内部を刳る技法）が施されているが、重量感がある。江戸時代の人がいかに体を鍛え〝火事場の馬鹿力〟が加わったとはいえ、一人で担げたかどうか。ただし、像を救出したのが当夜第一の働きだったことは間違いない。

幕末の「ならまち」のこの大事件は鵲町の記録「御祝儀納帳」にも記され、町民が受けた衝撃を物語る。「元興寺塔焼失に関する一二の史料」（『大和志』第4巻3号、1933年）で納帳の記事を紹介した郷土史家、森川辰蔵は、当時を体験した古老からの聞き書きも行い、記録に残した。

「火事は下駄屋の鉋屑の火の不始末からで、それが塔の上層に燃え移つたから、全く手の下し様もなく、丁度蝋燭の灯の燃えるように、上からだんだんに焼けて行つた。ただし、これが為に塔が倒れるといふ事はなく、人々の死傷は免れたのであつた」という目撃談は生々しい。

大塔はあいにく修理中で、工事は最終段階に入り、相輪も上げていた。最上部の五重目から燃え出したところから見ると、五重目の屋根だけ下地の杉皮が露出していたのかも知れない。

## （2）近世の大塔と研究の始まり

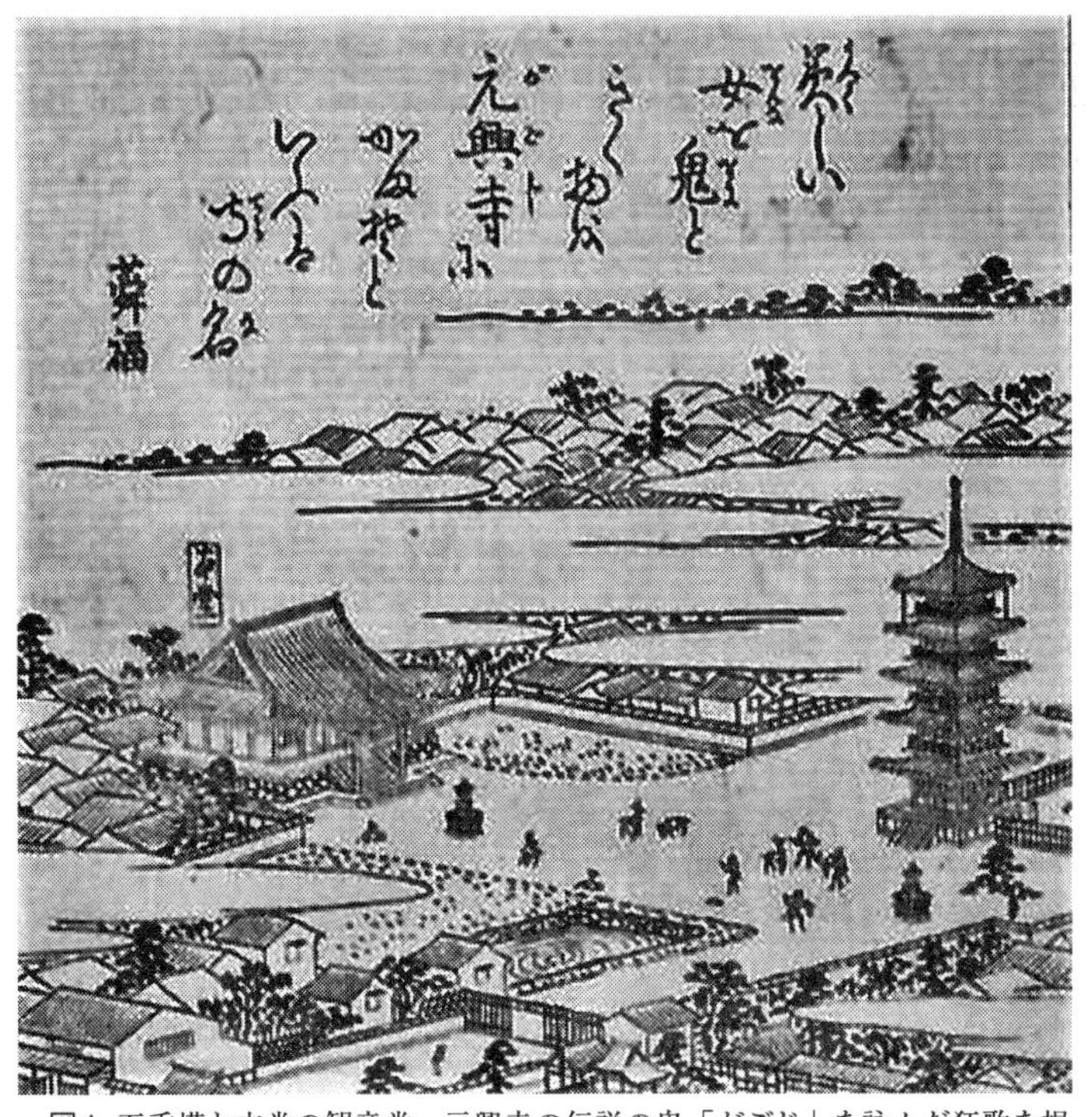

図1　五重塔と本堂の観音堂。元興寺の伝説の鬼「がごじ」を詠んだ狂歌を掲げる＝大和名所図会（部分）。奈良県立図書情報館所蔵

「ならまち」やその周辺には東大寺、興福寺、元興寺、春日社などの有力な寺社があり、中世以降、商工業も盛んになった。近世に入ると、慶長一八（一六一三）年、徳川幕府は奈良奉行所を置き、奈良町全域を直轄支配地とした。

幕末に勘定奉行や外国奉行などを歴任した幕臣、川路聖謨（かわじとしあきら）[2]は大塔焼失の一三年前の弘化三（一八四六）年、普請奉行から奈良奉行に転任し、着任後の巡視の折に元興寺を訪れて大塔に登った。日誌『寧府紀事（ねいふきじ）』の同年四月二二日の条に記述がある。（引用文のふりがなとかっこ内は補った＝以下同様）

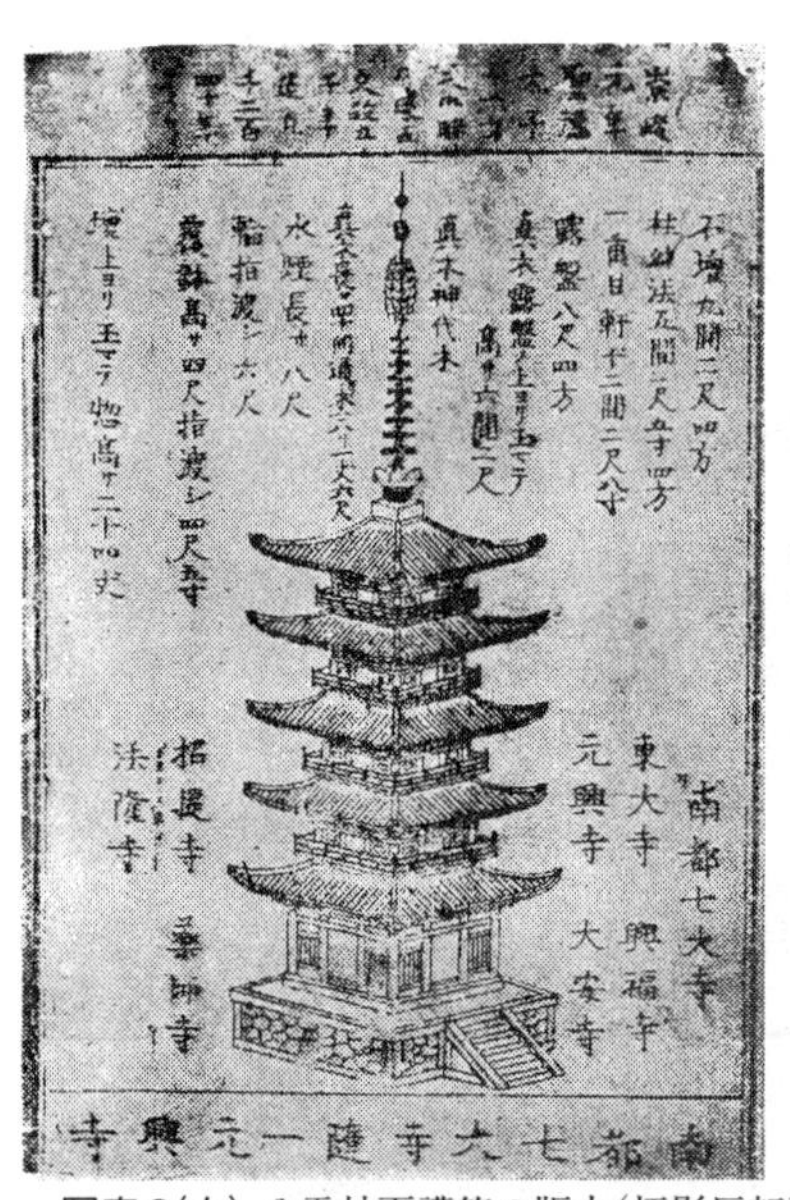

**写真2**(右) 八雷神面護符の版木(拓影反転画像)。道場法師は鬼のイメージで現わされる(華厳宗・元興寺所蔵) ＝大元興寺展図録より (大久保治 撮影)

**図2** (左) 大塔の勧進札。「惣高サ二十四丈」とする (同) ＝足立康「元興寺五重塔の高さについて」より

「こゝの塔其外共千二百年余のもの也　塔修復にて九りんおろしあり　さび色青磁の如くにて千年余風雨に逢ひたれば銅も所々蝕して剥げ或いは刀ならばシンかね（芯金）等いふがごときものみゆる　塔は雨落十一間四面（四方）といふ也　高き石段の上にあり　石段を省き二十四丈ありといふ　真木（心柱）長サ四十間　廻り一丈六尺あり　神代の木也といふ　漸くに三重まで昇りみたり　奈良の市中眼下に見ゆる　総檜の木つくり也　これ南都七大寺　東大寺　興福寺　元興寺　大安寺（唐）招提寺　薬師寺　法隆寺の一なれ共　今はみな破壊して塔其外少々残せしのみ也　八雷神面　これは古き馬面なるへしと疑ひて厨子を開かせよく見るに仏具に相違なし（以下略）」

儒学を修めた聖譚は神仏にはあまり関心がなく、大塔の入り組んだ内部を伝って登るのに閉口したのか三重までで止めている。修理工事はこのとき既に始まっており、相輪（九輪）は降ろしていた。当時、高さが二十四丈（約七十二メートル）もあるとされていたことがわかる。

近世の地誌などで大塔はよく知られていた。最も有名なのは『大和名所図会』＝寛政三（一七九一）年刊＝だろう。挿絵＝図1は境内の俯瞰図とともに次の狂歌を載せている。

「美しい女を鬼とき（聞）く物を　元興寺にか（噛）まそというは寺の名」

美女が実は鬼だったというのは能や歌舞伎の「紅葉狩」などでおなじみの筋書きで、「がごじ」はその昔、元興寺に住んでいた伝説の鬼を指す。昔、子どもがいたずらをしたりすると、親は「がごじに言うぞ」と叱ったという。鬼を寺の名にかけて詠んだところに面白みがある。

雷の子、道場法師が鬼を退治したという説話が『日本霊異記』に登場する。敏達天皇の頃、舞台は飛鳥寺だが、平城遷都とともに説話も平城京の元興寺で語られるようになった。道場法師は「八雷神」「元興神（『がごぜ』ともいう）」と呼ばれて神格化された。

大塔の火災の際、本堂から持ち出された「八雷神面」はこの伝説にちなむ宝物で、享保年間の修理の際、木版摺りの護符＝写真2がつくられた(3)。幕末の修理では大塔の勧進札＝図2も摺られ、「がごじ」と五重塔のイメージが広がった。

近代に入り、礎石だけが残った塔跡＝写真3と図3の学術的な調査・研究が始まった。

昭和二（一九二七）年、奈良県庁の手で塔跡の測量に伴い発掘が行われ、心礎の周辺から創建時に地鎮（土地の鎮めの儀式）で埋納された勾玉、ガラス玉などの玉類、金の延べ板片、和同開珎や神功開宝などの銅銭（重要文化財『五重大塔鎮壇具』　華厳宗・元興寺所蔵）＝写真4が出土した。

発掘は計画されたものではなく、担当者の現場での判断だった。礎石を正確に測量するため心礎を中心にトレンチ（試掘溝）を十字形に掘ったところ、掘り上げた土の中で光る延べ板片やガラス玉に気づいたのが発見のきっかけだった。担当者は驚いて発掘を中止し、ふるいにかけて遺物を選別しただけで発掘は中途半端に終わった。不用意に掘ったので遺物の一部は損傷したが、出土した中に神功開宝が含まれていたことは重要だった。神功開宝は『続日本紀』で天平神護元（七六五）年に初めて鋳造されたことが知られ、大塔の建立はこれ以降であることが明確になったからだ（4）。

昭和六（一九三一）年には建築史家の足立康（あだちこう）（5）が「元興寺五重塔の高さについて」（『東洋美術』第12号）を発表した。足立は天平神護元年に続く称徳、光仁両天皇の時代に大塔が建立されたと考え、以下の分析を示した。

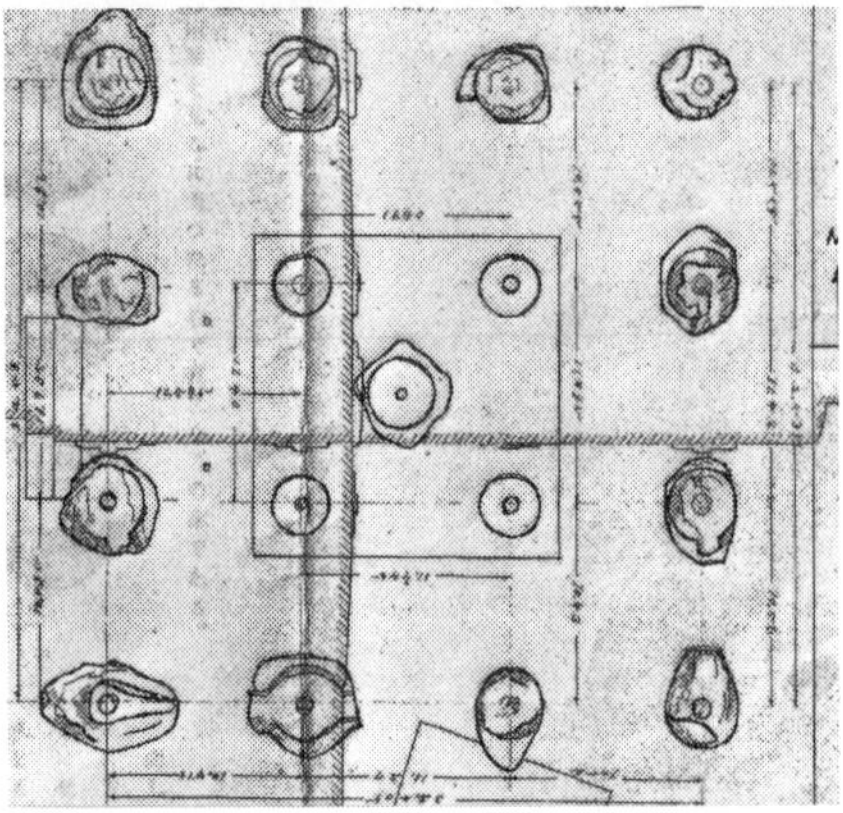

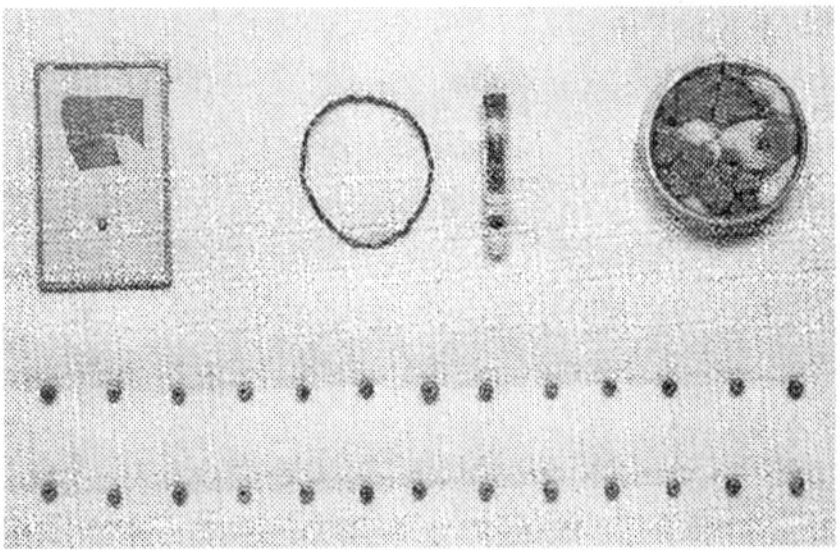

写真３（上）大塔跡に残る礎石（中央は心礎。南東の方向から著者撮影）

図３（中）大塔跡の実測図（上が北）＝奈良県史蹟名勝天然記念物報告 11 より

写真４（下）出土した金の延べ板片（左上）や金箔片、ガラス玉など鎮壇具の一部（華厳宗・元興寺所蔵）＝大元興寺展図録より

一、礎石配置から見た塔跡の規模は一重目の一辺が三二尺五寸（約九・八五メートル）もあり、五重塔の平面としては最大規模だが、二四丈（約七二メートル）という高さを想定した場合、この平面では小さすぎる。

二、興福寺の古記録『興福寺諸堂縁起』に興福寺の五重大塔について「元興寺大塔は之を写す」とあるので、興福寺塔が大塔のモデルになったのは明らかである。

三、『興福寺流記』に「（天平時代建立の興福寺塔は）高さ十五丈一尺、第五重已（以）下十丈、伏盤（露盤＝相輪の基礎部）已上五丈一尺」という高さについての記述がある。

四、興福寺塔と大塔の塔跡の初重の一辺の三柱間を比較すると、中央間対両脇間の比率は一〇・九：一一・〇内外でほぼ一致する。

五、以上の比例を当てはめて大塔の高さを計算すると、塔身が一〇・八丈、相輪が五・五丈、総高は一六・三丈（約四九・四メートル）と推定される。

高さ二四丈（約七二メートル）という伝承は否定され、高さについての考察が初めて提示された。

## Ⅱ．復原をめぐる忘れられた論争

### （1）新史料「寸尺覚」に基づく太田静六の復原案

昭和一四（一九三九）年の建築学会大会で、東京帝室博物館（現東京国立博物館）研究員の太田静六(6)＝写真5が大塔の復原案＝図4を発表した。

**写真5** 太田静六（画像提供　九州大学工学部建築学科）。戦後、同大学教授を務めた。平安時代の寝殿造研究で知られる

復原案は太田が東京帝室博物館の所蔵史料から見出した江戸時代末期の実測史料「元興寺観音堂及塔積書」（『つもりがき』か）に基づき、塔の創建は奈良時代という前提で作成したものだった。

太田は発表をもとに同年の『建築学会論文集』13に「本塔婆が天平塔として稀にみらるべき立派な五層塔婆であることが解った」として「元興寺塔婆復原考」を発表した。

太田によると、帝室博物館所蔵の「積書」は甲乙二冊あり、甲が「元興寺塔寸尺覚」（写真6。以下、寸尺覚という）、乙が「五重塔御修理仕様覚」（以下、仕様覚という）と「塔木引覚」から成る。甲は修理前に各部を実測した記録、乙は修理の仕様や用材を見積もった記録と考えられる。

寸尺覚には初重から五重に至る各重の柱間寸法（柱の中心から中心までの距離＝真々距離）や柱高・柱の直径・長押・軒を支える組物など各部の実測寸法が書き上げられている。

太田論文に従って復原の過程を追ってみよう。ただし、数値は細部にわたり、全て復原図に集約されているはずなので太田の考え方の概略を示すにとどめる。

初重の規模は一辺三柱間で、一辺の全長は寸尺覚が三一・九尺、仕様覚が三一・六尺と食い違い、差がある。このため太田は元興寺境内に残る礎石十七個の実測を行い、一辺三一・五〇五〇尺という測定値を得た。

これをもとに奈良時代の天平尺（太田は現在の一尺に換算して〇・九八五尺とする）に換算して中央間一一・六尺、両脇間は一〇・七尺、一辺の全長は三二尺で建てられた——とした。

構造については、初重の柱が直径二尺五寸、高さ一三・五尺であり、礎石上端から腰長押下まで三尺、腰長押の高さ八寸といった数値をもとに細部を決めた。

**※以下、建築各部の名称は唐招提寺金堂の写真9と図6、本章末の図9、第二章末の図18を参照**

軒を支える組物（斗栱）は三手先で、方形の大斗を柱の頂部に据え、肘木や斗を組み合わせ、三段にわたって前方へ持ち出し、軒の出を支える。

軒の出は、初重が側柱（外側の柱）から丸桁（三手先目の組物で支持され、垂木を受ける部材）までが六五寸、

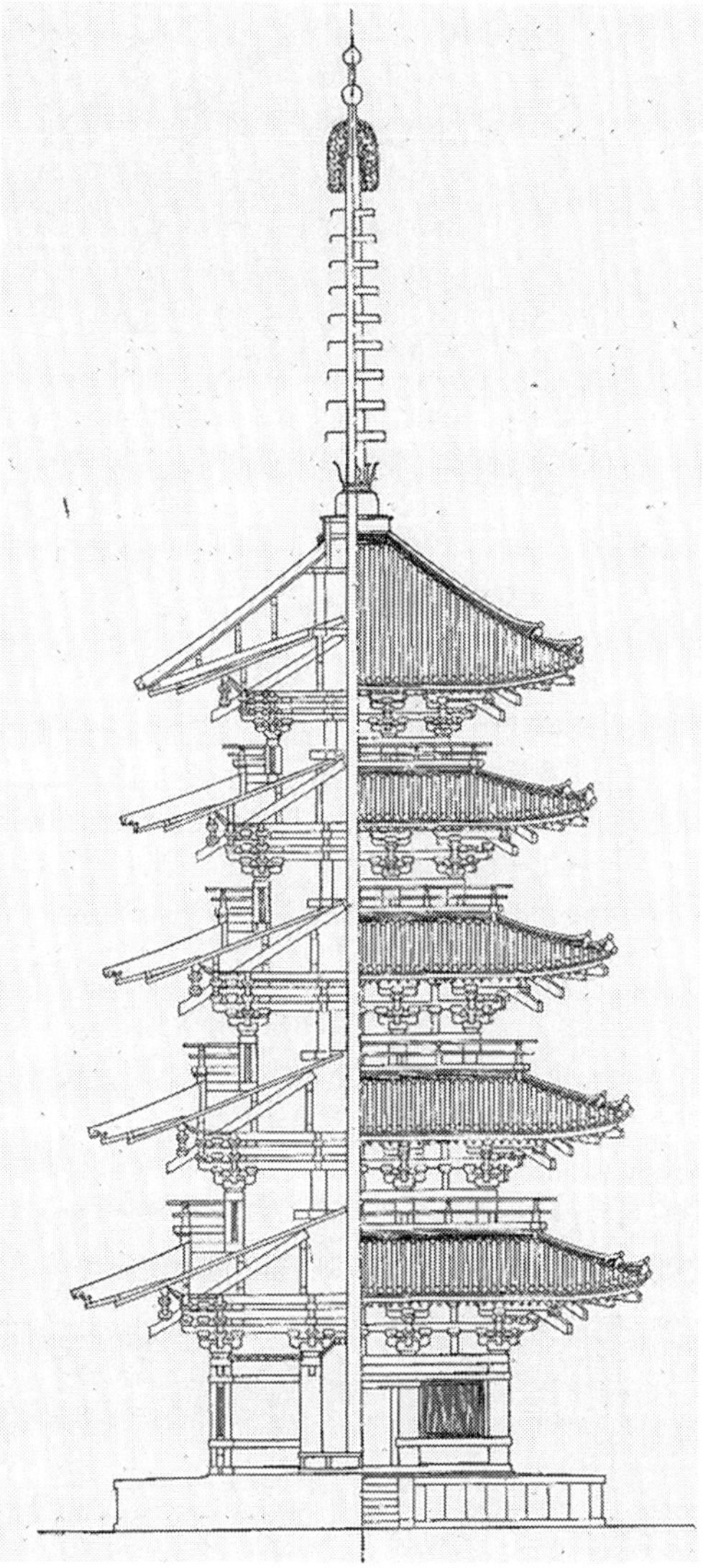

図4　太田静六が作成した元興寺五重塔復原図＝建築学会論文集13より

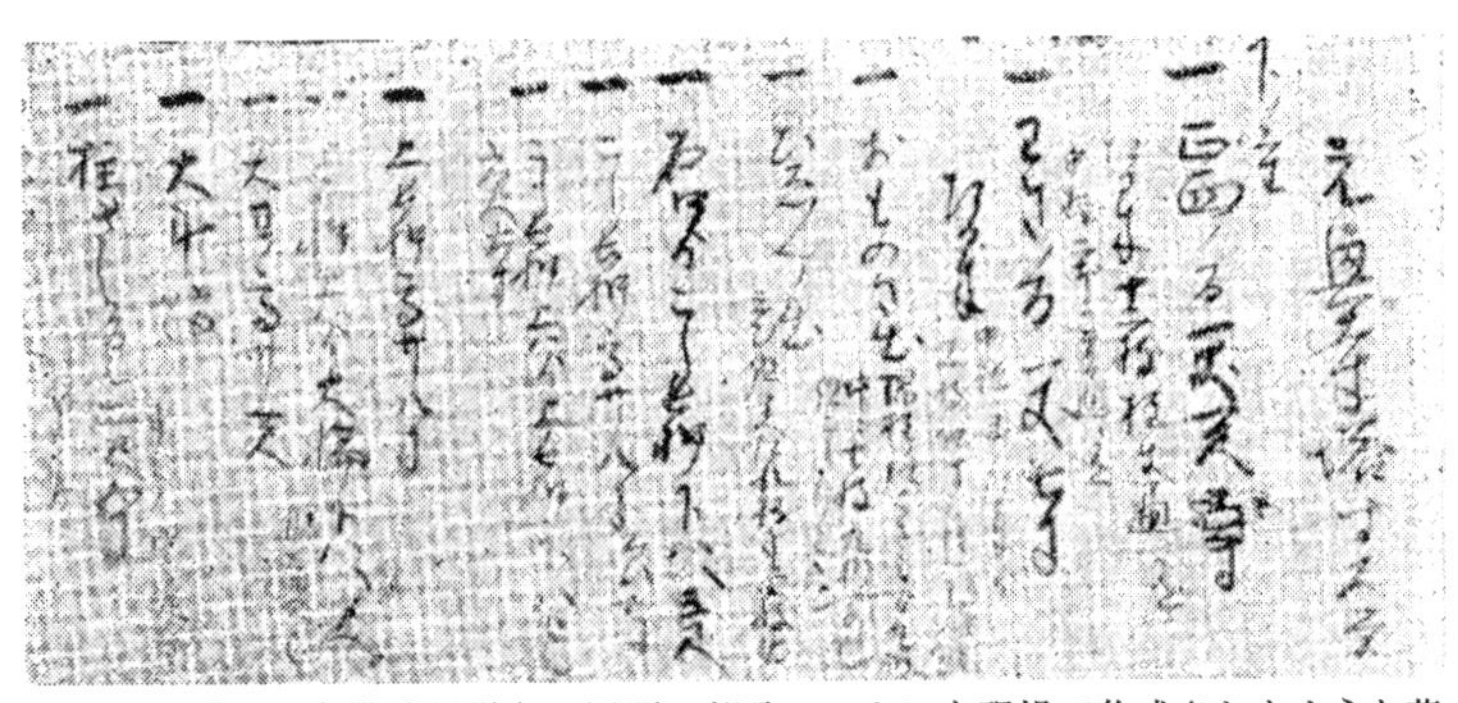

写真６「元興寺塔寸尺覚」の冒頭の部分。いかにも現場で作成されたような草書＝太田静六「元興寺塔婆復原考」より

| | １重 | ２重 | ３重 | ４重 | ５重 | ５重／１重 |
|---|---|---|---|---|---|---|
| 法隆寺塔 | 21.15 | 18.4 | 16.2 | 13.7 | 10.6 | 0.501 |
| 元興寺塔 | 32.9 | 29.4 | 26.2 | 22.9 | 20.0 | 0.608 |
| 醍醐寺塔 | 21.7 | 19.5 | 17.25 | 15.1 | 13.6 | 0.626 |
| 興福寺塔 | 29.2 | 26.75 | 24.1 | 22.1 | 20.2 | 0.692 |
| 東寺塔 | 31.0 | 28.5 | 25.75 | 23.75 | 21.9 | 0.703 |
| 浅草寺塔 | 16.0 | 14.5 | 13.0 | 11.5 | 10.0 | 0.625 |

表１ 復原された元興寺五重塔と各時代の五重塔との逓減比較（単位：尺）＝「元興寺塔婆復原考」所収の表による

中間の二手先目に組み込まれた横の部材・出桁（だしげた）までの距離が四〇寸など、各重の数値に従った。

太田が「遺憾なのは（中略）各重の軒高或（あるい）は塔婆の全高が落ちていることと、各重の寸尺を丹念に実測しておき乍（なが）ら、相輪の部分だけを抜かしていることである」と書いている通り、寸尺覚には各重や総高、相輪の高さについての記録がなく、屋根の勾配も決められない。奈良時代の塔の遺構はないため、太田は堂内に祀られた小建築である真言律宗・元興寺五重小塔（奈良時代、国宝）なども参考にして推定を加えたと見られ、その結果、相輪を除く塔身の高さを一〇六尺（一〇丈六尺）と復原した。

足立康にならって『興福寺諸堂縁起』の記述に基づき、興福寺塔と大塔との間には高さや比例で密接な関係があると推定した。『興福寺流記』によれば奈良時代の興福寺塔の高さは「十五丈一尺、伏盤（露盤）巳上五丈一尺」なので、興福寺塔の塔身対相輪の比例を当てはめて相輪高、次に総高を算出した。

大塔の相輪高は、塔身高一〇六尺（ただし太田論文は一一〇尺と誤植している）×五丈一尺／（一五丈一尺－五丈一尺）＝五四・〇六尺となる。これにより総高は一〇六尺＋五四・〇六尺＝一六〇・〇六尺（一六丈〇六尺＝四八・五メートル）となり、興福寺の天平塔よりわずかに高い。

太田が復原に伴い作成した各重の平面逓減率の比較表＝**表1**を掲げた。塔の平面が上層ほど小さくなる逓減の比率は古代の塔ほど大きいことが知られ、太田は「醍醐寺塔婆（著者註：平安時代、国宝）は逓減率の大きいので著名であるが、それより本塔婆（大塔）の方が大きいのをみても、本塔婆の優秀性が察せられよう」と述べている。

## （2）黒田昇義の容赦ない批判

太田が昭和一四年の建築学会大会で復原案を発表したとき、批判が起きていた。

出席していた建築史家の黒田昇義（くろだのりよし）(7)＝**写真7**は、奈良県古社寺修理室に江戸時代末期の実測図「南都元興寺大塔貳拾歩一（にじゅうぶいち）（二〇分の一）図」（以下、安政古図という）＝**図5**と**写真8**が所蔵されていることを指摘して「実測図があるのだから復原は無意味だ」と主張した。

黒田は同年、次号の『建築学会論文集』14に「『元興寺塔婆復原考』私見」を発表した。太田論文への批判は以下の四点に絞られる（これらの批判についてはⅢ－（2）節以下で説明とともに取り上げて考察する）。

一、安政古図があるので復原案は意味がない。寸尺覚の値はずさんで信用できない。

二、史料によれば奈良時代創建の大塔は平安時代末期と鎌倉時代に造替（建て替え）されており、安政古図が示す焼失した塔は鎌倉時代の姿と見るべきだ。

三、安政古図によると、大塔は①肘木に笹繰（8）がある②飛檐垂木の先端に鼻隠板を打っている③各層の屋根に小屋組がなく、屋根の勾配が緩やか――といった特徴が認められる。①は中世以降の様式である唐様、②と③は天竺様の細部であり、むしろ中世の折衷様のうえから注目される。

四、礎石の実測で太田が示した一辺三二・五〇五〇尺という数値は、実測でここまで測ったとは認められない。太田がいう当時の一尺が現在の〇・九八五五尺にあたると仮定しても、三柱間が全て整数値で割り切れるのは偶然過ぎる。

写真７ 黒田曻義。奈良県古社寺修理室技手。将来を嘱望されたが、31歳で戦死した＝黒田康子編『この海のつづきの海を』（綜芸舎）より

黒田は各層の高さや総高、相輪の高さなど太田案が全て推定に拠っていることを批判して、「その復原が如何に確率の低いものであったかが一瞥される」と述べ、「太田氏の論考の悉く抹殺さるべき運命を知るであろう」と一刀両断に切り捨てた。

黒田の論拠を追ってみよう。『大日本史料』第三編之二十八（東京帝大史料編纂所刊）に康和三（一一〇一）年の「僧綱申文」が収録されている。黒田は比叡山の僧某（名前は記されていない）が権律師に叙任されることを求めた申文（申請文）で、功績により僧綱（僧官・僧位の総称）に叙任された前例として「永算者造元興寺塔（永算は元興寺の塔を造る）」という例を挙げているのを見つけた。

歴代の僧綱叙任をまとめた記録『僧綱補任』によると、永算は承暦二（一〇七八）年に「元興寺修造（の）賞」によって法橋（法印、法眼に次ぐ僧位）に任命されており、「修造費とは造塔費であろう故、承暦初年に塔の造替（建て替え）が知られる」と結論した。

また『春日神社文書』第一に収められた寛元二（一二四四）年、大塔修営費に充てるための元興寺別当・東門院公縁による「公縁田地譲状」に、「（大塔の）三層（は）不日（日をおかず）功（工事の功）を終える（中略）、而して猶残れるところの塔婆二重 南大門 鐘楼 築垣（土塀）等、或いは頽落せしめ或いは礎石有り」（著者読み下し）云々

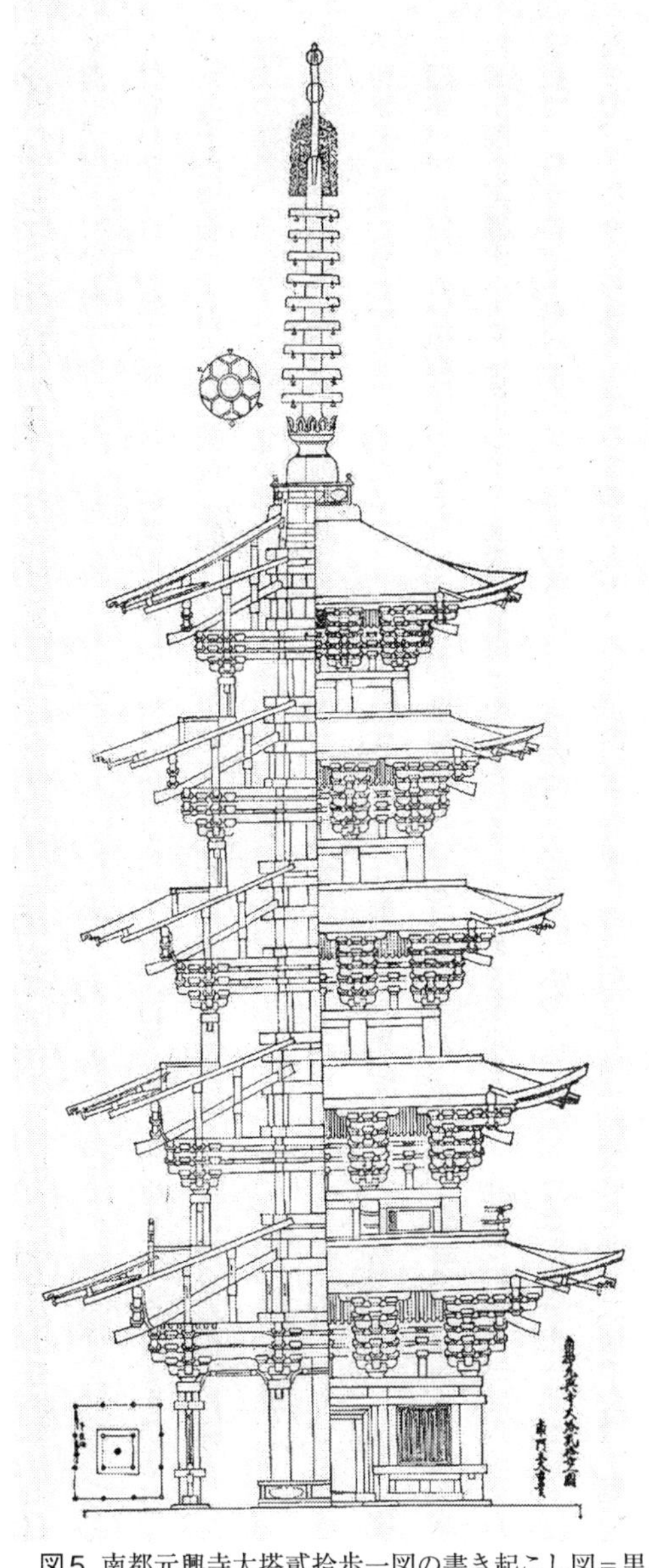

図5 南都元興寺大塔貳拾歩一図の書き起こし図＝黒田昇義「『元興寺復原考』私見」より

とあるので、再び造替が行われたことは明らかであり、焼失した大塔はこの寛元年間に建築された鎌倉時代の塔だとした。

一方の太田は奈良県庁に安政古図があることを知らなかった。関連史料の検討を行わず、焼失したのは奈良時代の創建塔という前提に基づき、寸尺覚だけで復原を進めたのは目配りが足りなかった。

足立康は同年、「『元興寺塔婆復原考』を読む」(『建築史』一ノ三)で「遺憾な事には、その史料の扱いに於ても、復原の態度に於ても、妥当を欠いてゐられるように見える」と太田論文を批判し、「(足立自身が唱えた)全高十六丈余、相輪高五丈余というのは学界の定説となって居り、兎に角立派な図(安政古図)があるから、今更不十分な復原図を作るほどの必要もない」と断じた。

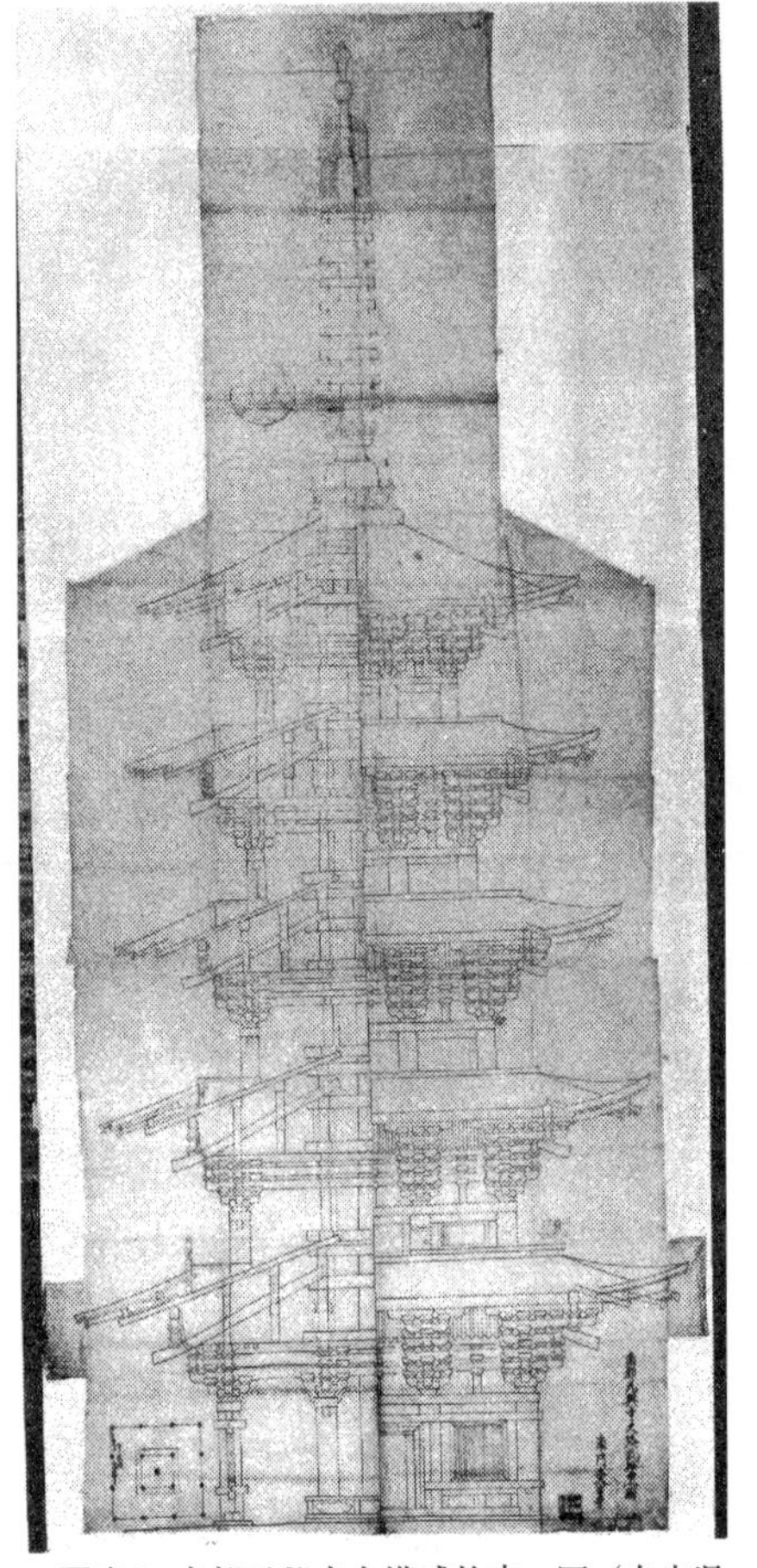

写真8 南都元興寺大塔貳拾歩一図(奈良県所蔵)=国宝元興寺五重小塔修理工事報告書より

ただし、「元興寺塔は平安及び鎌倉両時代に大修理を経てゐるから(中略)太田氏がこれらの問題に就(つい)て全く注意されてゐないのは惜しい」と述べ、黒田が主張した造替(建て替え)は認めなかった。

太田は黒田の批判に答えて、同年の『建築学会論文集』15で「『元興寺塔婆復原考私見』に就ての答へ」を発表したが、当然ながら威勢が上がらないものになった。

安政古図は「例へば元興寺研究を以て有名な足立博士でさえ、少し前まで御存知なかった」ものだから、黒田が「已に復原を要しない問題」というのは言い過ぎで、「元興寺観音堂及塔積書は少なくとも専門家（大工）が実物に当たって得た寸尺である以上、相当の価値があると思って紹介したのである」と述べるに止まった。

ただし、「（黒田君は）寸尺覚の資料価値を極端に疑ってをられるが、扨て御自分の実測古図（安政古図）なるものの資料価値に就ては一言も吟味してをられぬ」「要するに黒田君は御自分の実測古図の方は最初から正確なものと定めておかれ、一方寸尺覚のみを一途に不正確なものと落されている様に思われる」という反論は正当だ。

これ以上、両者からの言及はなかった。実測した史料による古代の塔の復原という前例のない試みだったのに、論争が中途半端なまま、黒田の一方的な批判で終わった形となったのは残念だ。

春日大社や奈良の寺院を対象に精力的に研究を発表して将来を嘱望された黒田は召集され、昭和一九年、三十一歳で戦死した。太田は住宅史に対象を絞り、戦後は平安時代の寝殿造の研究者として知られた。

太田の復原案は論争以降、学界で正面から論じられたことはなく、安政古図や寸尺覚を取り上げた研究も見られない。

## Ⅲ．安政古図の位置づけ

### （1）安政古図は「実測図」か

写真9　唐招提寺金堂（奈良時代、国宝）の三手先組物。壁面の通肘木はほぼ中央に1段入る＝国宝唐招提寺金堂修理工事報告書の写真に説明を加えた

太田は「『元興寺塔婆復原考私見』に就ての答へ」の中で「黒田君は寸尺覚の作者と実測古図（安政古図）の作者とはその書体等からみて同一人らしいと直接私に語られた」と述べている。同じ大工ないし仲間で修理のために作成したのだろう。太田が言うように、黒田は安政古図を評価するあまり、寸尺覚は必要以上に否定したきらいがある。

安政古図は、著者の計測では縦約三〇センチ、横約四九センチの薄い和紙を塔身部は左右各五枚ずつ計十枚、相輪部は上下三枚、合計十三枚を貼り合せ、初層の屋根の両端部と相輪の基部の左右に小さい四角ないし三角の紙計四枚を補って図を画いている。裏打ちがない「まくり」の状態で、縦は約二四四センチ、横（幅）は相輪部が約四九センチ、塔身部が一一一〜九八センチある。

年紀はなく、右下に「南都元興寺大塔貳拾歩一図」「南

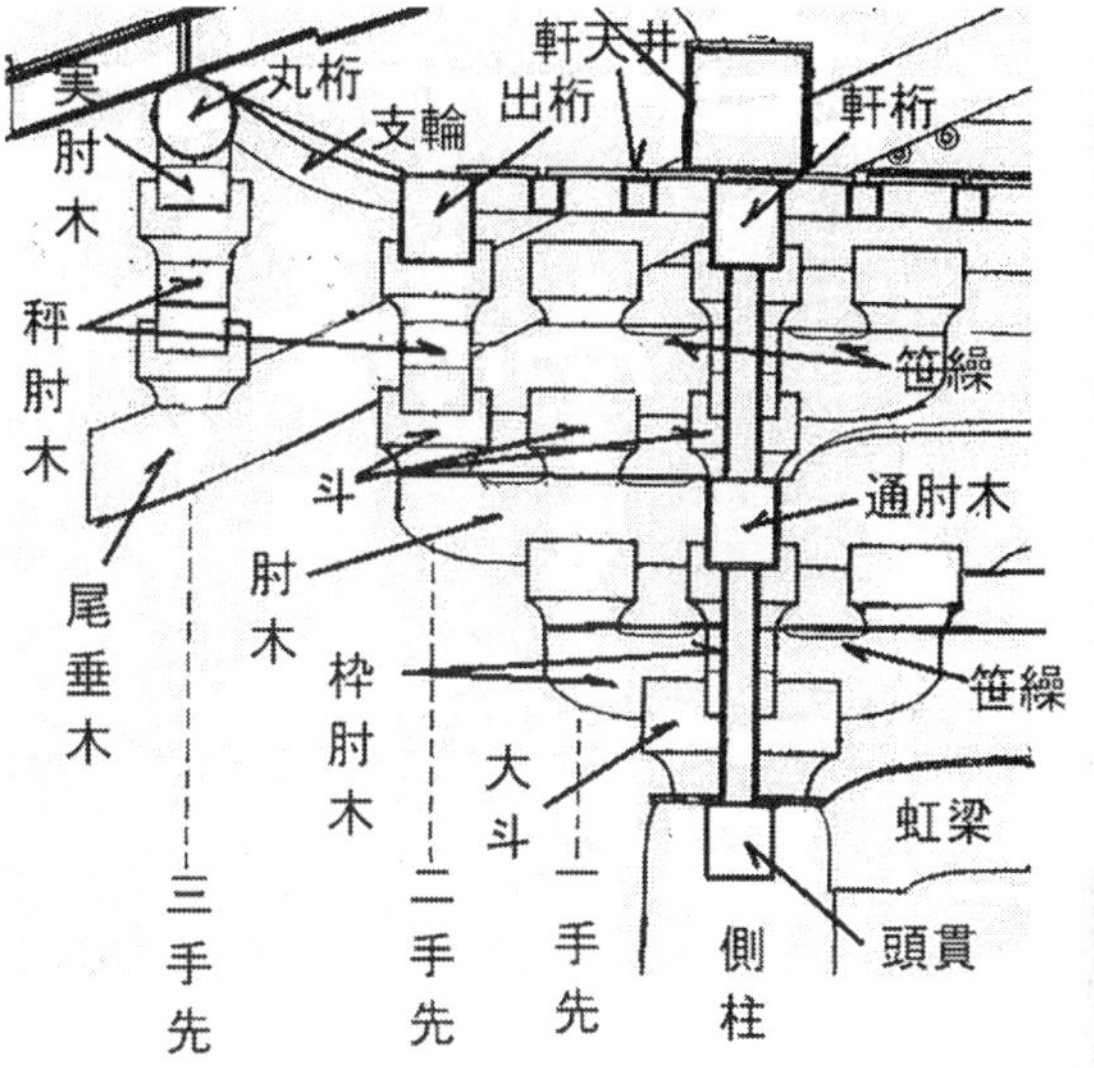

図6　右の図解。国宝唐招提寺金堂修理工事報告書の断面図（部分）に部材の名称を加えた

門大夫吉豊」[9]と二行にわたって墨書する。「奈良縣社寺技術部印」（朱文方印）を押す。図の線は肥痩のない細い墨線で、恐らくは墨壺の墨差（すみさし）を用いて引いたものだろう。左下の初重平面図に「下ノ柱間」として脇間に「壱丈七寸間」、中央間に「壱丈壱尺五寸間」という書き入れがある。

太田論文によると「元興寺観音堂及塔積書」は博物館の台帳に明治一三（一八八〇）年、奈良で九銭六厘で買い上げたという記録がある。安政古図がいつ奈良県の所蔵になったのかはわからない。

以下では安政古図の信頼性について検討する。三段に肘木と斗を持ち出して軒を支持する奈良時代の三手先組物の代表的な例として、唐招提寺金堂の組物＝写真9と図6を見てみよう。

大斗と組んだ枠肘木（わくひじき）（壁付きの肘木と、内部から出た肘木とを十文字に組み合わせた肘木）の先に載る斗で内部から出た上の肘木を支え、その先端に秤肘木（はかりひじき）（肘木上に斗が三個載る）が組まれて二手先となり、この二手先目の肘木の斗が出桁（だしげた）を受ける。出桁は組物の間を繋ぎ、これを支持体にして軒天井と軒裏を隠す支輪（しりん）を組み込む。

二手先に尾垂木（おだるき）（小屋組み内部から組物に架かる斜めの部材。てこの原理で三手先目を支持する）を噛ませ、尾垂木の上に斗を置いて秤肘木を載せ、その上の実肘木（さねひじき）で丸桁（がぎょう）を支える。丸桁の上に地垂木（ぢだるき）、さらにその上に

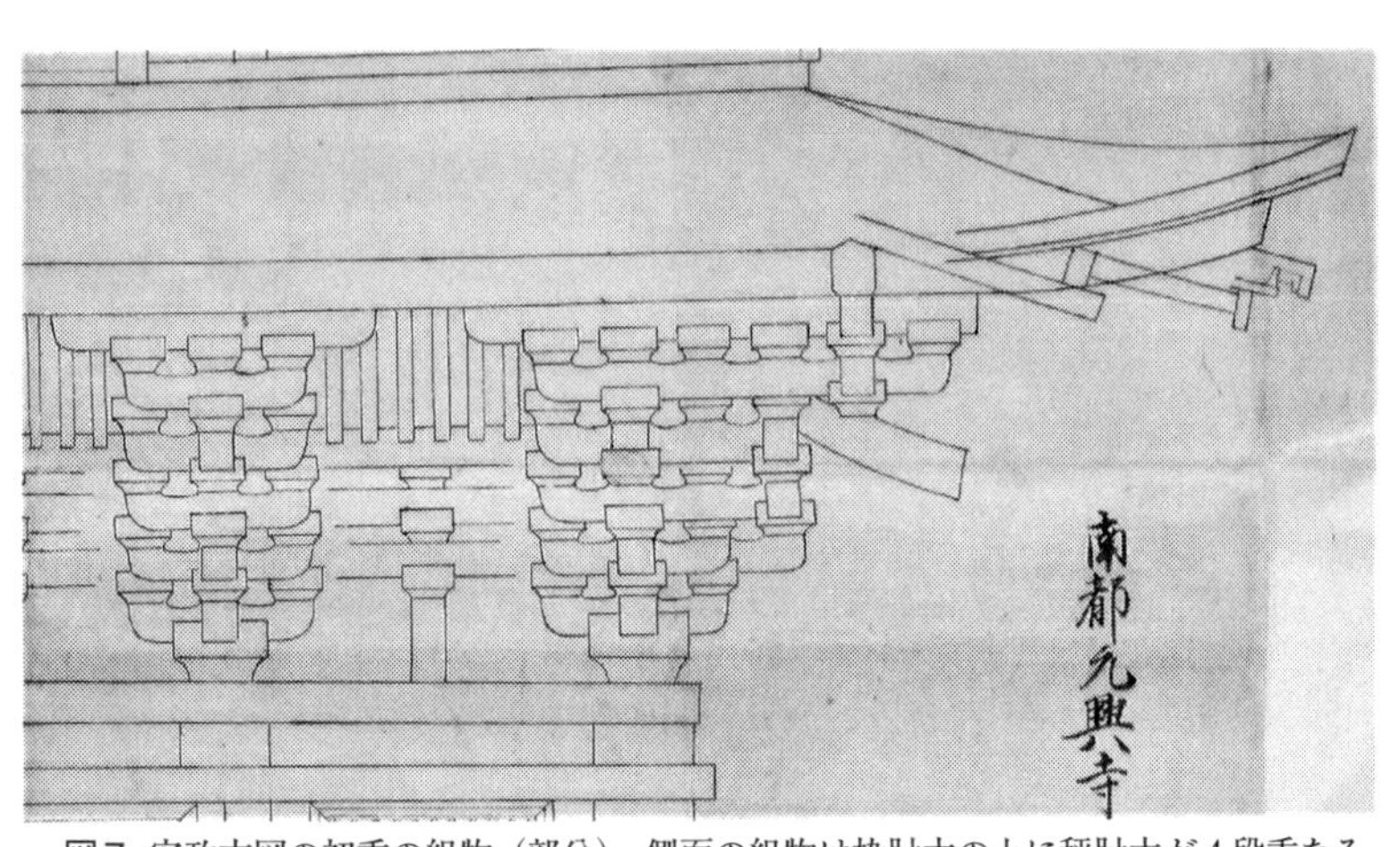


図7　安政古図の初重の組物（部分）。側面の組物は枠肘木の上に秤肘木が４段重なる。隅の組物は上３段が横と連なる１本の肘木となる。肘木には笹繰が認められる（著者撮影）

飛檐垂木（ひえんだるき）という二重の垂木を組み込んで屋根を造り、瓦を葺く。

ところが安政古図の初重＝図7では、側面の組物は大斗の上に枠肘木を組み、その上に秤肘木を四段重ねている。これでは一手先多い四手先になるではないか。

よく見ると、上から二番目の秤肘木（三手先目）は何も支えておらず、斗は支輪をバックに宙に浮いている。上から四番目の秤肘木（一手先目）もそうだ。通肘木（とおしひじき）（壁面の組物の間をつなぐ横の部材）は二段あるが、全て壁付きなので、ここでも支える部材は何もないはずだ。こうした構造は隅の組物も同様だ。

隅の組物で、上三段（二―四手先）の肘木がそれぞれ横一本に連なる肘木となっているのはこの時代ではあり得ず、しかも三段というのは異例の形だろう。

濱島正士[(10)]は『日本建築史基礎資料集成』塔婆Ⅰ（１９８４年、中央公論美術出版）の元興寺五重小塔の解説で安政古図に触れ、「組物の構成が少々複雑になっており、尾垂木が架かる位置が一段高く、二手先（の）秤肘木が二段に架かる点は正規の三手先と異なる」と述べた。

濱島は安政古図で秤肘木の数が通例より多く画かれているの

でそのように解釈したと思われるが、二手先の秤肘木が二段になるのは異形で、実例はあるのだろうか。

安政古図は果たして実測図なのだろうかという疑問がわく。江戸時代の大工にとって断面は比較的容易に作図できても、側面は三次元の組物を平面に落とし込んで画かなければならない。三手先組物を表わそうとして、実物から離れた安易な処理で済ましたのではないか。

その証拠と思われる史料があった。東京国立博物館は興福寺の中金堂、東金堂、五重塔など伽藍の図面計四十一図・一冊を所蔵する。これらを調査して「『興福寺建築諸図』について」(東京国立博物館『MUSEUM』461号、1989年)で報告した濱島によると、興福寺は享保二(一七一七)年の火災で中金堂、西金堂、講堂、中門、南大門など伽藍の中心部を失ったが、これらの図面類はそれ以前の実測図と再建のための復興計画図とを含んでいるという。

このうち東金堂の図=図8は「弐拾歩一地割図(ぢわり)」と題され、興福寺大工中西元雅の署名がある。濱島は作図の手法から見て火災後の実測図ではないかとする。東金堂(室町時代、国宝)は五重塔(同)とともに焼失を免れて現存するので、東金堂の実物=写真10と、それを画いたはずの図8とを比べてみた。

両者は明らかに異なる。図8で尾垂木が架かる隅の組物は、秤肘木の上三段(二—四手先)が横と連なる一本の肘木だが、写真10の実物は上二段(二—三手先)だけだ。実物は上下二本ある隅の尾垂木が図8は一本しかなく、通常より一段高いところに架かる。

側面は、実物の秤肘木は二手先と三手先にしか載らない(写真9と図6も参照)のに、図8は枠肘木の上に一—四手先まで四段重ねられている。一手先と三手先は何も支えず、宙に浮いているのは安政古図=図7と同様だ。

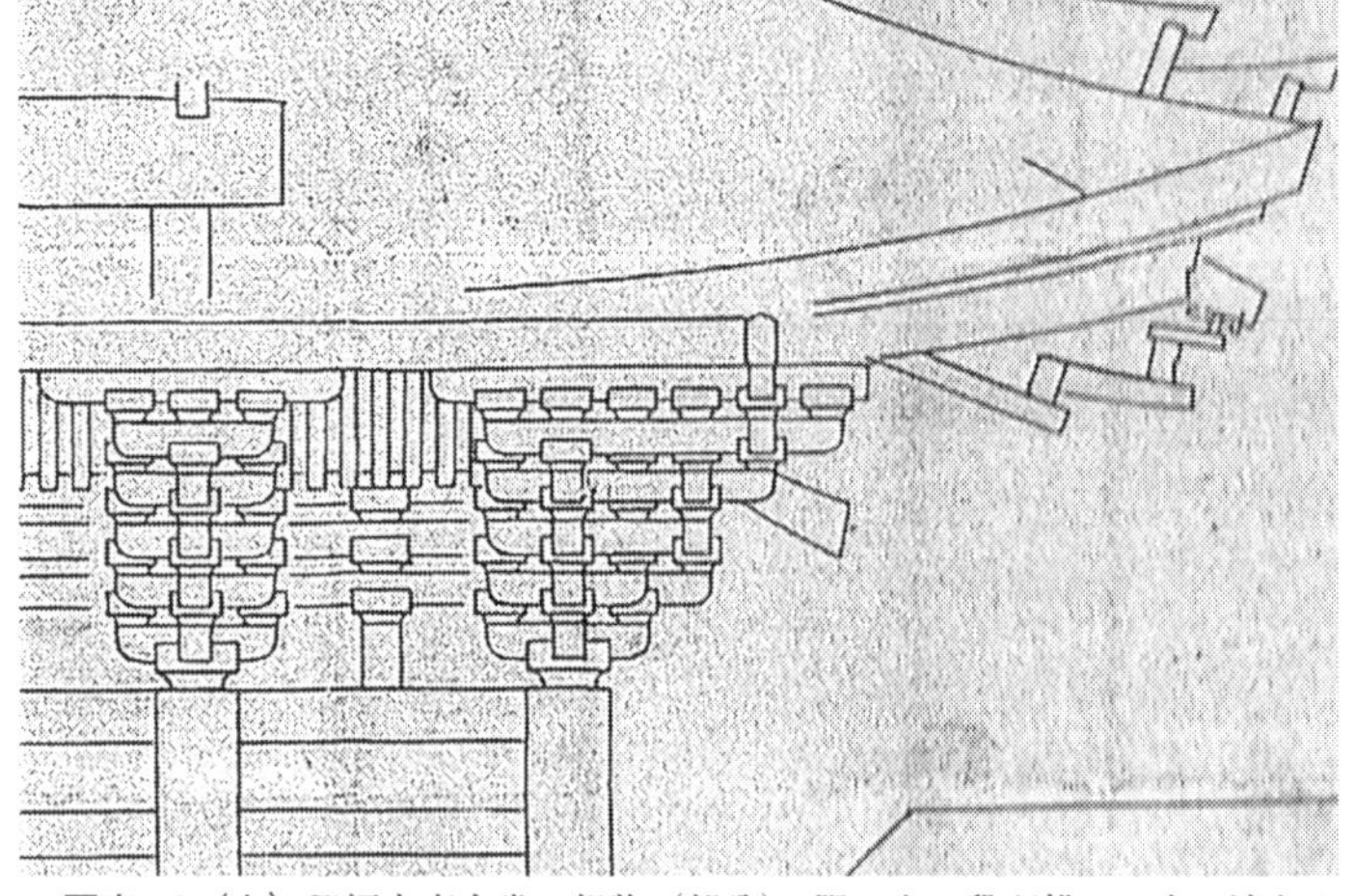

写真10（上）興福寺東金堂の組物（部分）。隅の上２段が横に１本に連なる肘木となっている。図８の細部とは相違する（著者撮影）

図８（下）東金堂の弐拾歩一地割図＝濱島正士「『興福寺建築諸図』について」（東京国立博物館『MUZEUM』461号）より（部分）。隅の組物で斜めに突き出す尾垂木は上の実物と違って１本しか画かれていない

濱島は組物が実物と異なる理由について「修理の際にこのように変更する計画だったのだろう」と考えた。五重塔の組物も同様で、焼失した南大門などの復興計画図もこうした画き方は共通するという。

東金堂や五重塔の実物とは異なるので、少なくとも組物に関する限り図８は実測図とは言えないのではないか。しかし、これを実測図とする濱島の考えでは、実物とは違うので現状変更のための計画図と解釈したのだろう。

だが、当時、興福寺は

疲弊していて中金堂でさえも結局は仮堂しか建てられなかった。それなのに焼失を免れた東金堂や五重塔まで修理し、組物をさらに複雑に変更しようとしたとは考えられないし、その必要もないのではないか。三手先は塔では通例だが、堂では金堂クラスの組物とされるからだ（大規模な堂などでは稀に四手先の例がある。例：国宝・金峯山寺本堂＝蔵王堂）。

今度は図7と8を比べてみた。図7は肘木に笹繰があるので見た目の印象は違うが、双方の隅や側面の組物の構造はまったく同じではないか。

安政古図を画いた南門大夫は、組物の表現は興福寺・春日座大工流のやり方にならったことが明らかだ。組物のような複雑な部分は、せっかく実測したのに作図の段階では先行する中西元雅の図8の画き方を敷き写したと見られる。中西元雅の図自体、何かの図を写して安易な処理で済ましたものだった。

ただし、図7の組物の肘木を見ると、東金堂にはない（年代的にあるはずがないが）笹繰を表しているのをはじめ、大斗は成（背）が高く、どっしりして奈良時代風に見える。柱の頂部をつなぐ部材も東金堂の頭貫ではなく正確に台輪（柱の頂部に渡して柱同士を固める横の部材）を画いている。図のコピーと実写とが融合しているが、南門大夫のせめてものリアリティーの表出だったのだろうか。

図7や8のような四手先の組物は中・近世の禅宗様の厨子などに見受けられる。しかし、宙に浮いていた一手先と三手先の秤肘木の上には必ず通肘木が載り、組物同士を横に繋いでいたはずだ。図7や8の組物の細部の破綻は、和様（平安代からの伝統的な様式。鎌倉時代に中国・宋から伝わった新様式・禅宗様と大仏様に対して言う）で建てられた東金堂の組物に禅宗様のモデルをあてはめたためではないか。

中西元雅や南門大夫らは、実物から離れてパターン化した組物図を使い回していた。組物部分がそれらしく見えればよいと考えていたのだろうか。「貳拾歩一図(二十分の一図)」といった用語を額面通り受け入れて、江戸時代を現代と同じレベルに引き寄せて解釈することはできないと考える。

## (2) 安政古図から読み取れること

以上の検討から安政古図の実測図としての価値は限定されることが判明した。その中で、安政古図からどのような情報を読み取れるかが課題となる。黒田の太田論文批判の(三)について考える。

一、笹繰は認められる。黒田はこれを唐様(からよう)(今では禅宗様という)の特徴で建て替えの根拠の一つにしたが、笹繰が奈良時代建築の特徴でもあったことを知らなかったはずはない。大塔が奈良時代創建のままだった証拠になる。

二、鼻隠板(はなかくしいた)は鎌倉時代、東大寺を復興した重源上人が宋からもたらしたとされる天竺様(てんじくよう)(今では大仏様と呼ぶ)の様式だ。風雨にさらされて傷みやすい垂木の先端(鼻)に横板を打って木口(こぐち)を保護するのでこの名があり、これは中世の修理で変更されたと認められる。寸尺覚には「軒前たれ(垂れ)板」と記されている。

三、各重に小屋組がないことについて。古代、朝鮮半島経由で伝わった中国の建築様式では、垂木の上に板などを葺いて土を置き、瓦を葺くやり方だった。しかし屋根の勾配が緩いので多雨の日本では雨仕舞(あめじまい)の点で問題があった。これを解決するため、平安時代後期から屋根の勾配を強めて垂木とは別の二重構造とした(垂木の勾配が強くなると軒先が下がり、見た目もよくない)。そして屋根と垂木との間に束(つか)や梁で小屋(屋根や軒裏の空間)を造り、桔木(はねぎ)(てこの原理で軒先を支持する斜めの部材)を組み込む構造に進化した。確かに大仏様に小屋はないが、笹繰と同じく奈良時代建築の特徴でもあった。

安政古図には疑問がもう一つある。

壁面にある通肘木の段数だ。唐招提寺金堂＝写真9では通肘木は壁面のほぼ中央、横一段だけ入る。これが奈良時代の通例とされ、今に残る奈良時代の遺構はみなそうなっている。しかし、安政古図は図5・図7のように上下二段ある。この違いは大きい。

安政古図のように通肘木が二段に入るのは奈良時代以降、中世に入ってからの様式とされ、これが事実なら大塔は中世の建築、あるいは中世に大改造されたことになる。

この疑問については、寸尺覚の次の記述に答えを見出した。ふりがなと（）内は補った。

「一、通肘木はは（幅）九寸　あつ（厚）七寸五分」「上ノ相　二尺三寸」

「一、大わ（台輪）上ハ（上端）より通肘木相　二尺七寸五分」

二重目だけにある書き込みだが、この記述が示す情報は重要だ。「相」は間と同じ意味で、神社建築の東照宮に代表される権現造の拝殿と本殿とをつなぐ部分が「相の間」と呼ばれるように、二つの部分に挟まれた「間」を意味する。「大わ上ハより通肘木相」とは、台輪の上端から通肘木の下端までの間、「上ノ相」とは通肘木から壁の最上部の軒桁までの間を指すと考えた。これなら壁面は一本の通肘木で上下に分けられていたことになる。

太田は特に記していないが、そのように解釈したと思われ、壁の真ん中に通肘木が一段入るように復原している(図4)。大塔の奈良時代的性格を物語るものだ。

### (3)史料から見た大塔と太田の復原案の評価

黒田が主張するように大塔は平安時代末期や鎌倉時代の寛元年間に建て替えられたのだろうか。一方で、太田博太郎[11]が言うように平安時代末期に元興寺が荒廃していたという記録はあっても、塔が焼失したという記録はないのも事実である。

太田博太郎による『足立康著作集』Ⅲ 塔婆建築の研究(1987年、中央公論美術出版)の解説は説得力がある。太田は黒田の言う寛元年間の造替について、「実測古図(安政古図)が正しいなら細部の様式から塔は鎌倉前期のものとするのを適当だろう」としたうえで、「五重目と初層との平面の比例が図でみると〇・七一となっており、奈良時代のものとみても差し支えない比例を持っている。もし新たに建てられたのなら、もう少し五重が大きくなってもよさそうである」と指摘する。「この比は太田の復原案でも〇・七〇八になっている」と付け加える[12]。

さらに「もし寛元の大修理(あるいは再建)を認めるとしたら、承暦二年はそれから百七十年ほど前にすぎないから、焼失した記録がないので、二百年足らずで再建を要するようになっていたとは思えない」とした。

黒田が「僧綱申文」に拠って承暦二年の再建とした点についても、「この文書は先例を別々の史料から拾ったものなので、必ずしも『造』と『修理』とを使い分けているとは断じられない」として、『僧綱補任』で「修造賞」となっているので「修造」とみてよいと述べている。確かに黒田の立論は「修造費とは造塔費であろう故」と飛躍があり、強引だった。

大塔の再建は次の史料によっても否定される。保延六（一一四〇）年に南都の諸大寺を巡拝した平安時代の学者、大江親通[13]は『七大寺巡礼私記』で大塔の初層内陣について次のように述べている。

「四方浄土の相を安ず（安置する）。其仏菩薩之様不可思議也、嶮岨之山を畳み、曲折之路を置く、凡言語道断也（以下略）」（著者読み下し）

興福寺大乗院の摂関家出身の門跡・尋尊[14]も大乗院の記録『大乗院寺社雑事記』・文明一五（一四八三）年九月一三日の条で、大塔について「四方浄土像、脇士（侍）各二体、菩薩天衆等済々之有り」（同）と記している。室町時代までは確かに「四方浄土」（法相宗の所伝では北が弥勒仏、東が薬師仏、南が釈迦仏、西が阿弥陀仏）が安置されていた。「不可思議」「言語道断」という親通の評語からは、すばらしい作だったことが想像される。塔の初重にこうした群像を祀った現存例は法隆寺五重塔（国宝）にある[15]。これも古代的性格そのものであり、大塔の再建を否定する証拠となる。

法隆寺などの例からこれらの群像は塑像だったと推定される。室町時代以降、江戸時代の記録には登場しないので、恐らくは損傷が進んだため全て取り払われたと思われる。供養して境内のどこかに埋められたのではないか。将来、発掘調査の機会があれば見つかるだろう。

太田静六の論文を痛烈に批判した黒田だったが、その後は冷静に仕様覚などの価値を認めたようだ。

黒田は著書『大和の古塔』（１９４３年、天理時報社）の大塔の項で、「修理に際してつくられた仕様書と実測図とが残されている」と書き、太田の復原案には触れないものの、文末に「寸尺覚、仕様覚、木引覚による元興寺塔規模」として太田が紹介した主な数値の一覧を掲げている。真剣な研究上の批判は容赦なかったが、お互いは研究者としての立場を認めていたのだろう。

太田は博物館に眠っていた寸尺覚を見出し、数値を読み解いて復原案を示した。高さに推定が入っているとはいえ、奈良時代の塔の姿を甦らせた成果だ。黒田も、復原案が寸尺覚という実測史料による真摯なものであることは認めざるを得なくなったのではないか。

寸尺覚の数値をもとにすれば、細部までかなりの精度で失われた大塔を再建することも可能であり、これはまったく希有のことなのだ。太田の復原案を改めて評価するとともに、大塔は度重なる修理を経ながら、焼失するまで奈良時代創建の建築が残っていたと結論する。

最後に、これまでの記述と関係はないが、肖像写真を探して見出した黒田の短歌を掲げる。黒田が昭和一九年、戦地で詠んだ。軍事郵便なので発信地はわからない。最後の地となったフィリピンに上陸した際に詠まれたのではないかと想像する。夫人の黒田康子さんが黒田の追憶や手紙、短歌をまとめて出版した『この海のつづきの海を』（1980年、綜芸舎）の「昇義遺詠」の最後に掲載されている。

この海の　つづきの海を　はろばろに越えてきにしか　夕日に対ふ（むか）

（〇〇上陸）

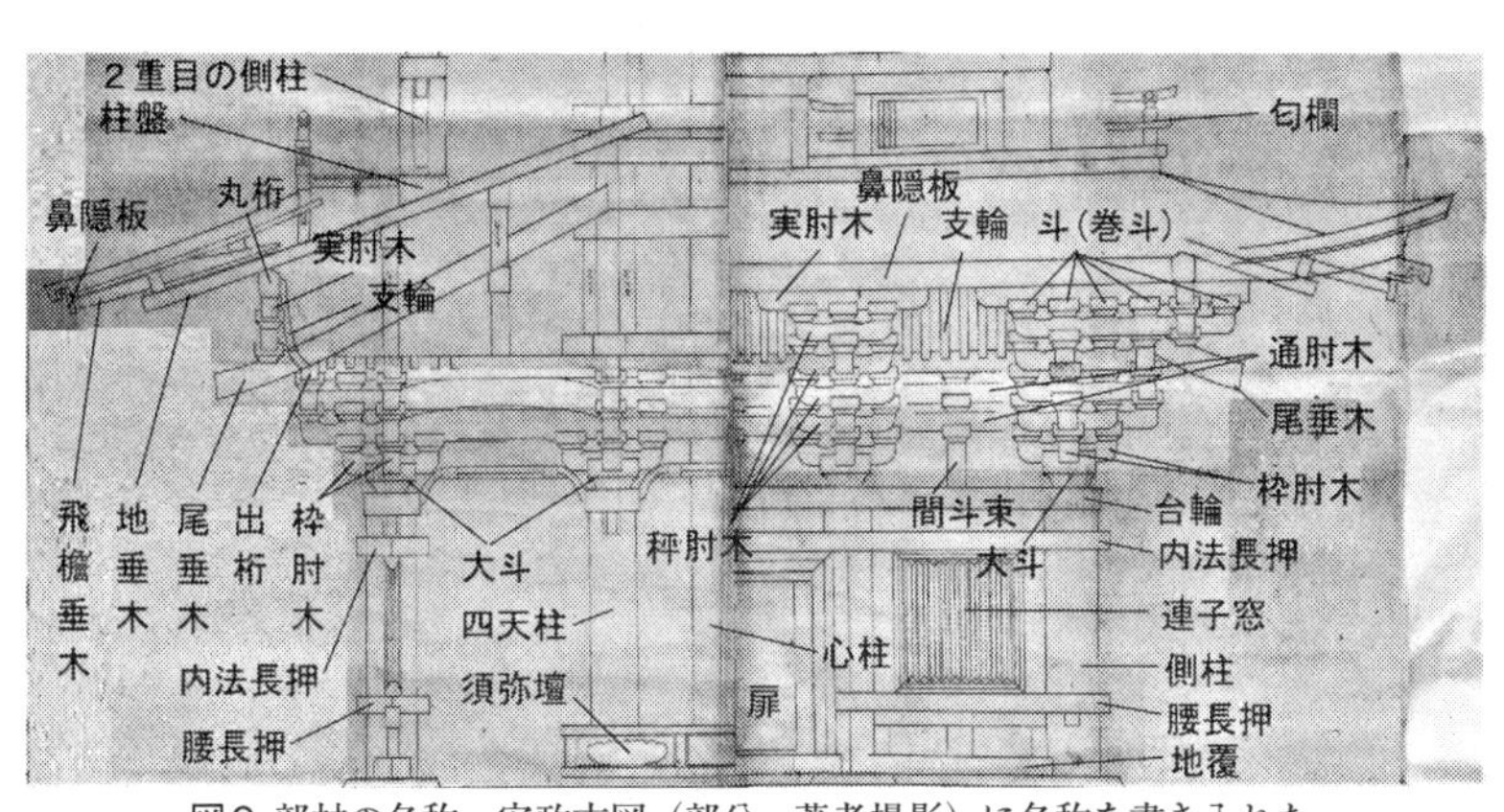

図9 部材の名称。安政古図（部分＝著者撮影）に名称を書き入れた

## 註

（1）太田静六、1939、「元興寺塔婆の焼失に就て」、『建築世界』第32巻3。奈良県立図書情報館の「藤田文庫」に郷土史家、藤田祥光書写の「元興寺大塔焼亡記録」があり、同館デジタルライブラリーで公開されている。元興寺文化財研究所編『華厳宗元興寺所蔵歴史資料調査報告書』で元興寺所蔵の原本が翻刻された

（2）1801〜68年。豊後・日田代官所の属吏の子に生まれ、幕府御家人の養子となり累進。外国奉行を退任後、脳内出血で半身不随となり、官軍の江戸城総攻撃の日とされた慶応三年三月一五日、幕府に殉じて切腹の式によりピストルで自死した。仁政を行い、奈良では今でも名奉行と称えられる。（川田貞夫、1997、『川路聖謨』、吉川弘文館）

（3）元興寺創建一千三百年記念「大元興寺展」図録、2018、真言律宗・元興寺など三寺と元興寺文化財研究所

（4）稲森賢次、1930、「元興寺塔址埋蔵品出土状況報告」、『奈良県史跡名勝天然記念物調査報告』11

（5）1898〜1941年。東京帝大工学部造兵学科、文学部美術史学科卒。文献を重視して建築史研究に新生面を開き、藤原宮址の調査にも尽力した。著作集3巻（中央公論美術出版）

（6）1911〜2009年。早稲田大工学部建築科卒。戦後は九州大工学部建築学科教授。主著『寝殿造の研究』（吉川弘文館）

（7）1914〜45年。名古屋高等工業学校（現名古屋工業大学）建築科卒。奈良県古社寺修理室技手。興福寺東金堂修理工事で、応永の火災で焼損して須弥壇内に納められていた旧山田寺仏頭（奈良時代、国宝）を発見。1945年

2月、フィリピン・マニラ郊外で戦死した。遺著『春日大社建築史論』（春日顕彰会）

（8）斗の間の肘木の上外角を弧状に刳り取る工法。奈良時代の建築の特徴で禅宗様にもある＝写真9と図6を参照

（9）南門大夫吉豊は幕末の春日座（興福寺）十六人大工の一人で元興寺大工を兼ねた（清水重敦、2002、「春日座大工の持続と終焉」、『奈良文化財研究所文化財論叢』3）

（10）1936年〜。神戸大工学部建築科卒。文化庁を経て国立歴史民俗博物館教授を務めた。主著『日本仏塔集成』（中央公論美術出版）

（11）1219〜2007年。東京帝大工学部建築科卒。法隆寺国宝保存事務所を経て東京大工学部建築学科教授。日本学士院会員。主著『日本建築史論集』Ⅰ－Ⅲ（岩波書店）

（12）『六大寺大観』七　興福寺一（岩波書店）の興福寺五重塔の解説（工藤圭章執筆）によると、興福寺塔（室町時代再建）の初層と5層との平面（一辺の長さ）の比は一〇〇対六三。中世の五重塔は一〇〇対七〇前後が普通なので、逓減率が大きく、やや古風だという。太田博太郎が挙げた値とは相違する。太田博太郎は「この比は太田静六の復原案でも〇・七〇八となっている」とするが、太田静六が「復原考」の中で提示した元興寺塔の比は〇・六〇八。小数点以下2－3桁の数字が一致しているので、小数点以下1桁で誤認または誤植があったようだ。古代の塔ほど上層への逓減が大きい傾向があるとの結論は変わらない

（13）?〜1151年。大学寮の学生（がくしょう）となって学問を修め、仏教を篤信して晩年に出家した。『本朝新修往生伝』に伝が載る

（14）1430〜1508年。学者、文人として名高い関白一条兼良の五男。永享一〇（一四三八）年、九歳で大乗院に入り、康正二（一四五六）年〜長禄三（一四五九）年に興福寺別当（住職）。『大乗院寺社雑事記』は尋尊、政覚、経尋の三代、宝徳二（一四五〇）年から大永七（一五二七）年まで、約八〇年にわたる日誌。一六七冊。重要文化財。内閣文庫を経て国立公文書館が所蔵。興福寺や南都の仏教界だけでなく同時代の政治、文化、社会経済史の基本史料。（安田次郎、2021、『尋尊』、吉川弘文館他）

（15）法隆寺五重塔の塔本塑像（奈良時代、国宝）は維摩詰（ゆいきまつ）（東）涅槃（ねはん）（北）分舎利（ぶんしゃり）（西）弥勒（南）の各像を表す（『六大寺大観』三　法隆寺三）。薬師寺の東西両塔には「釈迦八相」が分置されていたと記録され、西塔跡から塑像片が多数出土（奈良国立博物館特別陳列「薬師寺西塔跡出土塑像群」カタログ（1981）

# 第二章　五重小塔は西塔の〈象徴〉として祀られた
## ―大塔との相似から伝来の謎に迫る―

世界遺産の真言律宗・元興寺（奈良市中院町）には奈良時代後期の国宝・五重小塔（以下、小塔という）があります。しかし、小塔が何のために造られたかという由緒や伝来は謎でした。江戸時代には、小塔は華厳宗・元興寺（同市芝新屋町）にあった奈良時代建立の五重塔（大塔）の雛形（ひながた）とされていました。

小塔と焼失した大塔との関係を探るため、幕末の大塔修理の際の実測図とされる立面図「南都元興寺大塔貳拾歩一（にじゅうぶいち）（二〇分の一）図」（以下、安政古図という）の細部の寸法を計測しました。次にこの数値と、大塔修理の際の実測史料「元興寺塔寸尺覚（すんしゃくおぼえ）」（以下、寸尺覚という）、および小塔各部の数値を付き合わせて比較してみました。

その結果、大塔と小塔は塔の外観を決める最大要素とされる上重への逓減率、天平尺でみた逓減原理、各重の一辺の長さ（換算値）などがほぼ同じで、塔身部は相似形という知見を得ました。小塔は奈良時代の元興寺で、東の大塔と対称的な位置にあった西の小塔院に祀られていたのではないかとする説を裏付けるデータです。

また、存在は知られながら従来の研究では無視されていた「新堂」の伽藍における位置を推定して、これが平安時代以降、しばしば記録に登場する吉祥堂であることを示し、定説の見直しを試みました。さらに小塔は少なくとも鎌倉時代以降、元興寺にあったことを確認して、安置された場所は本堂（鎌倉時代、国宝）ではなく、その大きさに見合う空間がある禅室（同）だったとする新たな説を示しました。

# Ⅰ．五重小塔と解体修理の成果、その研究史

## （1）小塔とは何か

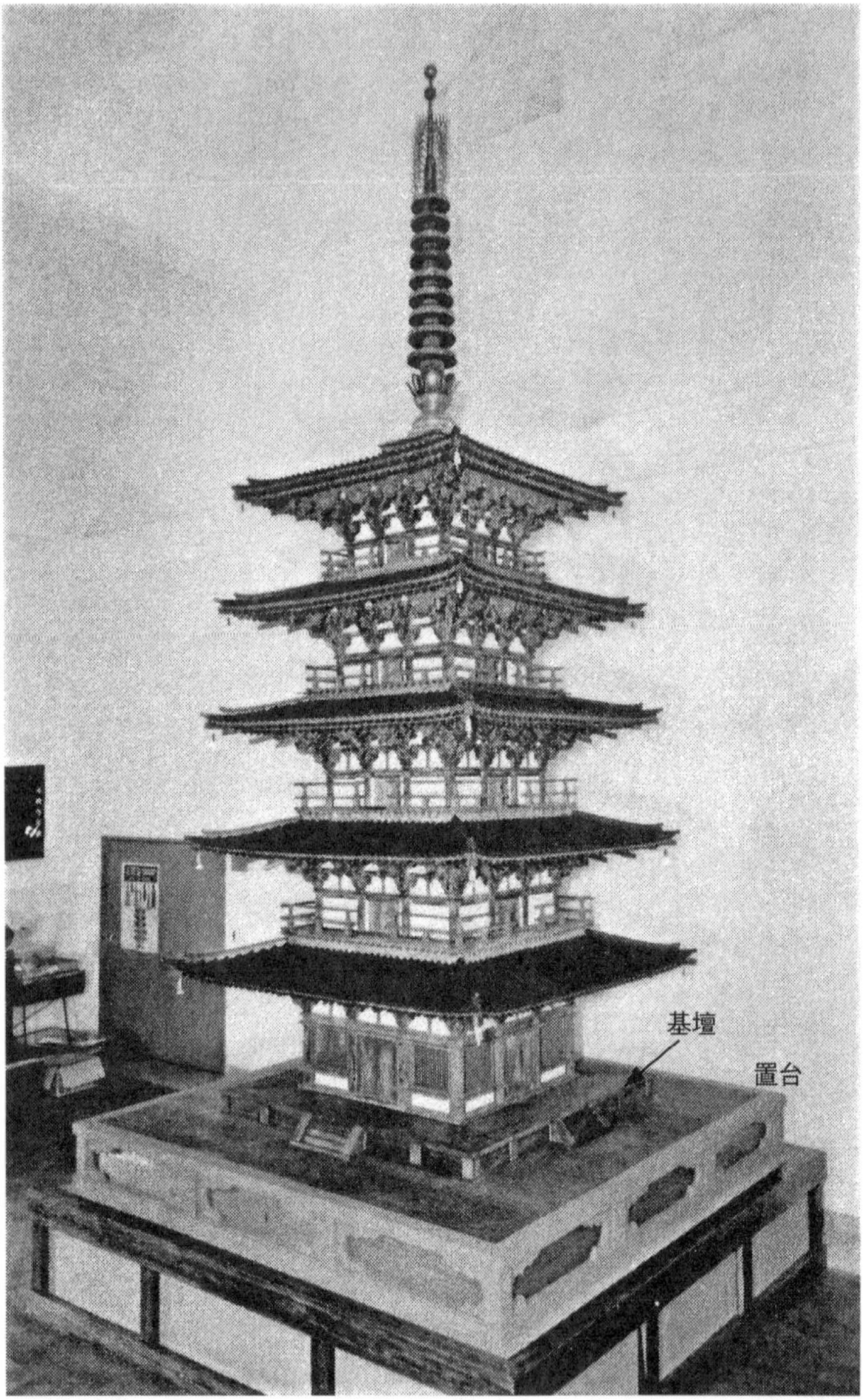

基壇
置台

**写真11** 元興寺五重小塔（奈良時代後期、国宝）。基壇とその下の置台は推定復原。相輪が特に長大なのが目立つ＝国宝元興寺極楽坊五重小塔修理工事報告書の写真に説明を加えた

小塔＝**写真11**は一辺二六七チセン、高さ三〇・三チセンの置台の上に一辺一六三チセン、高さ二一・二チセンの基壇を据えて立つ。初重の一辺は九七・八チセン、基壇上からの総高は五五〇・二チセン、このうち相輪は長大で高さは二二二・一チセンある。相輪高は総高の四〇・三%を占め、この比率は、現存する五重塔や五重小塔の中では飛び離れて大きい。

同じ奈良時代の小塔の遺構に奈良・海龍王寺五重小塔（奈良時代前期、国宝）＝**写真12**がある。これは塔身に柱や屋根、屋根を支える軒下の組物などを取り付けた中空構造なのに対し、小塔は内部まで実際の塔のように正確に造っているのが特徴だ。

**写真12** 海龍王寺五重小塔（奈良時代前期、国宝）＝「小建築の世界」展図録（飛鳥資料館）より

ただし、後で述べるように各重を積み重ねる構造なので、接合が不安定になる二重目以上の四天柱（心柱を囲む四本の柱）は省略している＝**図10**。

小塔の由緒や伝来に関して一切史料はなく、心柱にある天和三（一六八三）年の再造（修理）銘が記録に現れる最初となる。元禄一四（一七〇一）年の「南都極楽院宝物略記」（真言律宗・元興寺所蔵）に「五重の塔（小塔）は聖徳太子の勅言に

て来朝の良工 試につくれり、本朝層塔の最初なり」（著者読み下し。ふりがなとかっこ内は補った＝引用文は以下同様）という寺伝が記される。

幕末の奈良奉行、川路聖謨は弘化四（一八四七）年、管内視察で真言律宗・元興寺（当時は極楽院）を訪れ、日誌『寧府紀事』に記録を残しているが、その中に「五重塔（小塔） 二丈余もあるへし 推古四年、元興寺法興寺ともいふの塔を日本に塔のはじめにつくれる時の試の塔なりといふ 今いふおこし（起こし）繪圖幷ひなかた（雛形）の類を以（って）天子の叡覧ありしものの存せしなるへし」という記述がある。聖謨が書くように「試」「雛形」は同じ意味と考えてよいだろう。

聖謨は小塔が祀られていた場所や安置方法には触れていないが、『国宝元興寺極楽坊五重小塔修理工事報告書』（1968年、奈良県教育委員会。以下、小塔修理報告という）によると、かつては本堂（鎌倉時代、国宝）の南面、東から数えて第二間の床板と天井板を外して地面に土壇を築

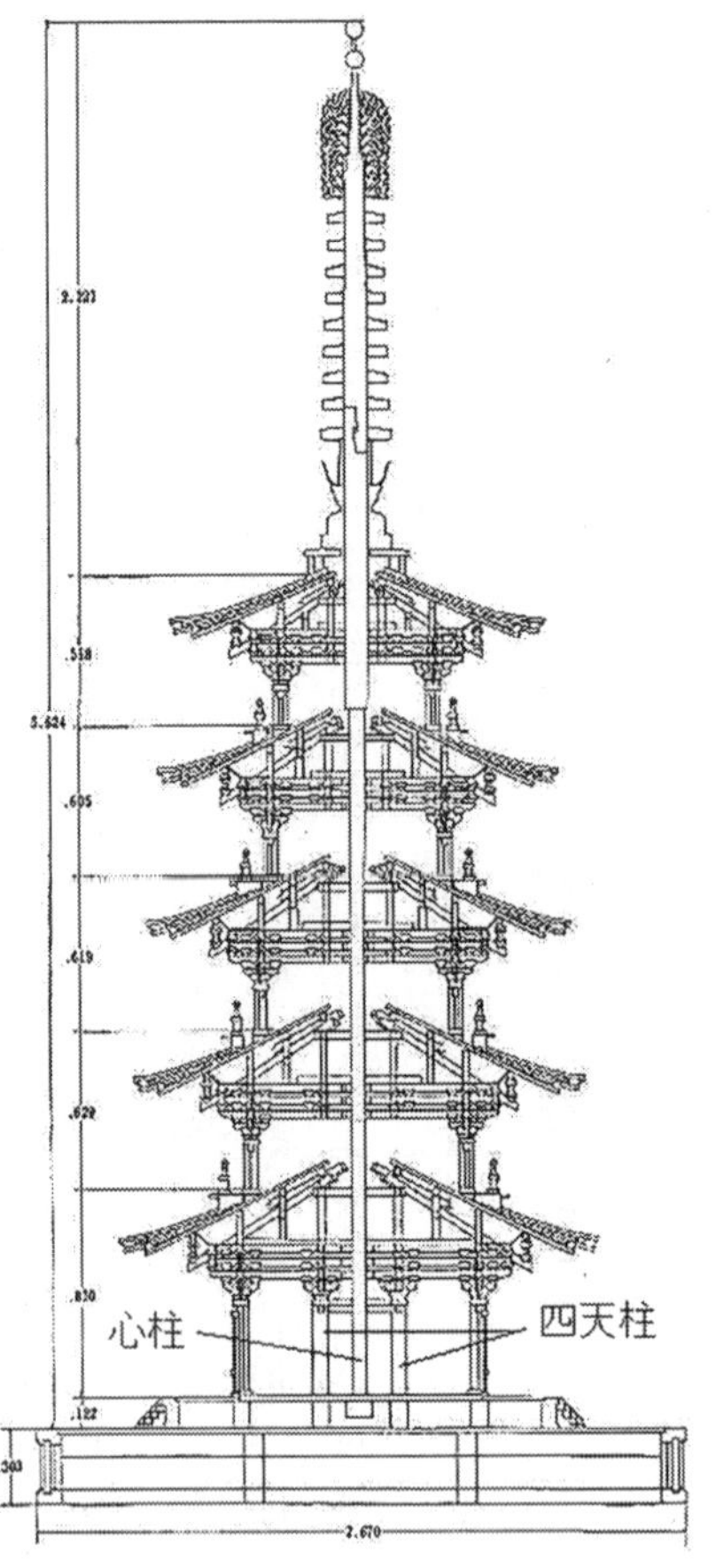


図10 小塔竣工断面図。初重にある四天柱を2重目以上は省略している。積み重ねる際、接合が不安定になるので省いた＝小塔修理報告の図に説明を加えた

写真13 本堂の天井裏で大量の民俗信仰資料とともに発見された小塔の取り替え部材。左が代用相輪＝小塔修理報告より

き、上に約一二〇センチ四方の切り石の壇を据えてその上に安置されていた。

これでも相輪がつかえてしまうので収納し、周囲に薄いそぎ板を巻き付けて九輪を表した代用相輪（高さ六一センチ、最大径一四センチ）を上げていたと推定される。小塔の部材とともに天井裏で見つかった＝写真13。

小塔を据えた石は石塔を転用したもので、その年代から天和の修理のときにこの工作をして安置したとされる。

明治四〇年に奈良帝室博物館（奈良国立博物館）に寄託する際、修理して元通り相輪が上げられたと考えられ、昭和四〇年、収蔵庫（法輪閣）が完成したので寺に戻った。

### （2）解体修理でわかったこと

解体修理は昭和四二～四三年に行われ、後世に改変された部分は復原して、現在の姿になった。部材に残る痕跡から、天和以前にも平安時代と鎌倉時代の二回、修理されていたことがわかった。小塔修理報告に基づき、今後の記述で触れる主な成果と記述を挙げる。

一、初重の柱の根元が約九チセン切り縮められていた。
二、相輪は大部分が当初の材だった。ただし九輪から下の心柱は、上から順に明治、天和、昭和の三回、継ぎ木されており、当初の正確な高さはわからない。
三、基壇は土台の材を「井」の字形に組んでいたが、鎌倉修理の際、柱が立つ「口」字形の枠組みから外に出た部分を切り落とし、初重の外側の線に揃えていた。
四、昭和二五～二九年に行われた本堂の解体修理の際、天井裏から大量の小五輪塔や納骨容器、柿経(こけらぎょう)(桧などの木片に供養のためお経を書いたもの)など、約六万点もの民俗信仰資料が見つかった。

同時に小塔の過去の修理で取り替えられた軒の組物など大小約三百点もの部材や断片が発見された。

この中には天和の修理だけでなく鎌倉の修理で取り替えた部材も多数含まれていた。

また、防災のための導水管敷設工事の際には本堂周辺から部材の断片が見つかり、この中には小塔の勾欄(こうらん)(欄干)など二十数点が含まれていた。昭和三七年には収蔵庫建設のための発掘調査で大量の民俗信仰資料とともに小塔の部材二点が見つかった。

これらは小塔の復原と伝来にかかわる発見として重要だが、本堂の天井裏という同一の場所に鎌倉と天和という約三百～四百年隔てた二時期の取り替え部材があった理由は謎とされた。

### (3)研究史をたどって

小塔について考察した論文は、足立康が昭和六(一九三一)年に発表した「元興寺大塔の高さについて」が最初と思われる。元興寺五重塔（以下大塔という）は天平神護元（七六五）年以降の奈良時代後期に建立されたが、安政六（一八五九）年、焼失したことは前章で述べた。足立はこの論文で文献に基づいて大塔の高さを考証し、小塔に言及して大塔の十分の一の雛形であると認めた。

足立は興福寺の古記録『興福寺諸堂縁起』と『興福寺流記』の記述から、大塔の高さは塔身一〇・八丈、相輪高五・五丈、総高は一六・三丈（四九・四メートル）とした。小塔は初重の一辺三・二五尺（柱と柱の中心同士＝真々距離）が大塔の一辺三二・五尺の十分の一、小塔の塔身の高さも一〇尺八寸二分で大塔の十分の一になるので、「両塔の寸尺は恐しい程よく一致してゐる」と結論づけた。

小塔は大塔の雛形と認めた足立の説は戦後、見直された。鈴木嘉吉は『大和古寺大観』第三巻（元興寺極楽坊他）の小塔解説で次のように述べて大塔雛形説を疑問視し、これが定説化した。

一、柱間寸法は小塔が中央間、脇間とも等しく、各一・〇七六尺（天平尺で一・一尺）であるのに対して、大塔は礎石の実測では中央間が一一・五尺、両脇間が一〇・五尺で比例が異なる。

二、大塔は安政古図によれば肘木に笹繰（ささぐり）があり、笹繰のない小塔より様式的に古い。

鈴木の分析を続ける。

一、小塔は内部まで実際の塔の十分の一の寸法で造られているが、相輪を平均的な高さに抑えると総高は一六〇尺前後のこの時代の標準形になる。

二、組物などの部材はすべて同じ寸法である。

三、各層とも三柱間は等間隔となる。

四、上層へ向けて三柱間とも天平尺で〇・一尺ずつ逓減する簡単な比例を持つ。

このように規格が単純で、工作の簡便化に最大の考慮が払われているとした。部材の寸法や構法をそのまま十倍すれば実際の塔が造れることになる。国分寺の塔は柱間が等間隔の平面が多いので、天平末期の塔の普及と深い技術的なつながりがあったと指摘した。

濱島正士は『日本建築史基礎資料集成』11・塔婆Ⅰ（1984年）の小塔解説で次の通り述べた。

一、安政古図とは様式手法にかなりの違いがある。

二、小塔を大塔の十分の一の縮尺と考えた場合、初層の柱間寸法や高さが少し合わない。

三、小塔は相輪が長く露盤（ろばん）（相輪の基礎部）の幅が大きくて、安政古図の比例と合わないだけでなく他の塔の比例とかけ離れている。従って大塔の雛形とは言えないが、内部まで実物通りに造られているので、何らかの雛形として造られたことも否定はできない。

桜井敏雄は「元興寺五重小塔の設計計画」（『近畿大学理工学部研究報告』22、1989年）で国分寺塔との関連を認め、元興寺の東門（重要文化財）が室町時代に東大寺の子院から移築されているので、小塔も東大寺から移されたかも知れないとした。総国分寺＝東大寺からの発想とみられるが、その根拠は挙げず、推測に止まる。

箱崎和久が「古代寺院の塔遺構」（『奈良文化財研究所文化財論叢』Ⅳ、2012年）で述べた説は大塔や元興寺とのかかわりを認めた点で注目される。

一、小塔は内部まで精巧に造られているので雛形と考えられているが、平城京の官寺には（初重の）総間や中央間：脇間の比率が一致する例はない。

二、国分寺塔との関係についてもうまく適合する例はない。

三、総間の1／10に合致する元興寺塔との関係を重視すれば、小塔は元興寺に由来すると考えるのが自然だ。

箱崎は大塔の造営では先に総間三三尺（天平尺）が決定され、初重柱間を等間隔としたときの立面や納まりを検討するために小塔が製作されたのではと推定し、雛形説に同意する。そのうえで、小塔のように初重の柱間を等間隔にとるのはむしろ古いやり方であり、絵図（安政古図）の細部とは極端なほどかけ離れているので結局は大塔の造立に際して小塔は雛形としては採用されなかったと結論づけた。

狭川真一は「元興寺五重小塔相輪考」（『元興寺文化財研究所研究報告』、2018年）で次の通り述べた。

一、相輪が長大な点を除けば小塔は雛形と認められる。

二、分解できるので移動が可能であり、国分寺塔造立の現場に運ばれ、十倍に拡大して部材を製作し、実際の塔が建築された。

三、青銅製の相輪を造るための鋳型は土で製作するが、雛形の相輪を十倍した鋳型は焼成すると収縮してしまう。小塔の相輪が過大なのはその収縮率を見込んだためだ。

## Ⅱ．安政古図を測る―寸尺覚や小塔との比較―

### （1）小塔は大塔と逓減原理が同じだった

第一章で述べた通り、寸尺覚や安政古図に関する研究は戦前の太田・黒田論争以降は見当たらない。このため安政古図を所蔵する奈良県文化・教育・くらし創造部文化財保存課の許可を得て安政古図の各部の計測を行った（第一章のもとになった論稿執筆の際も調査したが、このときは写真撮影と図そのものの計測が主体だった）。寸法の測定ポイントの設定は小塔修理報告の竣工詳細図に従った。寸尺覚は閲覧できなかった(1)

ので、太田が「元興寺塔婆復原考」で掲げた数値に依拠した。

時代による尺長の差も考慮する必要がある。以下の分析では新井宏が各時代の現存遺構で使われた一尺の実長を調べて平均値を求めた研究(2)に従い、次の数値により換算した。

▽天平尺の一尺＝二九・六三センチ（現在の一尺三〇・三センチ×〇・九七八）

▽平安時代の一尺＝三〇・三二センチ

▽江戸時代の一尺＝三〇・四センチ

**表2**は計測した安政古図の数値を掲げた。ただし、軒の勾配など屋根回りは器具がないので測らなかった。安政古図は大塔の「実測図」として知られているが、部分的にせよ細部を計測して報告するのはこれが初めてではないかと思われる。以下の表の安政古図の数値はこれに基づく。

**表3**は小塔、寸尺覚、安政古図、小塔とほぼ同時代の海龍王寺五重小塔、それに奈良時代の実際の五重塔の遺構はないので、これらに次ぐ醍醐寺五重塔（平安時代、国宝）の各重の一辺の長さと上重への逓減率を比較した。その結果、小塔、寸尺覚＝大塔、安政古図とも、初重と比較した二重以上の逓減率はほぼ〇・九、〇・八、〇・七、〇・六で共通することがわかった。醍醐寺五重塔も同じだった。海龍王寺小塔だけは特異なパターンを示した。

**表4**は一辺を天平尺に換算して比較した。小塔の初重の一辺は三・三尺（三柱間は各一・一尺）で、上重に行くに従い各柱間は〇・一尺、一辺では計〇・三尺ずつ規則的に逓減する。十分の一の縮尺なので十倍して一辺で三尺ごとに逓減することになる。

表２安政古図の各部の実測寸法

| | ①高さ cm | ②軒高 A cm | ③軒高 B cm | ④一辺 cm | ④の内訳 cm 左脇間：中央間：右脇間 | ⑤柱高 cm | ⑥柱径 cm | ⑦軒の出 総長 cm |
|---|---|---|---|---|---|---|---|---|
| 初重 | 160.7 | 33.35 | 43.15 | 48.9 | 15.9：17.1：15.8 | 18.45 | 3.65 | 23.2 |
| 二重 | | 20.25 | 28.9 | 43.8 | 14.3 | 6.6 | 3.35 | 20.1 |
| 三重 | | 19.35 | 28.65 | 38.8 | 12.7 | 6.5 | 3.0 | 19.25 |
| 四重 | | 19.4 | 28.0 | 33.7 | 11.3 | 5.9 | 3.0 | 18.65 |
| 五重 | | 16.6 | 31.35 | 30.4 | 9.85 | 5.65 | 2.85 | 17.75 |
| 相輪高 | 77.5 | ※測定にはファイバー製メジャーを使用してミリ単位で測った。ミリの間を示したときは0.5とした<br>※図の測定ポイントは以下の通り。①④を除いて左右の平均値を採った<br>①塔身高は基壇上端～露盤下端、相輪高は露盤下端～相輪最上部<br>②基壇（2重以上は柱盤）上端～茅負外下角<br>③基壇（2重以上は柱盤）上端～柱盤上端<br>④側柱と側柱の間（中心同士を測る＝真々距離）<br>⑤礎石（2重以上は柱盤）上端～台輪下端<br>⑥礎石（2重以上は柱盤）上<br>⑦軒桁真～茅負外下角<br>⇒測定ポイント及び名称は本文の図９、10と本章末の図18を参照<br>※畳みじわを伸ばさずに測ったので、実際の寸法は特に縦で若干伸びる | | | | | | |
| 総高 | 238 | | | | | | | |

表３各重の寸法と上重への逓減の比較

| | 小塔 | | 寸尺覚 | | 安政古図 | | 海龍王寺五重小塔 | | 醍醐寺五重塔 | |
|---|---|---|---|---|---|---|---|---|---|---|
| | 寸法 cm | 逓減率（対初重） | 寸法 尺 | 逓減率（対初重） | 寸法 cm | 逓減率（対初重） | 寸法 cm | 逓減率（対初重） | 寸法 尺 | 逓減率（対初重） |
| 初重 | 97.8 | | 32.9 | 寸尺覚 | 48.9 | | 77.3 | | 21.89 | |
| | | | 32.6 | 仕様覚 | | | | | | |
| ２重 | 88.8 | 0.91 | 29.4 | 0.89（0.90） | 43.8 | 0.90 | 67.0 | 0.87 | 19.45 | 0.89 |
| ３重 | 80.1 | 0.82 | 26.2 | 0.80（0.80） | 38.8 | 0.80 | 55.8 | 0.72 | 17.295 | 0.79 |
| ４重 | 71.4 | 0.73 | 22.9 | 0.70（0.70） | 33.7 | 0.69 | 44.5 | 0.58 | 15.11 | 0.69 |
| ５重 | 62.4 | 0.64 | 20.0 | 0.61（0.61） | 30.4 | 0.62 | 34.5 | 0.45 | 13.51 | 0.62 |

※計算値は小数点以下2桁までで四捨五入
※小塔は修理報告書、海龍王寺塔、醍醐寺塔は日本建築史基礎資料集成11・塔婆Ⅰによる

表４ 天平尺に換算した上重への逓減パターンの比較

| | 小塔 | | 寸尺覚 | | 安政古図 | | 海龍王寺五重小塔 | | 醍醐寺五重塔 | |
|---|---|---|---|---|---|---|---|---|---|---|
| | 天平尺換算 ()整数値 | 逓減 下重に対する | 天平尺換算 ()整数値 | 逓減 下重に対する（整数値） | 天平尺換算 () 整数値 | 逓減 下重に対する（整数値） | 天平尺換算 () 整数値 | 逓減 下重に対する（整数値） | 曲尺換算 () 整数値 | 逓減 下重に対する（整数値） |
| 初重 | 3.30（3.3） | | 33.75（34） | | 33.00（33） | | 2.61（2.6） | | 21.88（22） | |
| | | | 33.45（33） | | | | | | | |
| 2重 | 2.99（3.0） | ▲ 0.3 | 30.16（30） | ▲4（▲3） | 29.56（30） | ▲3 | 2.26（2.3） | ▲ 0.3 | 19.44（19） | ▲ 3 |
| 3重 | 2.70（2.7） | ▲ 0.3 | 26.88（27） | ▲3（▲3） | 26.19（26） | ▲4 | 1.88（1.9） | ▲ 0.4 | 17.28（17） | ▲ 2 |
| 4重 | 2.41（2.4） | ▲ 0.3 | 23.50（24） | ▲3（▲3） | 22.75（23） | ▲3 | 1.5（1.5） | ▲ 0.4 | 15.10（15） | ▲ 2 |
| 5重 | 2.11（2.1） | ▲ 0.3 | 20.52（21） | ▲3（▲3） | 20.52（21） | ▲2 | 1.17（1.2） | ▲ 0.3 | 13.50（14） | ▲ 1 |

※計算値は小数点以下2桁、他は少数点以下1桁までで四捨五入
※天平尺の1尺＝29.63センチ、醍醐寺塔は平安時代の尺＝30.32センチで換算（新井宏による）
※小塔・海龍王寺小塔は各重／29.63　寸尺覚は各重×30.4／29.63
安政古図は各重×２０／ 29.63

一方、大塔の初重の一辺の長さは、寸尺覚は三三一・九尺、仕様覚は三三一・六尺となる。三三一・九尺の場合、天平尺に換算すると三三・七五尺、四捨五入した整数値は34となり、二重目の逓減は▲(マイナス=以下同様)4となるが、三三一・六尺の場合は同じく三三・四五尺、整数値は少数点以下1桁で四捨五入すれば33に収まるので二重目の逓減は▲3になる。

前章(註4)の「元興寺塔址埋蔵品出土状況報告」は、残存する礎石で測定した一辺の平均を三三一・五二尺とする。これを採れば三三・二五天平尺、整数値は33となるので、二重目の逓減は▲3で確定した。

四、五重は若干数値が振れる[3]ものの、四捨五入した整数値でみた各重の逓減▲3は小塔(十倍値)と一致した。小塔と寸尺覚=大塔は、逓減率だけでなく、各重で三天平尺ずつ逓減する原理が共通することが突き止められた。

初重から上重への逓減パターンは塔の外形、つまり〈見た目〉を決める決定的要素とされる。逓減率と天平尺での逓減原理、後述する塔身高=表5と各重の一辺の長さ=表6がよく一致することから、小塔と寸尺覚即ち大塔の塔身はほぼ相似形と言えることがわかった。

一方、安政古図は各重で▲3の逓減にはならない。寸尺覚の値をもとにした図面化と著者の計測の過程での誤差が重なったための乱れではないかと考えられる。

表5は相輪部を除く塔の塔身の高さと相輪部の比率を掲げた。小塔(十倍)と安政古図(二十倍)の塔身高は、小数点以下が若干異なるが、安政古図の畳みじわ(皺)を伸ばさずに測定した(表2参照)ことを加味するとほぼ同じと言ってよいだろう。小塔と大塔との相似を裏付ける。

表6は各重の一辺の長さを比較した。小塔と安政古図の初重が一致するなど、三者の各重の換算値はほぼ同

表５ 他の塔との高さ、相輪が総高に占める比率の比較

| | 興福寺五重塔(天平塔) | 小塔 | 安政古図 | 海龍王寺五重小塔 | 醍醐寺五重塔 |
|---|---|---|---|---|---|
| 総高 | 44.74m(15.1丈) | 55.02m | 47.60m | 4.30m(43.0m) | 38.29m(125.95尺) |
| 塔身高 | 29.63m　(10丈) | 32.81m | 32.14m | 3.15m(31.5m) | 25.23m(83.00尺) |
| 相輪高 | 15.11m (5.1丈) | 22.21m | 15.50m | 1.16m(11.6m) | 12.84m(42.25尺) |
| 相輪／総高 | 0.34 | 0.40 | 0.33 | 0.27 | 0.34 |

※興福寺五重塔(天平塔)は天平尺＝29.63ｾﾝﾁで換算（尺長は新井宏による）
※小塔は修理報告書、海龍王寺塔と醍醐寺塔は日本建築史基礎資料集成11・塔婆1による
※小塔は10倍、安政古図は20倍、海龍王寺小塔は縮尺の根拠がないので仮に10倍した
※小数点以下2桁まででで四捨五入

表６ 小塔、寸尺覚＝大塔安政古図の各重一辺の比較

| | 小塔 | | 寸尺覚 | | 安政古図 | |
|---|---|---|---|---|---|---|
| | 実測値 cm | ×10 m | 尺 | mに換算 | 実測値 cm | ×20 m |
| 初重 | 97.8 | 9.78 | 32.9 | 10.00 | 48.9 | 9.78 |
| | | | 32.6 | 9.91 | | |
| ２重 | 88.8 | 8.88 | 29.4 | 8.94 | 43.8 | 8.76 |
| ３重 | 80.1 | 8.01 | 26.2 | 7.96 | 38.8 | 7.76 |
| ４重 | 71.4 | 7.14 | 22.9 | 6.96 | 33.7 | 6.74 |
| ５重 | 62.4 | 6.24 | 20 | 6.08 | 30.4 | 6.08 |

※換算値は小数点以下1桁で四捨五入

じで、特に小塔と寸尺覚の値は近い。ここでも強い親縁性がうかがわれる。安政古図にはやはり寸尺覚からの図面化と著者の計測に伴う乱れが加わっているようだ。

次に垂木割（枝割(しわり)＝各重の垂木の割り付け）を見よう。小塔の逓減を十倍した一重当たり三天平尺の逓減は、垂木割では一天平尺あたり一本（枝）ずつ、つまり一柱間で一本ずつ、一辺では三本ずつ減少することを示すとされる。

表７は寸尺覚に記された大塔の垂木割を示した。一見すると乱れがひどいが、一辺で三本ずつ減少する垂木割を適用して計算すると、寸尺覚、天平尺換算とも一尺またはそれに近くなることが確認できた。この事実も、小塔と大塔の塔身が相似形という知見を裏付ける。寸尺覚が示す垂木割の乱れは過去の乱雑な修理のためだろう。

安政古図は各重の垂木の先端に鼻隠板(はなかくしいた)が打ち付けられているため垂木割はわからない。小塔は垂木が一辺で三本ずつ逓減する原理だが、実際には工作を容易にするため垂木の間隔を約一・五倍に広げて造られているのでともに除いた。

表7 寸尺覚の垂木割と、小塔の垂木割による復原

| | 寸尺覚 | | | 小塔の垂木割を適用 | |
|---|---|---|---|---|---|
| | 一辺<br>尺 | 垂木<br>本数 | 垂木割<br>尺 | 垂木<br>本数 | 垂木割<br>() 天平尺 |
| 初重 | 32.9 | 34 | 1.00 | 33 | 1.00(0.98) |
| | 32.6 | | 0.96 | | 0.99(0.97) |
| 2重 | 29.4 | 26 | 1.13 | 30 | 0.98(0.96) |
| 3重 | 26.2 | 24 | 1.09 | 27 | 0.97(0.95) |
| 4重 | 22.9 | 27 | 0.85 | 24 | 0.95(0.93) |
| 5重 | 20.0 | 25 | 0.80 | 21 | 0.95(0.93) |

※天平尺の枝割は各重1辺の数値×0.978／垂木の本数で算出

表8 柱高と柱径の比較

| ①各重の柱高の比較 | | | | | | |
|---|---|---|---|---|---|---|
| | 小塔 | | 寸尺覚 | | 安政古図 | |
| | cm | ×10(m) | 尺 | m 換算 | cm | ×20(m) |
| 初重 | 37.3 | 3.73 | 12.2 | 3.71 | 18.45 | 3.69 |
| 2重 | 17.7 | 1.77 | 4.6 | 1.40 | 6.6 | 1.32 |
| 3重 | 16.4 | 1.64 | 4.26 | 1.30 | 6.5 | 1.30 |
| 4重 | 14.9 | 1.49 | 3.95 | 1.20 | 5.9 | 1.18 |
| 5重 | 13.6 | 1.36 | 3.13 | 0.95 | 5.65 | 1.13 |
| ②各重の柱径の比較(換算値はcm) | | | | | | |
| | 小塔 | | 寸尺覚 | | 安政古図 | |
| 初重 | 6.4 | 64 | 2.5 | 76 | 3.65 | 73 |
| 2重 | 5.5 | 55 | 2.3 | 70 | 3.35 | 67 |
| 3重 | 5.4 | 54 | 2.0 | 61 | 3.0 | 60 |
| 4重 | 5.4 | 54 | 2.0 | 61 | 3.0 | 60 |
| 5重 | 5.3 | 53 | 1.9 | 58 | 2.85 | 57 |

表8は各重の柱の高さと直径を比較した。寸尺覚は初重の柱の高さを一三・五尺と記しているが、内訳となる各部の寸法を足すと数値が一致しない。このため寸尺覚の礎石上端から柱最上部をつなぐ横の部材・台輪下端までの寸法を合算して得た一二・二尺を初重の柱の高さとした。二重以上は寸尺覚の実測値をそのまま採用した。初重の数値はほぼ等しいが、二重以上は小塔と、寸尺覚・安政古図との間で隔たりが大きい。柱の直径は寸尺覚と安政古図がほぼ一致した。

軒高と軒の出については、小塔との相関は特に認められなかった。

以上、小塔、寸尺覚が示す大塔、安政古図の三者の間で強い親縁性が確認できた。検討結果をまとめて再掲する。

一、小塔、寸尺覚、安政古図と醍醐寺五重塔の各重の逓減率は初重から上重へ〇・九、〇・八、〇・七、〇・六となり、ほぼ等しい。
二、小塔と寸尺覚＝大塔は天平尺でみた逓減原理でも一致し、次の三、四とあわせて塔身部はほぼ相似形と言える。
三、塔身高（換算値）は小塔と安政古図＝大塔でほぼ等しい。
四、小塔、寸尺覚＝大塔、安政古図の各重の一辺（換算値）はほぼ等しい。
五、小塔と寸尺覚＝大塔、安政古塔の柱高は初重でほぼ等しい。二重以上は寸尺覚と安政古図との間で親縁性がある。柱の直径は寸尺覚と安政古図がほぼ等しい（換算値）。

### （2）寸尺覚・安政古図は一連の史料だった―安政古図の限界

寸尺覚や仕様覚には作成者の記入はないが、安政古図には南門大夫吉豊という作成者の墨書がある。南門大夫は幕末の春日座大工の一人で、元興寺大工を兼ねた＝第一章の（註9）。

前節で各部の数値の共通性から小塔と寸尺覚、安政古図の強い親縁性を指摘した。寸尺覚と安政古図は幕末の大塔修理の際に作成された一連の史料で、寸尺覚の実測値をもとに安政古図が画かれたと認めてよいだろう。第一章Ⅲ－（1）節で述べたように、両者の書体が似通っているという黒田昇義の証言もある。南門大夫は寸尺覚の作成にも関わった可能性が高い。

問題は寸尺覚が塔として必須の総高や相輪高などの高さには一切触れていないことだ。修理中なので、測鉛のように重りをつけた縄を心柱に沿って垂らしたりして測れたはずなのに、その記録はない。

安政古図の塔身高（二十倍）は小塔の塔身高（十倍）とほぼ等しいことを表5で示した。大塔と小塔との塔身部は相似形とする知見を裏付けるデータだが、慎重に扱う必要がある。

江戸時代末期、小塔は大塔の雛形とされていたからだ。推測だが、小塔の塔身高を測って安政古図の作成に役立てた疑いがある。その場合、大塔と小塔の塔身部は相似形とする私見に留保がつくことになるが、上重への逓減パターンと、天平尺に換算してみた逓減原理、換算値でみた各重の一辺がともに一致するという根幹はゆるがないと考える。

安政古図については、太田博太郎が『足立康著作集』Ⅲ（塔婆建築の研究）の解説で「尾垂木を三段目の斗栱（組物）で支え、三手先目の斗栱の位置が高くなり、支輪が異例の高さを持っていることは他に例がなく、この図が今日われわれのいうところの実測図ほど正確なものかどうかは問題となるところであろう」と疑問を投げかけ、「実測図」としての限界を指摘した。

一方で太田は『大和古寺大観』と『南都七大寺の研究』の元興寺の項では「江戸時代の実測図（奈良県庁蔵）が残されている」と書き、「東塔江戸時代古図」として安政古図を掲載している。

これまで安政古図はその性格を確かめないまま、大塔の「実測図」として扱われてきた。寸尺覚の数値と対照することで確認できた寸法を除いて、細部の表現には問題があることを重ねて指摘したい。

## （3）小塔は大塔をイメージして造られた

大塔と小塔の塔身部は相似形とした分析に基づき、小塔は小塔院の小塔堂に安置されていたと考えた。小塔院は大塔と対称的な位置にあったとされるが、元興寺では東の大塔と対になる西塔は建てられなかった。このため小塔を西塔に代わる〈象徴〉として小塔堂に祀り、周囲に百万塔を安置したと推定した。この説は小塔＝小塔院という文脈から従来も唱えられた。奈良市教育委員会による「史跡元興寺小塔院跡」の説明板にも「小塔堂には現在、元興寺にある五重小塔が安置されていたと考えられる」と記される。

しかし、事情は単純ではない。裏付ける史料は存在しないからだ。平安時代に南都の諸大寺を巡拝して『七大寺日記』『七大寺巡礼私記』（以下、巡礼私記という）の記録を残した大江親通（おおえちかみち）は、元興寺の吉祥堂（小塔院）の項で小塔には触れていない。このため「小塔院の名は（中略）八万四千基の小塔（百万塔）を祀ったことに基づくものであり、この（五重）小塔と結びつける史料はない」（鈴木嘉吉『五重小塔解説』。かっこ内は補った）として、小塔院（堂）安置説はむしろ否定されていた。

小塔に関する従来の研究は、江戸時代の伝承に引きずられ、小塔が大塔の雛形かどうかという点にこだわり過ぎていたと思う[4]。小塔を西塔の〈象徴〉として小塔院（堂）に祀る場合、大塔（東塔）の雛形＝精密な模型である必要はない。大塔に倣って造られ、その姿をイメージできたらよいのではないか。前節の分析で小塔と寸尺覚＝大塔は塔身部の逓減率や外形がほぼ相似形であることを示したので、小塔が大塔に倣って造られたことは明らかであり、大塔をイメージするための条件を満たす。

小塔は各重を積み重ねて心柱を通して安定させる構造で、移動可能＝雛形説を生む一因になった。しかし、各重の部材同士は組み合わされ、釘などで固定されており、分解でもしない限り採寸は不可能だ。現場に運んで実際の工作に役立てたというのは想像に過ぎない。国分寺の建築は東大寺造立に象徴される建築技術の伝播、具体的には技術と人＝技術者の交流によるものであり、雛形だけで済む話ではない。

小塔の初重の柱間を等間隔とし、部材を同寸としたのは工作をし易くするためだった。柱間を等間隔にしたのは大塔のように中央間を少し広げて正確に造っても見た目には影響ないと判断したのではないか。安政古図で大塔にある肘木の笹繰が小塔にはないのも、また、支輪にリブ（肋骨）状で断面「」形の部材・支輪子がなく、板を張っただけの板支輪になっているのも、工作の簡略化のためだろう。

小塔の相輪が長大なのは、逆に小塔堂の中央に置いた際の印象を強める積極的な意図があったためではないか。なお、足立康は大塔の相輪自体がもともと長大だった可能性を指摘している(5)。

## Ⅲ．小塔の伝来の謎をめぐる試論

### （1）吉祥堂とは、小塔院（堂）ではなく新堂だった

称徳天皇（孝謙天皇の重祚＝再び皇位に就くこと）は、藤原仲麻呂（恵美押勝）の変（七六四年）の平定を三宝（仏法僧）に感謝して百万塔の造立を発願し、百万塔は宝亀元（七七〇）年ごろ完成して諸大寺に分置された(6)。元興寺は小塔院（堂）に納めたとされるが、小塔院の創建については確実な史料はない。

『東大寺要録』は「天平一九年＝著者註：正しくは天平八（七三六）年＝、唐から来日した婆羅門僧正（菩提僊那。南インドの僧。東大寺大仏の開眼導師を務めた）が携えてきた仏舎利などを天皇に奉じ、これを諸

寺に賜り、多くが元興寺小塔院に納められた」と記す。時期は来日からそれほど年月を置かなかったことが想定され、これに従えば大塔より小塔院（堂）の方が早く建立されたことになるが、やはり大塔の方が先で、小塔院（堂）は百万塔が分置された七七〇年前後の奈良時代後期の建立とするのが妥当だろう。

平安時代に入ると、幸い記録があるので元興寺の伽藍の様子を具体的に知ることができる。東大寺東南院文書に含まれる「堂舎損色検録帳」＝長元八（一〇三五）年。以下、検録帳という＝は、鈴木嘉吉の研究で東大寺ではなく元興寺伽藍の破損状況を細かく調べ、記録した文書と判明している。

これによると、西小塔院は「瓦葺七間小塔堂一宇（棟）　件の堂五間（四）面、南は礼堂也、其の瓦三分之一（中略）実无（無）し」（著者読み下し。以下同様）と記され、破損状況は深刻だった。

検録帳にはなぜか吉祥堂は登場しない。破損状況を列挙する中で、西小塔院の次、大塔がある東塔院の前に「新堂院　瓦葺七間二面堂一宇」として性格がはっきりしない「新堂」を掲げ、次のように記す。

「葺瓦所々損失雨止まず　壁大小八間未だ土を塗らず」

この記述からは、傷みだけでなく一部は未完成かと疑われる。新堂は従来の研究では注目されず、太田博太郎の「元興寺伽藍復原図」（大和古寺大観）でも示されていない。しかし、伽藍を構成する仏堂であることに間違いなく、検録帳の掲載順から見て、金堂の周辺、西小塔院と東塔院の近傍にあったはずだ。

新堂は小塔院の北側、東塔院の僧房（観音堂の前身）とほぼ対称的な位置にあり、吉祥天を祀ったため、吉祥堂と称するようになったと考えた＝図11。

この地はかつて吉祥堂町といい、町名は吉祥堂があったのにちなむという伝承がある。吉祥堂についての江戸時代の地誌の記述を年代順に見よう。

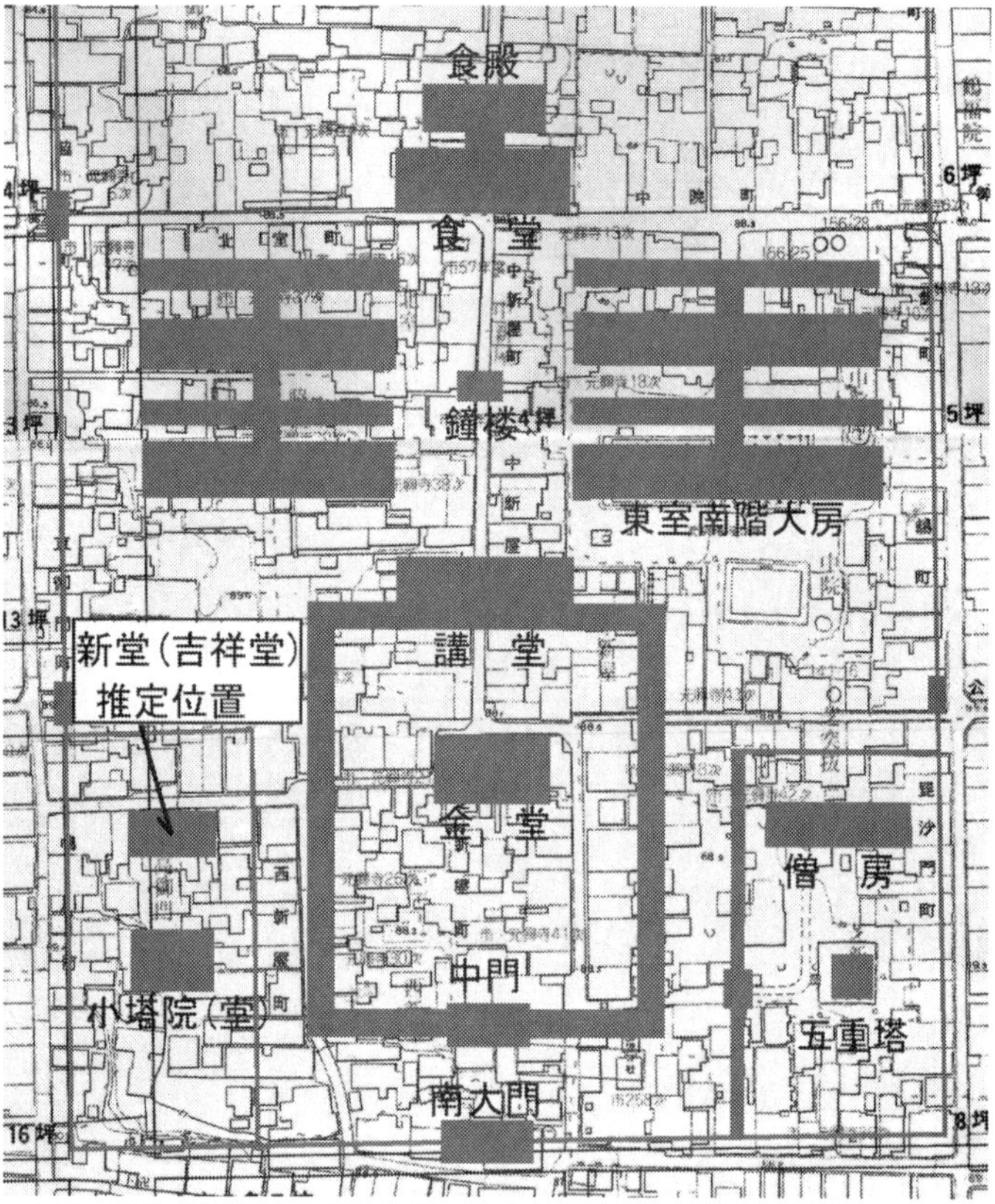

図 11 新堂（吉祥堂）の推定位置。奈良文化財研究所『平城京条坊総合地図』に太田博太郎の伽藍復原図を参照し作成。推定位置は東六坊大路（左側の２重の縦線）にかかっているが、伽藍地の西側にはほぼ南北に通る土地の段差（断層）があり、実際の東六坊大路は脇戸町—東御門町—鳴川町の南北の道まで西に寄るのではないか

▽「中比（あまり遠くない昔を指す）まで堂ありしゆえ町の名とせり」『奈良名所八重櫻』＝延宝八（一六八〇）年刊

▽「いにしへ元興寺の吉祥天女をまつりし跡 吉祥天女の堂あり」『奈良曝』＝貞享四（一六八七）年刊

▽「南北の町家を西ノ新屋町と曰い、東西の道を吉祥堂町と曰う。共に（併せて）一郷（町）である」『奈良坊目拙解』＝享保二〇（一七三五）年の奥書

これらの記述と次節で述べる「小五月郷指図写」をもとに新堂＝吉祥堂の位置を推定した(7)。太田博太郎の伽藍復原図では東塔院の僧房（後の観音堂）とほぼ対称的な位置となるが、太田の復原図ではここは空白だった。

新堂＝吉祥堂をこの位置に想定することで、古代伽藍らしく東西のバランスが取れたことになるのではないか。

次に新堂即ち吉祥堂だったと考えた理由について述べる。

大江親通は嘉承元（一一〇六）年に初めて東大寺や興福寺、元興寺など南都の諸大寺を訪れ、『七大寺日記』を著した。三十四年後の保延六（一一四〇）年にも再訪し、七大寺日記を増補した巡礼私記を残した。この時代の南都諸大寺の様子を具体的に知る貴重な史料だ(8)。

巡礼私記には「吉祥堂（中略）此（の）堂亦小塔院と名づく」と記されている。この記述に基づき、元興寺にかかわる従来の研究は吉祥堂＝小塔院（堂）と考えて疑わず、新堂は無視されていた。

それにしても親通が吉祥堂で（五重）小塔に触れていないのはなぜだろうか。両書の吉祥堂にかかわる記述を対比してみた＝藤田経世編『校刊美術史料』（上）所収の本文による。

【七大寺日記】

「吉祥堂ハ金堂ノ坤（南西）角ニアリ　三間四面之堂也　内ニ五枚障子之繪佛アリ　吉吉見ル可シ　其中（の）飛天（の）繪様妙也、正了知大将之曼荼羅アリ、毗（毘）沙門吉祥天之像、一補（幅）ニ圖セリ、背之障子ノ繪像ナリ、東端（に）金色（の）佛像アリ（中略）辰巳（南東）角西向、等身比丘（僧）形アリ、是護命僧正(9)ノ影（肖像）ナリ、甚妙、見ル可シ（中略）丑寅（北東）角、輿（乗り物）アリ、件の僧正ノコシナリ　見ル可シ」

【巡礼私記】（漢文体＝著者読み下し。＜＞内の原文は二行の割注）

「吉祥堂南向　五間四面瓦葺、此堂亦小塔院と名づく、五枚障子佛像を圖す、其佛飛天（の）繪様尤神妙也、正了知大将（の）繪像曼荼羅同（じく）不可思議也、毗（毘）沙門幷吉祥天像等〈巳上（以上は）障子繪像也〉、斯堂内東端（に）金色佛像を安ず（安置する）（中略）護命僧正（の）等身坐像〈件ノ影 堂（の）辰巳角西向に之を安ず〉、其造様不可思議也（中略）堂（の）丑寅角に輿有り、彼僧正の輿云々

斯堂者金堂（の）坤角に在り、光明皇后御願也、八萬四千小塔を安置す〈轆轤曳、高七寸許〉、故（に）小塔（原註：「院」の字が脱落か）と号す、此塔各無垢浄光陀羅尼経五之内 其（の）一本を納む云々、仁和寺勝定房阿闍梨之を説く云々」

安置された絵像や仏像などの両書の記述はほぼ同じだ。親通は吉祥堂を再訪したのだから当然だろう。しかし、傍線部は巡礼私記で新たに挿入ないし追加された。

これは何を意味するのだろうか。

前述のように小塔院の小塔堂は西塔に代わる〈象徴〉としての小塔を中央に祀り、周囲に八万四千基の百万塔を安置したと推定した。検録帳が記す「西小塔院」の名称は、大塔がある「東塔院」と対になり、大塔（東塔）に対して小塔（西塔）を祀ったからそのように名付けられたものではないか。

従って小塔院（堂）は吉祥天とは関係がなく、吉祥堂と称する理由は全くない。仮に吉祥堂＝小塔院（堂）だったとしたら、親通は嘉承の巡礼の際にも吉祥堂を見ているのだから、七大寺日記で小塔院（堂）の名や百万塔に触れないはずがない。最初の巡礼で八万四千基もの百万塔を見ながら何も書かなかったのに、三十四年後にこれを新たに書き加えたとは到底考えられないからだ。

この謎を解く鍵は新堂にあった。

親通が訪れた「吉祥堂」とは、小塔院（堂）ではなく新堂だった。七大寺日記と巡礼私記との記述の相違は、小塔院（堂）が廃絶して、両度の巡礼の三十四年間に新堂（以下吉祥堂と記述する）の性格が大きく変わったことの反映だったと考えた。

嘉承の巡礼のとき、小塔院（堂）は検録帳に記された傷みがさらに進んで廃絶していた。七大寺日記で親通が小塔や百万塔だけでなく、小塔院（堂）そのものについて何も書いていないのはこのためだった。小塔や百万塔は寺内の別の場所に収納されていたのだろう。

その後、保延の巡礼までの間に百万塔は吉祥堂に移された。そのため吉祥堂は後述するように増築された。しかし、小塔は大きい上、吉祥堂の本尊は吉祥天などの絵像なので堂内には安置する場所がなく、収納されていたところに置かれたままだったのではないか。

百万塔を受け入れたことで、吉祥堂は小塔院の名と、小塔院や百万塔にかかわる由緒を引き継いだ。

親通が百万塔を見たのは保延の巡礼が初めてだった。「吉祥堂南向　五間四面瓦葺」と堂の名と規模を掲げたあと、七大寺日記にはない「亦（また）小塔院と名づく」と小塔院の名称を説明的に挿入する書きぶり、後段の百万塔をめぐる大幅な追加は、このような事態を想定することでよく理解できるのではないか。小塔は別の場所に置かれたままだったので、親通はこのときも小塔は見ず、従って記述でも触れなかった。

吉祥堂の推定位置は「金堂の坤（南西）角」という巡礼私記の記述よりも酉（西）に寄るが、親通はあくまで坤と認識していたと考える。

ただし、吉祥堂（新堂）の規模を検録帳は「七間二面」、七大寺日記は「三間四面」、巡礼私記は「五間四面」と記している。これらの違いは大きいので検討が必要だ。

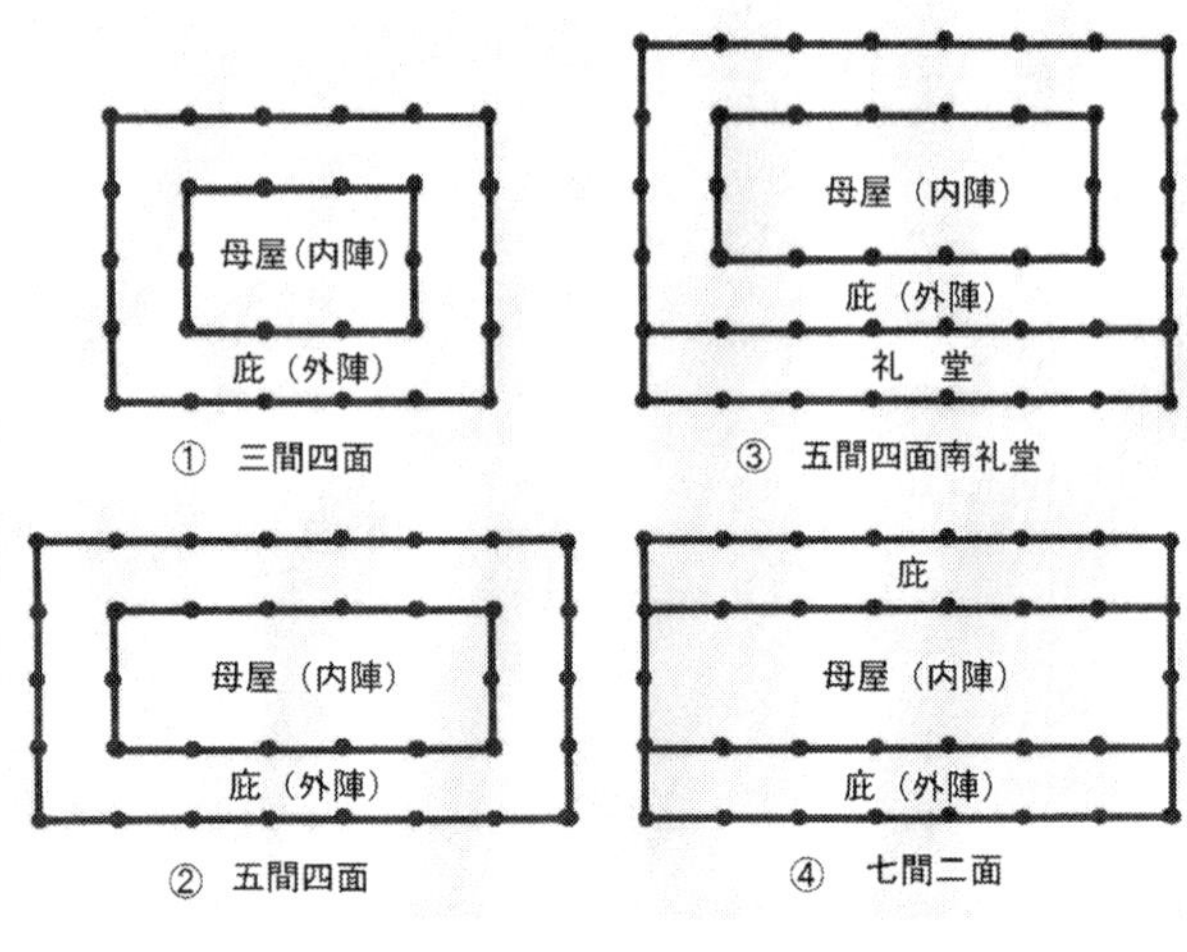


図12 母屋と庇の平面模式図＝著者作成

古代・中世の建築の規模は母屋（内陣）の柱間の数と周囲の庇（外陣）の形態で表した[10]＝図12。七大寺日記が記す吉祥堂の三間四面＝図12—①を例に挙げると「三間」は母屋の桁行（正面）の柱間、「四面」は庇が母屋の周囲の四面に回ることを示す。外観は桁行（正面）五柱間×梁間（奥行き）四柱間の入母屋造になる。通常、母屋の梁間は二柱間なので書かない。

巡礼私記の吉祥堂は図12の②、検録帳が記す西小塔院（堂）は③になる。新堂④は桁行七間、梁間二間の母屋の前後に庇が付き、屋根は切妻造（屋根は前後二面だけで、妻＝両端には屋根を造らない）になる。

平面と規模についての検録帳と七大寺日記、巡礼私記の記述はその通り受け取らざるを得ない。元興寺と諸大寺の建物の表記は正確と認められるからだ。ここから以下の解釈が導かれる。

七間二面の新堂は、未完成のまま傷みが進んで親通の嘉承の巡礼までに三間四面の堂として建て直されていた。新堂のときから吉祥天が本尊だったか否かは史料がないのでわからないが、あるいはこのとき吉祥天を祀り、吉祥堂と称するようになったとも考えられる。

三十四年後、保延の巡礼のときには五間四面、つまり桁行七柱間×梁間四柱間と規模は一回り大きくなっていた。大量の百万塔を受け入れて祀るための増築だった。

親通は建物の規模の表記法を心得ていた。この大「吉祥堂」を見て、規模を三間四面から五間四面に書き改め、小塔院の名や百万塔についての記述を新たに追加したのだろう。

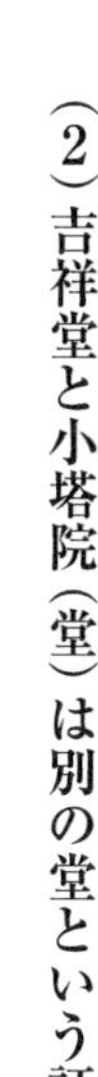

## （2）吉祥堂と小塔院（堂）は別の堂という証拠

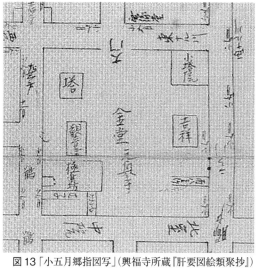

図13「小五月郷指図写」（興福寺所蔵『肝要図絵類聚抄』）に画かれた元興寺。吉祥堂は小塔院とは別の堂だったことがわかる。原図は右が北だが、字を縦にするため右回りで90度回転させたので北が下になり、南北は逆転している＝「大元興寺展」図録より

吉祥堂の位置と、小塔院（堂）とは別だったことをはっきりと示す記録がある。

原図は興福寺大乗院門跡・尋尊筆と伝える最古の「ならまち」絵図「小五月郷指図写」（興福寺所蔵『肝要図絵類聚抄』所収）＝図13に元興寺が描かれる。金堂の東側に大塔と観音堂、西側に吉祥（堂）、南に小塔院、北東に極楽坊（現真言律宗・元興寺）がある。大塔、観音堂、吉祥（堂）、小塔院、極楽坊は界線で囲まれていて、当時、建物があったことを示す。

尋尊の日記『大乗院寺社雑事記』（以下、雑事記という）の宝徳三（一四五一）年十月十四日条による

と、土一揆のため小塔院から出火し、金堂を焼いて大乗院門跡の居住坊・禅定院も焼失した。次章以降で述べる智光曼荼羅の原本は、このとき避難先の禅定院で焼失してしまった。

同時代の東大寺の記録「東大寺堂方日記」では大塔、中門、南大門、吉祥堂、観音堂や極楽坊は難を免れた（太田博太郎『南都七大寺の歴史と年表』、1979、元興寺の項）。これも吉祥堂は小塔院とは別だったという明らかな証拠だ。

小五月郷指図写では金堂と大門（南大門）は位置を示す字の書き入れだけで、建物はなくなっていたと考えられる。宝徳の火災後、さらに南大門が失われた時期の状況と解される。

吉祥堂＝小塔院（堂）とする巡礼私記の記述と小五月郷指図写との矛盾を解消するためか、吉祥堂は中世に小塔院から分かれて北側で新たに建てられたのではないかとする説（岩城隆利『元興寺の歴史』、1999年）が現れた。しかし、根拠は示されておらず推測に過ぎない。

これには反証もある。もと大乗院にあったという伝尋尊書写の『諸寺縁起集』（菅家本）＝室町時代、藤田経世編『校刊美術史料 上』所収＝に元興寺の縁起と、巡礼私記を引用して堂塔や仏像などが書き上げられている。金堂の項には「宝徳三年金堂炎上の時 丈六（本尊弥勒如来）焼失」、食堂と講堂には「転倒（倒壊）以後立（建）たず」などと一々注記がある。

一方、吉祥堂には注記はなく、堂内の様子は巡礼私記の記述の通りだ。尋尊は変化があれば必ず注記を加えたはずだから、吉祥堂はこの時代にも平安時代とほぼ同じ状態で残っていたことを示している。

雑事記・文明一五（一四八三）年の条にも元興寺の堂塔が書き上げられている。そこでは「東金堂 中門観音と号す」「西金堂、五間四面、此（の）堂小塔院と号す 本尊吉祥天女（以下略）」、さらに「小塔院ハ吉祥堂之別院也」

写真14 西新屋町の庚申堂。ぬいぐるみの紅白の猿を何個も重ねて吊るした厄除けのくくり猿（身代わり猿）で知られ、ならまちの観光スポットとなっている（著者撮影）

と記されている。

観音堂と吉祥堂が、元興寺にはなかった東西金堂に擬せられているのは興味深い。法興寺（飛鳥寺）には東西金堂があったので、その記憶が甦ったのだろうか。

「此堂小塔院と号す」という文は巡礼私記以降の姿に即した記述だが、「小塔院は吉祥堂の別院也」というのが実態だっただろう。小五月郷指図写の小塔院は、小塔院（堂）の廃絶後、室町時代までに吉祥堂の別院（あるいは住坊）として復興されたのではないか。

その後、記録には現れないが、吉祥堂は近世初期までに廃絶したと考えられる。小塔院は真言律宗の寺として小堂とともに存続している。元興寺の本堂・観音堂は幕末の大塔の火災でともに焼失し、塔跡と現本堂の床下と周囲に旧礎石を残す。

西新屋町の庚申堂（こうしんどう）＝**写真14**は吉祥天を併せ祀り、吉祥堂の歴史を引き継ぐ。『奈良坊目拙解』によると、江戸時代には今の場所とは違って西新屋町と高御門町との境の西門（町の木戸）ぎわ、つまり旧吉祥堂町に「当町の会所」を兼ねた吉祥堂があった[11]。「奈良町絵図」（奈良市史料保存館所蔵）には吉祥堂町の北頬（つら）（北側の家並み）に吉祥堂が描かれ、位置が確認できる＝「はじめに」の挿図（4ページ）を参照。

著者が推定した元興寺吉祥堂の位置と近接していたのは、堂の廃絶後、その名を受け継ぎ、新たに住民の信仰のよりどころとして建てられたからだろう。

## Ⅳ．小塔は鎌倉時代以降、元興寺にあった

### (1)本堂の天井裏で見つかった小塔部材の謎

平安時代、小塔がどこに置かれていたかについては考える材料がない。小塔院(堂)が廃絶するまで、傷んだ屋根の下で風雨にさらされた可能性があり、『大和古寺大観』の小塔解説(鈴木嘉吉執筆)の「外に置かれた時期もあり、風蝕(ふうしょく)(外気にさらされたことによる木肌の荒れ)が多少ある」という見解と合う。このためか、Ⅰ－(2)節で述べたように平安時代に最初の修理を受けている。

鎌倉時代以降は元興寺(極樂坊)に伝来したのは確実だ。本堂の解体修理の際、天井裏から発見された大量の民俗信仰資料の中に小塔修理の際の取り替え部材が約三百点含まれ、天和修理だけでなく鎌倉修理のものも多数あったことは前述した。

小塔修理報告はこの事実をもとに、「小塔が本堂内に安置されるようになったのもその頃(鎌倉時代)まで遡ってよいのではないか」と指摘した。

これに対し、鈴木嘉吉は『大和古寺大観』の小塔解説で「二百～三百年を隔てた二時期の修理部材が同一場所に投げ込まれること自体に不自然さが多く、この塔の近世以前の伝来には疑問が多い」とした。

しかし、小塔修理報告の指摘通り、少なくとも鎌倉時代以降は元興寺にあったと考えざるを得ない。小塔が元興寺以外の場所にあったのに、取り替えた部材だけが本堂の天井裏に投げ込まれたといった事態はおよそ想定できないからだ。

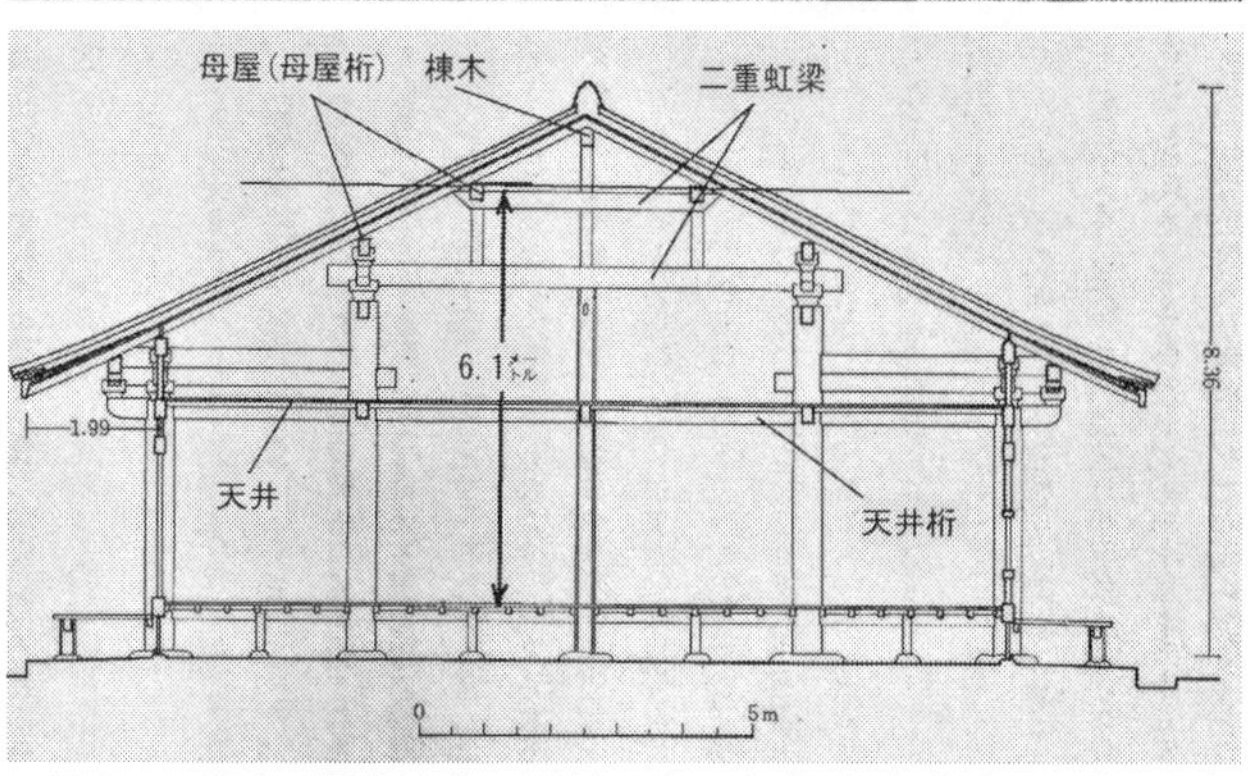


写真15　禅室（鎌倉時代、国宝）。右の本堂（同）と東西に並び、軒が異常に接近している（著者撮影）

図14　禅室竣工断面図。上方の母屋の水平ラインまでの高さは約6.1メートルあり、天井を撤去すれば相輪を上げて小塔を安置することが可能だ＝極楽坊修理報告の図に説明を加えた

本堂に祀られていたとすれば天井裏の部材の存在とも符合するが、そうではないだろう。本堂は寛元二（一二四四）年に奈良時代創建の僧房・東室南階大房の部材を再利用して建立された。原動力となったのは浄土信仰に燃えて百日念仏講を担った念仏結衆だった。極楽往生を願って内陣の周囲を巡り不断念仏を唱える常行三昧（じょうぎょうさんまい）の行道（ぎょうどう）が行われたことは次章で述べる。

小塔のような大きいものは大勢で行道する妨げになるので、本堂に置いたとは考えられない。律宗化して念仏講が行われなくなった江戸時代以降は本堂にあったことが確認されるが、片隅の天井と床を抜くという不格好で仮置き的なかたちで安置されていた。それ以前から本堂にあったとすれば、天井を抜く必要はあるにしても、もっと恒久的な設えがなされ、記録にも現れていたはずだ。

## （2）小塔は禅室に安置されていた

本堂でないとすれば、小塔は鎌倉時代以降、元興寺のどこに安置されていたのだろうか。禅室（鎌倉時代、国宝）＝写真15以外には考えられない。他に大きな建物があったという記録はないからだ。

『元興寺極楽坊本堂禅室及び東門修理工事報告書』（奈良県教育委員会、1957年。以下、極樂坊修理報告という）の禅室竣工断面図で、垂木を支持する左右の上方の母屋（母屋桁）で水平ラインを設定し、床上からの高さを測って縮尺をもとに換算すると約六一〇センチという数値を得た＝図14。

これに対して、修理後の小塔＝図10の総高は基壇と置台を含め五九二・七センチ（修理前は五八八・三センチ）なので、安置する場所の天井を撤去すれば棟木通りからこの左右の母屋の下までの範囲で相輪を上げて安置することが可

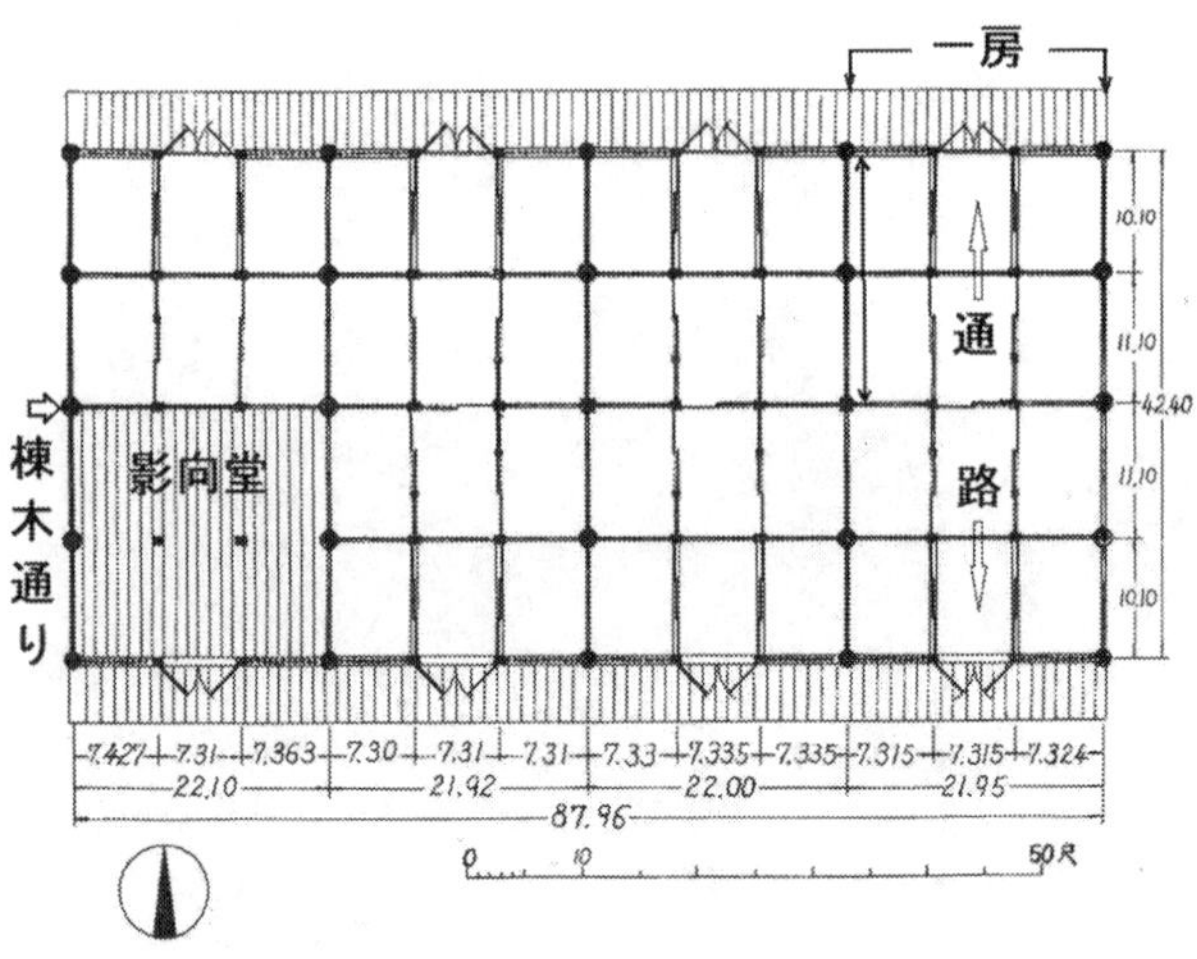


図15 禅室の鎌倉時代初期の復原平面。丸柱で区切られた桁行1柱間ずつが棟木下でさらに南北に区切られ、それぞれ一房になる。中央は通路＝僧房の研究の図に説明を加えた

能だ。具体的にその様相を見てみよう。

禅室の現状は、使用上の必要から影向堂の北側だけ房が復原され、東側は一面に天井が張られ、柱が立ち並ぶ一室となった。

しかし、浅野清、鈴木嘉吉『奈良時代僧房の研究―元興寺僧房の復原を中心として』（奈良国立文化財研究所学報第四、1957年）＝以下、僧房の研究という＝によると、鎌倉時代には丸柱の南北の筋は壁、一房の間口は角の間柱（まばしら）二本で三等分され、中央は扉と南北の通路、両側は小部屋だった。これらは棟木通りでさらに南北に区画され、七房と影向堂に分かれていた＝図15。

各房の通路と両側の小部屋との間は扉側が襖（ふすま）、奥が舞良戸（まいらど）（板戸に細い横桟をはめた引戸）と壁、通路の棟木の下は片側に引く戸と壁となっていた。

図16 解体修理前の小塔立面図。基壇が一重目の外側で断ち切られていた。安定感を犠牲にした思い切った改造だ。置台は失われていて、明治修理の際に新たに造られた＝小塔修理報告より

南北の扉と通路の間口は約七・三尺（二二一七センチ）前後なのに対し、小塔の初重の屋根の最大幅は小塔修理報告の縮尺をもとに換算すると約一九六センチになる。従って小塔は分解すれば禅室のいずれかの扉口から通路を通り、房の奥まで運ぶことができる。こうして安置すれば、入口の扉からちょうど正面になる。

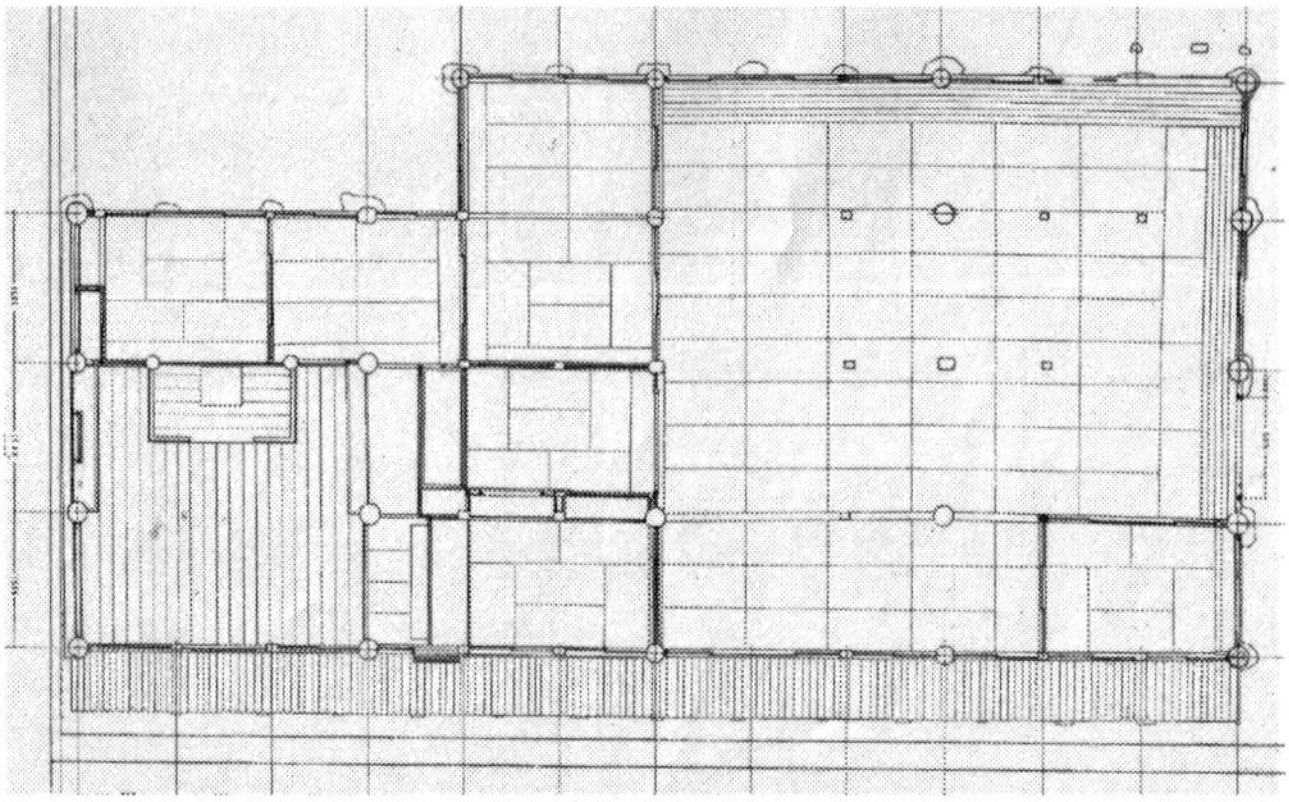

図17 禅室の平面（修理前）。影向堂を除き平面は創建時から一変した。その後も改造は大きく、北西の角が欠き取られている＝極樂坊修理報告より

図14の天井桁は柱の筋の桁行（東西）と梁間（南北）の両方向に架かり、屋根を支える二重虹梁（にじゅうこうりょう）（梁）は妻（東西の両側面）と各房の境の丸柱の筋の梁間方向に架かる。従って通路の奥、上方の母屋の下から棟木通りまでの空間では、天井を撤去すれば屋根裏まで邪魔になる構造材はないので小塔を床に安置することができる。この事情は智光曼荼羅を祀る仏壇を据えた影向堂以外の七房に共通する。相輪と心柱が途中で継がれているのも、狭い空間で組み立てるのに好都合だ。

通路に小塔を据えたら行き来ができず窮屈になるが、奥の部屋と通路とを隔てる左右の壁と戸を撤去して一室にしたら楽に納まる。恐らくそのような改造が行われただろう。

禅室に安置されていたことは、過去の修理で改造された跡が傍証となる。

解体修理の前、小塔は基壇を初重の側回り（外側）で切り落とされていた。置台は失われており、明治修理で新たに造られたも

のだった＝図16。小塔修理報告によると、基壇の縮小は鎌倉時代の修理の際に行われた。安定感を犠牲にする思い切った改造だ。なぜこのような改造が必要だったのだろうか。

基壇と置台は小塔の解体修理の際に推定復原された。このうち置台は本堂の屋根裏から見つかっていた格狭間(こうざま)＝図16の部材をもとに幅二六七センチに復原された＝写真11。しかし、これでは幅約二一七センチの禅室の通路に運び入れても安置することは難しい。屋根裏で発見された部材は鎌倉の修理で取り外されたもので、このとき置台は通路の幅に合うように縮小されたのではないか。オリジナルの置台は失われたので論証は難しいが、基壇を切り縮めたのは、置台の縮小に合わせる必要があったからだと考える。

また、相輪と屋根裏との間隔に余裕を持たせるためには、小塔はなるべく奥、棟木下（床上からの高さ約六五五センチ）の方に寄せて置く必要がある。基壇と置台の縮小は、禅室の狭い空間に安置するための改造だった。初重の柱を九センチ短くしたのもこれに関連していたと考えられる。

このときの修理で取り替えた組物などの部材は小塔または基壇の内部に納められたのではないか。

### （3）小塔修理銘の「再造」が意味するもの

古代の僧房を引き継ぎ、小部屋に分割された禅室の間取りは中世に入ると時代に合わなくなり、恐らくは室町時代頃に改造されたと考えた。極楽坊修理報告では部材の墨書をもとに改造を慶安年間（一六四八〜五二）以降とするが、鈴木嘉吉は『大和古寺大観』の禅室解説で「一般的に奈良の大寺の僧坊は室町時代に入ると住居としての性格を失って急速に乱れるので、ここでも当初整然と区切られていた内部間仕切りは次第に撤去された」

と指摘する。

南西隅の影向堂を除き、他の部分は柱や壁を取り払ったりして間取りを一変し、床の間を持つ部屋や広間とされた。この状況は修理前の図17から推測できる。このため小塔を安置する場所がなくなり、解体して本堂の天井裏に収納したと考えた。元興寺は本堂の天井裏から見つかった大量の民俗信仰資料が示すように、天井裏を倉庫代わりに使っていた。禅室の天井裏でなかったのは、大改造を控えていたからだろう。

雑事記などの豊富な記録や近世初頭までの地誌に小塔が登場しないのは、天井裏に収納されていたためだった。小塔を本堂の天井裏に収納したとき、小塔ないし基壇内にあったと推定した鎌倉修理の取り替え部材も一緒に天井裏に納められたのではないか。

昭和三七年の収蔵庫建設に伴う発掘調査で、本堂内にあった小五輪塔や柿経などの一部を埋めた土坑（地面に掘った穴）が発見された＝Ⅰ－（2）節参照。見つかった遺物の墨書から寛永年間（一六二四〜四四）までに埋められたと判断された。

この中に小塔の部材二点（組物の斗二個）があった（辻村泰圓、水野正好、１９６２年、「南都元興寺極楽坊中世信仰資料包蔵坑発掘調査概要」、『大和文化研究』７ノ１）。

二点しかない小さい部材だが、その意味するところは重要だ。鎌倉修理で取り替えられた部材と考えられるからだ。天和修理をさかのぼる寛永以前、堂内のどこかに、恐らく天井裏にあった部材であり、小五輪塔や柿経などに混じって埋められたことを示す。天井裏には解体された小塔もあったはずだ。

鈴木嘉吉によると、元興寺は中世の極楽坊から近世の極楽院へと変わる慶長年間（一五九六〜一六一五）を境に律宗寺院としての性格を強めた。それまで死者を供養し、極楽往生を願う「極楽堂」として本堂内を埋め尽くしていた大量の小五輪塔や納骨容器、柿経などを全て片付けて天井裏に納め、堂内を広い空間に戻した（『日本仏教民俗基礎資料集成』Ⅴ、1974年）。天井裏に納めきれない分は境内に穴を掘り、埋められた。これが発掘された土坑だった。

この本堂の大整理の際、天井裏で小塔が解体された状態で〝再発見〟されたのではないか。天和年間に修理して心柱の一部も補い、「天和三癸亥（一六八三）年　奉再造五重塔為与法利証祓苦楽意成就祈所乃至普利　極楽院住持尊覚　合掌」という修理銘を書き入れて組み立て、本堂に安置したと推定する。これは小塔修理報告が指摘した安置の時期とも符合する。

そう考えた根拠は、修理銘の傍線部、「再造」という特異な用語にある。

こうした修理銘では「修理」ないし「修造」のような一般的な用語を入れるところだ。修理銘はお経の文句や法語などを織り込んだ一種の決まり文句を連ねるのが普通であり、ほぼ例外はない。

ところが「再造」が意味するところは単なる修理ではない。ばらばらに解体して収納されていた小塔を修理して組み立て、再び安置した前述のような事態を強く示唆する。

天和修理で取り替えた部材は、本堂の天井裏の小塔があった場所に納められた。ここには小塔を収納した際、一緒に納められた鎌倉修理の取り替え部材が残っていて、昭和の修理で大量の民俗信仰資料とともに一括して見つかった。

このような事態を想定すると、「二時期の修理部材が同一場所に投げ込まれること自体に不自然さが多い」という鈴木の疑問は氷解するのではないか。

## 註

(1)『東京国立博物館歴史資料仮目録』NO２４９４と２４９９。東京国立博物館に特別観覧を申請しようとしたが受け付けられなかった

(2)新井宏、２０１５、「歴史的な建物から求めた尺長の変遷―寺社等の建造物を中心に」、『計量史研究』37の1。Ⅰ-(3)節で引用した桜井敏雄の研究もこの尺長を採用している

(3)四、五重の数値が下重と異なり、辛うじて▲3に収まるのは過去の修理の反映と考える。太田博太郎は第一章Ⅱ-(2)の「公縁田地譲状」で「『三層を修造し残るところ二重』というのであるから、四、五層がなくなっていたのであろう」とする(『南都七大寺の歴史と年表』、元興寺の項)。著者が表7に掲げた寸尺覚の垂木割も四、五重は下重と異なるのはこのことを示す

(4)奈良国立文化財研究所飛鳥資料館図録第12冊『小建築の世界』(１９８４)解説(松本修自執筆)は「小塔の部材を一〇倍した場合、実際の建築より大きめで、特に大斗は並外れて大きくなる」と指摘しながら、用途に雛形説を引用する

(5)足立康は第一章Ⅰ-(2)節で引用した「元興寺五重塔の高さ」で、足立が復原した大塔の相輪について「全高の三割四分程もあり、醍醐寺塔の相輪の長さに近い」としたうえで「一枚摺の塔図や元興寺古図中の塔図などに於ける相輪が著しく長く描かれてゐるのは慥(たしか)にこれを寫したに相違なく(以下略)」と述べる。「一枚摺の塔図」とは第一章に掲げた勧進札=図2を指し、大塔の相輪がもともと長大だった可能性を指摘した

(6)『百万塔陀羅尼の研究』、１９７７、八木書店

(7)『奈良坊目拙解』の記述から、吉祥堂町は西新屋町から高御門町までの短い東西の道の両側を指すことがわかる。吉祥堂の廃絶後、土壇の北側を通る形でこの東西の道がつけられ、「両側町」である吉祥堂町が成立したと考えて堂の位置を推定した。七大寺日記と巡礼私記が言う吉祥堂の位置「金堂の坤角」にも収まるのではないか。ただし、新堂(吉祥堂)、小塔堂とも検録帳では「院」と呼ばれてそれぞれ付属建物があったので両堂はやや接近し過ぎるが、古代伽藍としての性格上、東塔院の僧房(後の観音堂)や東塔との対称性は崩されなかったと考えた

(8)田中稔は巡礼私記が、今は断片的にしか残っていない『十五大寺日記』を参考にして書かれたことを指摘し、『十五大寺日記』こそ親通著と考えた。これを受けて奈良国立文化財研究所史料『七大寺巡礼私記』は解題で「巡礼私記は七大寺日記と十五大寺日記を主たる材料にしてそれに他の所伝を加えて机上で作成した」と述べた。しかし、巡礼私記には吉祥堂のよう

な新たな見聞や引用が記される。「机上で作成した」と言うだけでは、親通の二度目の保延の巡礼自体を否定することはできない。吉祥堂についての私見はこうした説への反証となると考える。田中稔、1972、「七大寺巡礼私記と十五大寺日記」、『奈良国立文化財研究所論集』I、及び同研究所、1982、史料第二十二冊七大寺巡礼私記』

(9)750~834年。元興寺に住した法相の僧で、大乗戒壇設立をめぐり最澄と対立した。元興寺小塔院で没した

(10)間面記法と呼ばれる。太田博太郎、1983、「建築平面の記法―母屋と庇」、『日本建築史論集』I

(11)平安時代成立のわが国最古の説話集『日本霊異記』(薬師寺の僧景戒著)に、聖武天皇のころ貧乏な女王が諾楽(なら)左京の服部(はとり)堂の吉祥天女に祈って恵みを得た話が載っている。『奈良坊目拙解』は吉祥堂の項で、元興寺吉祥堂はもと氏族服部氏の寺だったので別名を服部堂というと述べ、この説話を掲げる。岩城隆利『元興寺の歴史』はこれを認め、元興寺文化財研究所編『図説 元興寺の歴史と文化財』(2020年、吉川弘文館)も同様に記述する。しかし、舞台が元興寺吉祥堂なら景戒は元興寺と書いたはずだ。それに元興寺は官寺なのでその堂がもと氏族の氏寺だったとは考えられない。拙解の説は元興寺吉祥堂が有名だったので両者を結びつけたに過ぎない。福山敏男は霊異記の吉祥天を祀った服部堂=服寺(はとりでら)の位置を考証し、現在の奈良市辰市町付近とする(福山、1978、『奈良朝寺院の研究』、綜芸舎)

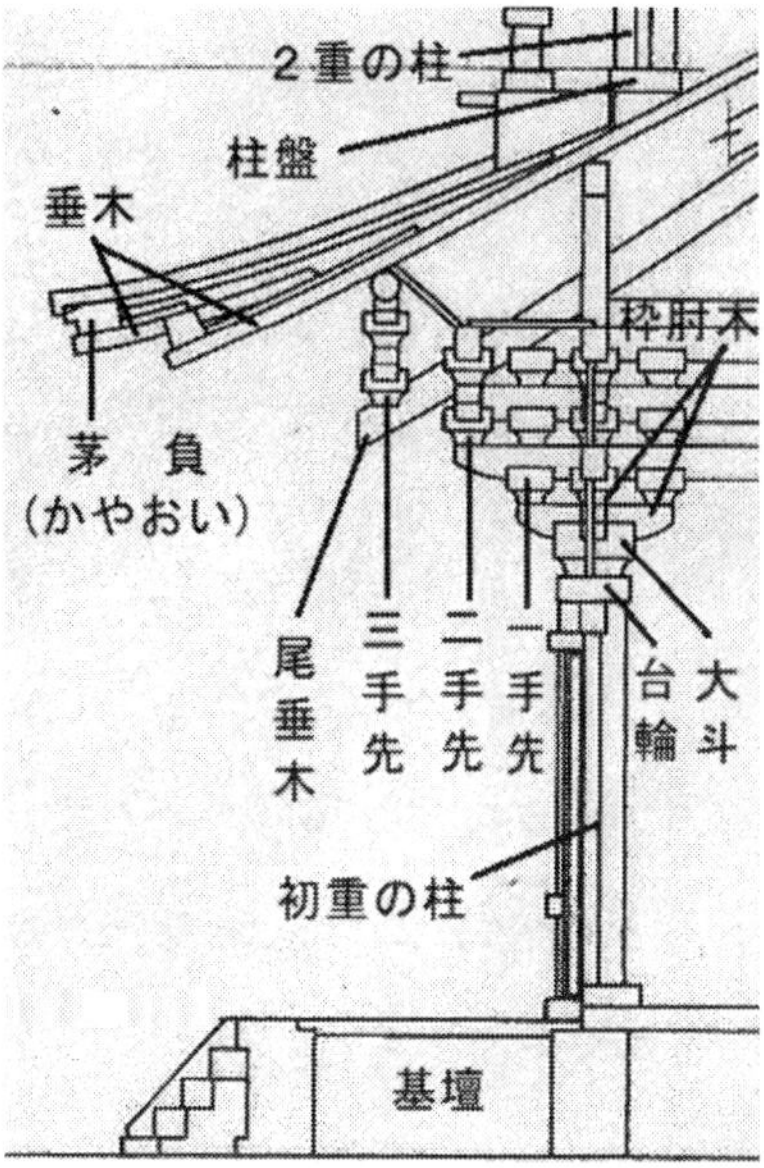

図18 小塔の軒先断面図(部分)。部材の名称を加えた=小塔修理報告の竣工断面図より

# ならまちの散歩道Ⅰ

## 奈良町とその周辺にあった塔をめぐる覚書

興福寺五重塔は古都奈良のシンボルです。猿沢池から望む姿は特に美しく、ここになくてはならない風景です。近世の奈良町と周辺には元興寺に奈良時代、唐招提寺に平安時代の五重塔が残り、他にも多宝塔が興福寺と白毫寺(びゃくごうじ)に、十三重塔が興福寺の子院にありました。これらは火災や落雷、明治維新の混乱などで失われましたが、白毫寺の多宝塔は他へ移建され、最近まで残っていたのです。いまは滅びたこれらの塔と焼失を繰り返した興福寺五重塔を取り上げ、かつての姿と受難の歴史をたどります。

唐招提寺五重塔（東塔）は弘仁元（八一〇）年、平城天皇の御願で建立されました。塔の姿は『大和名所図会』＝図19に描かれています。寺に伝わる伽藍絵図には「東塔　四間四方高サ廿間」という書き込みがあり、一重目は約七・二一メートル四方、高さは約三六メートルあったことがわかります。

この塔は享和二（一八〇二）年、落雷で焼失してしまいました。「ならまち」の記録『井上町町中年代記(ちょうちゅうねんだいき)』の同年六月一一日の条に「雷火が二重めに落ち、大塔火難と相成り(あいなり)（略）その日は当所は雨厳しくふり来たり、大ゆう立（夕立）にこれあり…」と記されています。

いま残っていたら平安時代初期の五重塔として文句なしに国宝ですが、唐招提寺に五重塔があったことは、訪れた人もほとんど気がつかないでしょう。案内パンフレットには塔址が表示されていますが、塀で仕切られて近づくことはできません。どんな塔だったかを知る史料は他になく、明治のころ、礎石は全て持ち去られて平面の詳しい様子もわからないのです。

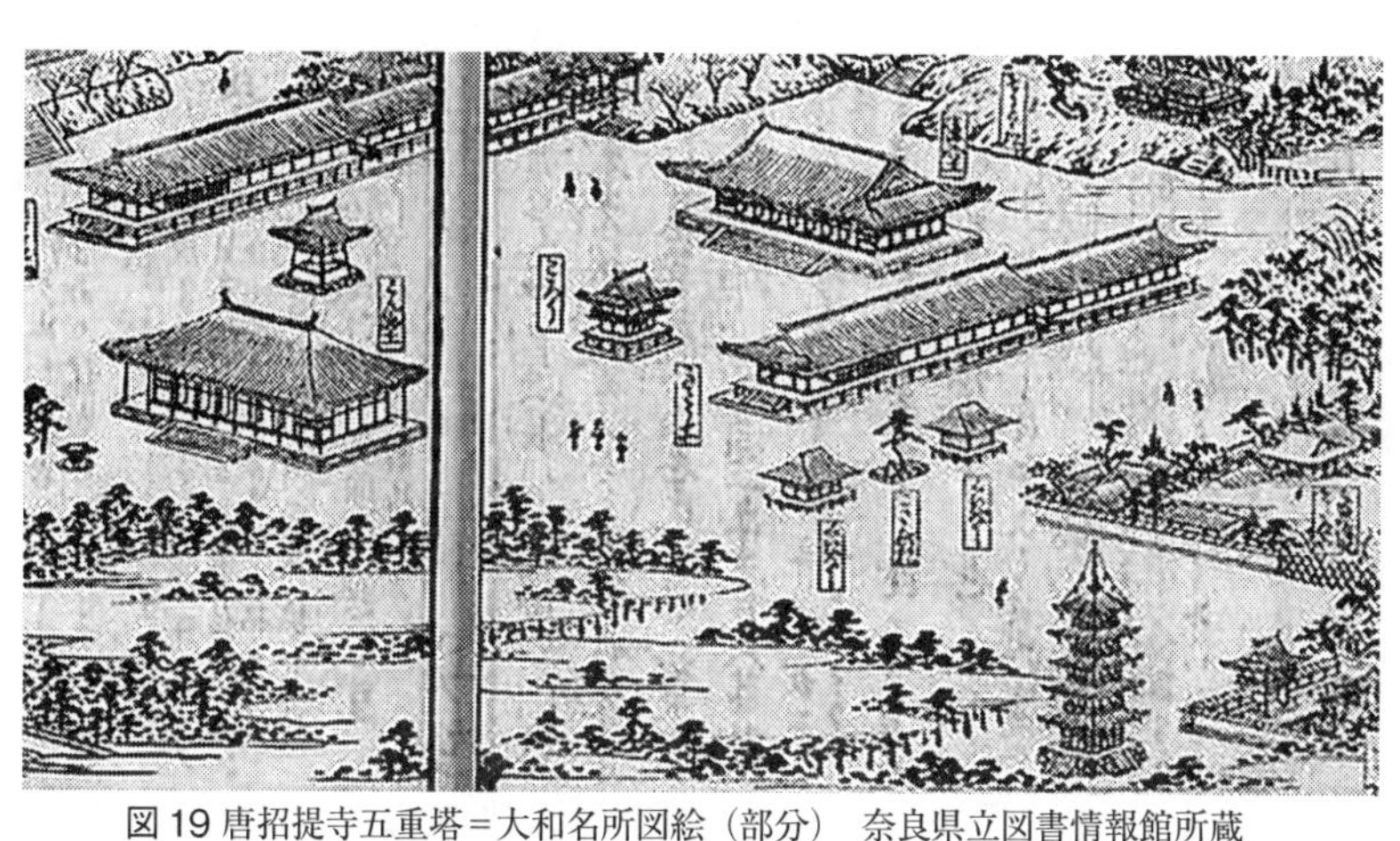

図19 唐招提寺五重塔＝大和名所図絵（部分） 奈良県立図書情報館所蔵

すぐ南の薬師寺には東塔（三重塔。奈良時代、国宝）があります。飛天を透かし彫りした水煙と「氷れる音楽」と評される美しい姿で有名です。その日、もしも落雷が少しずれていたら、失われたのは薬師寺東塔の方だったでしょう。

元興寺五重塔については第一―二章で詳しく取り上げましたが、塔跡には心礎を含む十七個の礎石が完全に残り、国史跡となっているのは特筆されます。奈良時代の塔としていまあったら国宝間違いなしです。

明治維新まで、現在の奈良県文化会館の地にあった興福寺中院（勧学院）には、八角の多宝塔が残っていました＝図20。

多宝塔とは、後に述べる旧白毫寺多宝塔＝写真16のように外観は二重ですが、下層の屋根は実は裳階（もこし）（庇）なのです。下層（裳階）の平面と屋根は方形、上層の平面は円形、屋根は方形というのが決まりです。

ところが中院の多宝塔は上下層とも平面と屋根が八角形という極めて珍しい形でした。天福元（一二三三）年建立という記録があり、鎌倉時代の遺構でした。

第四章で述べるように興福寺伽藍の北側にあった「寺中（じちゅう）の大乗

図20 興福寺中院にあった八角多宝塔（左下）＝南都名所集（部分） 奈良県立図書情報館所蔵

院」の塔でしたが、室町時代、中院に移建されたと考えられています。廃仏毀釈で取り壊され、相輪は金物にされたとも伝えられます。

現存する古い八角の塔は、長野県上田市の安楽寺八角三重塔（鎌倉〜室町時代、国宝）しかありません。中院の塔もいま残っていたら国宝クラスといえそうです。

旧白毫寺多宝塔は「ならまちの散歩道Ⅲ」でも触れますが、ここでは宝塚市の旧井植山荘にあった焼失前の姿を紹介します＝**写真16**。

木割（きわり）（柱間寸法や柱の太さを基本にした部材寸法の割り付け）が細い軽快な姿の塔です。白毫寺にあったときは相当傷んでいたらしく、補修が多いようですが、桃山〜江戸初期の建築とされています。

春日野の奈良県新公会堂の近くにあった興福寺の子院・四恩院には十三重塔がありましたが、明和四（一七六七）年四月六日、境内の堂が火事になり、塔も焼けてしまいました（註）。『大乗院寺社雑事記』によれば文明一七（一四八五）年に再建されました。焼失の記録に「板屋禰（いたやね）」とあるので、厚板で葺いた栩葺（とちぶき）でした。十三重塔の遺構はいまでは奈良県桜井市の談山神社塔（室町時代、重要文化財）しかなく、極めて珍しいものでした。

他に幕末まで聖武天皇陵の陵域内にあった眉間寺（みけんじ）にも三重塔ないし多宝塔がありました。眉間寺は明治維新で廃寺になったので詳しいことはわかりません。

**写真16** 旧白毫寺多宝塔のかつての姿（s_minaga氏提供）

唐招提寺五重塔の焼失は落雷が原因だったように、空高くそびえる塔の大敵は雷です。それを物語るのは興福寺五重塔です。奈良時代の天平二（七三〇）年、光明皇后の御願で建立されました。現在の塔（国宝）は六代目で、応永三三（一四二六）年の再建です。高さは五〇・一メートルあり、京都・東寺の塔（江戸時代初期、国宝）に次ぐわが国で二番目に高い五重塔として有名です。建立以後約六百年、天空にそびえていますが、実はこの塔の歴史にとってこれは例外的なことなのです。

初代の塔こそ約三百年無事でしたが、寛仁元（一〇一七）年、雷火で焼けてしまいました。それから応永年間までに計五回も焼失しています。このうち治承の火災が平重衡による南都焼き討ちの兵火であることを除くと、初回を含む残りの四回はすべて落雷が原因でした。

文和五（一三五六）年、雷火で焼けた四代目の塔は三十年後の嘉慶二（一三八八）年にやっと再建されたのに、二十三年後の応永一八（一四一一）年、またも雷火で焼けているのです。

写真17 雷の被害に悩まされた興福寺五重塔（著者撮影）

このときには同時に春日大社の一の鳥居を入った北側にあった春日東御塔と西御塔（いずれも五重塔）も落雷で焼けています。雷が大暴れしたようです。

興福寺の伽藍は旧平城京・外京の小高地にあり、特に塔は雷の被害を受けやすかったのでしょう。相次ぐ雷の罹災は驚くべきことです。そのつど塔を復興した古代〜中世の興福寺の力にも感心させられますが、春日東塔と西塔はついに再建されませんでした。

興福寺には治承の兵火のあとに再建された三重塔（鎌倉時代、国宝）もありますが、五重塔ほど高くないうえ、低地にあるので雷の被害は免れました。

近世から近代に限っても、奈良町とその周辺には、いまは失われた個性的な塔がいくつもあったのです。それらの一つでも残っていたら、奈良の風景はさらに豊かになっていたと思います。

（註）この塔については S_minaga 氏の教示を受けた

【参考文献】▽田村吉永、1934,「四恩院十三塔焼失の記録」、『大和志』第四巻第5号▽『大和古寺大観』第四巻

# 第三章　元興寺本堂の「設計」意図の解明
## ―浄土信仰の秘められたライン―

真言律宗・元興寺の本堂と禅室（ともに国宝）は戦時中から戦後にかけて解体修理され、鎌倉時代建立当時の姿を取り戻しました。修理の過程で両堂とも奈良時代の元興寺僧房の部材を再利用して建立された事情が明らかになり、時代ごとの変遷、特に奈良時代の僧房の平面が復原されました。古代建築研究の大きな成果です。

しかし、もとは同じ建物だったのに本堂と禅室の位置は微妙に食い違い、東西の中軸線がずれています。本堂は正側面とも六柱間という偶数で、内陣右手前の柱が省略されて非対称という異例な平面となります。これらについて正面から論じた研究はないようです。

元興寺は奈良時代の僧、智光の伝説に彩られた智光曼荼羅と浄土信仰で有名でした。禅室内の仏堂「影向堂（ようごうどう）」の内陣には、かつて「掌（たなごころ）の曼荼羅」として崇められた智光曼荼羅の原本が〝秘仏〟として祀られていました。このため禅室から少し遅れて本堂を建立する際に、内陣の東西の中軸線が影向堂の内陣の真ん中を通るよう計画し、本堂から見た西方極楽浄土への信仰ラインを一直線に重ねる「設計」意図があった可能性を実測で示しました。

本堂と禅室の中軸線のずれはこのために生じたのではないでしょうか。本堂のこうした計画や特異な平面は、工匠の一存でできるものではなく、建立を主導した大勧進主グループの施主としての意向ないし注文の結果と考えました。

写真18 元興寺本堂（鎌倉時代、国宝）。正面、側面とも6柱間という異例の平面。西（後方）に禅室が建つ（著者撮影）

## I、信仰の歴史と過去の研究・調査

### （1）智光伝説と曼荼羅

智光（七〇九～没年不詳）は奈良時代、元興寺に属した三論（宗）の学僧で、わが国における浄土教の第一祖とされている。

『日本往生極楽記』＝表9－①や『今昔物語』⑥には、智光と浄土信仰をめぐる有名な伝説が記される。

――智光は親友の頼光と極樂往生を願って僧房で修行に励み、二人は盟友とも言える存在だった。それなのに頼光は晩年、智光とも一切話をしなくなった。行法もやめてしまい、やがて亡くなった。

智光は頼光が死後どうしているかを案じていたが、ある夜、極楽浄土へ行った夢を見た。そこで頼光に出会った。驚く智光に向かって頼光は「君が知りたがっていたので、私が生まれた極楽を示した。しかし君のいる場所ではない。早く（俗界に）帰りたまえ」と言った。

智光が「私は極楽往生を願って必死で修行してきた。

| | 史料 | 年代 | 寺の名称 | 堂の名称 | 曼荼羅 | 舎利 | 影向堂 |
|---|---|---|---|---|---|---|---|
| ① | 日本往生極楽記（慶滋保胤） | 10世紀末 | 元興寺 | × | 浄土之相 | × | × |
| ② | 七大寺日記（大江親通） | 嘉承元(1106)年 | 元興寺 | 極樂房 | 極樂曼陁羅 | × | × |
| ③ | 七大寺巡礼私記（大江親通） | 保延6(1140)年 | 元興寺 | 極樂房 | × | × | × |
| ④ | 後拾遺往生伝（三善為康） | 12世紀前期 | 興福寺 | 極楽房 | × | × | × |
| ⑤ | 覚禅抄の裏書 | 12世紀 | 元興寺 | 極楽房 | 元興寺極楽房の正本を以て図す | × | × |
| ⑥ | 今昔物語 | 平安時代末 | 元興寺 | 極楽房 | 絵像 | × | × |
| ⑦ | 南都巡礼記 | 建久2（1191）年 | 元興寺 | 極楽房 | 浄土ノ曼陀羅 | × | × |
| ⑧ | 元興寺極楽房願文 | 建久8（1197）年 | 元興寺 | 極楽房 | × | × | × |
| ⑨ | 諸寺建立次第（菅家本） | 建保4(1216)年 | 元興寺 | 極楽房 | × | × | × |
| ⑩ | 元興寺本堂棟札 | 寛元2(1244)年 | 元興寺 | 極楽坊 | × | × | × |
| ⑪ | 諸寺縁起集（護国寺本） | 康永4(1345)年 | 元興寺 | 極楽房 | 極楽万タラ | × | × |
| ⑫ | 諸寺縁起集（菅家本） | 室町時代（15世紀） | 元興寺<br>極楽坊 | 曼陁羅堂 | 極楽曼陁羅<br>智光曼荼羅 | × | × |
| ⑬ | 當麻曼陀羅疏四（酉誉聖聡） | 応永34(1427)年 | 極楽坊 | 極楽坊 | 曼陀羅<br>智光曼陀羅 | 舎利は金色で小豆大金蓮の中に納める | × |
| ⑭ | 大乗院寺社雑事記（大乗院門跡尋尊） | 寛正3(1462)年 | 極楽坊 | 曼陁羅堂 | × | × | × |
| ⑮ | 同上 | 文明15(1483)年 | 極楽坊 | 万タラ堂 | 極楽万タラ<br>智光法師之万タラ | 舎利 智光所持之舎利 | × |
| ⑯ | 同上 | 明応8(1499)年 | 極楽坊 | × | × | 智光法師（の）舎利殿 | × |
| ⑰ | 極楽坊記 | 永正12(1515)年 | 極楽坊 | 極楽堂 | 安養（阿弥陀浄土）を図して安置曼陀羅 | 設利（舎利） | 影向堂 |
| ⑱ | 極楽院記 | 江戸時代 | 極楽院 | 曼荼羅堂 | 曼荼羅 | 舎利 | 春日明神影向の間 |
| ⑲ | 元興寺極楽院図絵縁起（縁起絵巻） | 元禄14(1701)年 | 極樂院 | 曼荼羅堂 | 曼荼羅 | 舎利 | 影向の間 |
| ⑳ | 南都極楽院宝物略記 | 元禄年間 | 極楽院 | 本堂 | 掌の曼荼羅 | 掌の舎利 | 曼荼羅と舎利を守護 |

表9 史料でみた元興寺と智光曼荼羅・舎利信仰の変遷＝岩城隆利編『元興寺編年史料』上中下をもとに作成

君は修行もやめてしまったのに、どうして極樂に往生できたのか」と泣き顔で尋ねると、頼光は「君はまだ私の往生の因縁を知らないようだ。私も勉学に励んだが、あるときこれではとても覚束ないと悟った。それから修行は一切やめてひたすら阿弥陀仏

**写真19** 禅室の南西隅の影向堂（左の扉が入口）。ふだん扉は閉ざされている。奥は本堂（著者撮影）

と浄土を念じた。ここに来ることができたのはそのおかげだ」と答え、智光を阿弥陀仏の前に連れて行った。

金色の光を放つ阿弥陀仏は「仏と浄土の荘厳を観（み）るべし」と智光に説き、右手を挙げて掌（手のひら）を示し、小さな浄土の姿をまざまざと現わした。智光は夢から覚め、阿弥陀仏が現わした浄土の相を絵師に小曼荼羅として描かせ、一生これを観じてついに念願の極楽往生を果たした――。

この曼荼羅（以下、智光曼荼羅という）と智光の伝説は浄土教の流行とともに有名になり、多くの史料に登場する。表9－⑬で初めて登場する舎利と⑰で初めて登場する影向堂＝写真19についてまず取り上げる。

⑬の『當麻曼陀羅疏（たいままんだらそ）』四は浄土宗の僧で増上寺の開祖となった酉誉聖聡（ゆうよしょうそう）の著で、応永三四（一四二七）年一〇月、聖聡が極楽坊（真言律宗・元興寺）

を訪ねて長老に智光曼陀羅を見せてもらった記録を含む。

それによれば曼陀羅は一尺二寸四方で、聖聡は「當麻曼陀羅の図様とほとんど変わらない」と述べている。宝徳三年の土一揆で元興寺金堂などが焼亡した際、智光の「掌の曼荼羅」原本は避難させた先の禅定院（興福寺大乗院門跡の居住坊）で焼失してしまったので貴重な実見記だ。

このとき長老は金蓮（金色の蓮形の容器か）の中に納めた舎利を取り出して、「これは奇特の舎利である。阿弥陀仏が智光に小浄土を見せたとき、極楽へ行った証にせよと賜わり、智光が夢から覚めると掌のうちにこの舎利があった」と説明したという。智光と曼荼羅に新たな「掌の舎利」の伝説が加わった。

影向堂の名も⑰『極楽坊記』に初めて現れる。それによれば極楽堂（本堂）の西に智光が起居した坊（禅室）があり、その西偏（西角）に影向堂があって、毎日早朝、春日明神が白鹿に乗って影向（神仏が信仰に応えて姿を現すこと）し、「智光所感之設利（舎利）ヲ欽ム（崇めた）」という。

近世の⑱『極楽院記』と⑲「元興寺極楽院図絵縁起（縁起絵巻）」では「春日明神が影向して曼荼羅と舎利を守護した。明神からここに住もうという神勅があったので弘法大師が勧請（神仏を迎え祀ること）した」と説く。舎利に春日明神の影向と勧請の伝説が付け加えられた。

表9でわかるように寺の名は元興寺の衰微に伴い、元興寺ないし元興寺極楽房から中世には元興寺極楽坊または極楽院、江戸時代には極楽院と変遷した。以下の記述では、年代にあわせて寺の名称を一々断らずに書き分ける(1)。

## （2）解体修理でわかったこと

『元興寺極楽坊本堂禅室及び東門修理工事報告書』（以下、極樂坊修理報告という）と、付録として収載された浅野清、鈴木嘉吉『奈良時代僧房の研究―元興寺僧房の復原を中心として』（『奈良国立文化財研究所学報』第四として先に刊行。以下、僧房の研究という）を参照して歴史、平面の特色と時代ごとの変遷をたどって見よう。

極楽院は明治維新後、廃仏毀釈で衰え、明治六（一八七三）年には本堂が小学校舎、その後も禅室は女学校などとして使われた。本堂は同三四年、禅室は同三九年に古社寺保存法で特別保護建造物（現在の国宝・重要文化財）に指定されたが、無住が続いて荒廃した。昭和一八（一八四三）年、先々代住職の辻村泰圓師が入寺するころは本堂、禅室とも倒壊寸前だったと言われる。

同年、禅室の解体修理が始まり、戦争末期と終戦後の中断を経て同二五年に完成した。続いて本堂の修理が行われ、二九年に竣工した。両堂の屋根瓦には一部、飛鳥～奈良時代のものが残り、屋根裏の小屋の架構に奈良時代創建の僧房の柱や桁などの部材が大量に再利用されていることが確認された。

本堂の建立は、同寺に保管されていた棟札から寛元二（一二四四）年と判明した。禅室の建立は細部の様式からこれに先立つ鎌倉時代初期と判定された。

本堂内陣正面の間柱（まばしら）二本には、嘉応三（一一七一）年から天福元（一二三三）年にかけての田畠の寄進文七通が刻まれているのが見つかった(2)。

屋根裏などからは鎌倉～江戸時代初期に本堂（極楽堂）に死者の供養のため奉納された小型の木造五輪塔や納骨容器、柿経（こけらぎょう）、板絵などが大量に発見され、中世の庶民信仰のありさまを知る貴重な資料（重要有形民俗文化財）

として知られる(3)。

解体修理と並行して建築史家の浅野清と鈴木嘉吉が屋根裏に残る僧房の部材の調査を行い、部材の痕跡から両堂の前身は古代元興寺の僧房(東室南階大房=図11)であることを突き止め、奈良時代の僧房と鎌倉時代に現在の姿で建築されるまでの変遷が明らかになった。

本堂=写真18と図21−④は東を正面とした寄棟造(四面の屋根が最上部の大棟に取り付く)妻入(大棟と同方向が正面となる)で本瓦葺、大棟は禅室と同じく東西に通る。正側面とも六柱間(長さの単位・間と区別するため、柱の間を数える場合はこのように表記する)で、東正面には奥行きが一柱間の庇が取り付く。

内陣とその回りの一柱間の柱は直径約一・四八尺なのに、側(外回り)の柱は直径約一・二五尺と少し細く、側回りは又庇(庇の外側にさらに付加した庇)の扱いとする。

二二・〇三尺(天平尺で二二・五尺)四方の内陣は四隅の丸柱と各面二本ずつ、計八本の角の間柱で囲まれ、間柱と内陣天井は奈良時代の僧房の材が用いられている。

正面六柱間という偶数の平面は異例で、国宝・重要文化財に指定された仏堂で六柱間はこれ一件しかない。古代から近世にかけての伝統的な社寺建築では、正面は一、三、五、七柱間といった奇数が常識で、偶数はまずあり得なかった(4)。

正側面とも六柱間になった原因は推定されている。智光が曼荼羅を祀ったという僧房=図21−①の母屋の寸法も二二・〇三尺(天平尺で二二・五尺)四方で、その後の変遷でも「聖なる空間」として鎌倉時代の本堂まで踏襲されたからだ。

二二・〇三尺四方の内陣を真ん中に、現状のように正側面とも周囲に二柱間ずつ拡張した場合、正側面の中央間だけが大き過ぎるので、側回りでは内陣の真ん中に相当する中央に柱を建てたと解釈される。

次に平面の変遷について述べる。

創建期の僧房①は桁行（けたゆき）（大棟と並行になる面。この場合は東西）は天平尺で一三・五尺ごとに壁で区切って一房とし、一房は梁間（はりま）（大棟と直交する面。この場合は南北）四柱間のうち中央の二柱間が閉鎖的な母屋（もや）（身舎とも書く）で寝室に、南の一柱間が昼間の勉学と修行の部屋に充てられたと考えられる。

②は平安時代後期の平面を示す。創建期の僧房十二房のうち八房程度が残り、馬道（めどう）（大棟に直交する通り抜けの通路）が設けられた。その東の第一房は智光曼荼羅を祀る堂となった。僧房は房ごとに棟木下に間柱二本を入れて両側を壁としたので母屋が南北に二分された。

③は平安時代末期、②の建物の柱を貫などで補強・改造し、中央の母屋に智光曼荼羅を祀った前身堂を示す。禅室は旧僧房を解体し、間取りだけ変えて同じ規模で建立された。房ごとに東西の中央間が通路になり、棟木通りで南北が左右四室ずつに区画された。注目されるのは西南端の間で、ここが仏堂となった。智光曼荼羅の原本を〝秘仏〟として祀るためと考えられ、後に春日信仰と結びついて影向堂（影向の間）と呼ばれるようになる。

④の本堂は③の前身堂を解体し、柱は内陣の間柱以外は新しく補い、念仏しながら行道（ぎょうどう）（内陣の周囲を巡る行）する堂となった。禅室と同じく元の柱などは屋根裏の小屋の部材として再利用された。まず禅室が鎌倉時代初期に建立され、少し遅れて本堂が建立されたことは前に述べた。

影向堂中央の角柱二本は中世に撤去され、現在は内部に柱が立たない一室となった。禅室は解体修理の際、影向堂の北の一房だけ間取りを復原したが、東六房分は使用上の都合から柱が立ち並ぶ広い一室とされた。

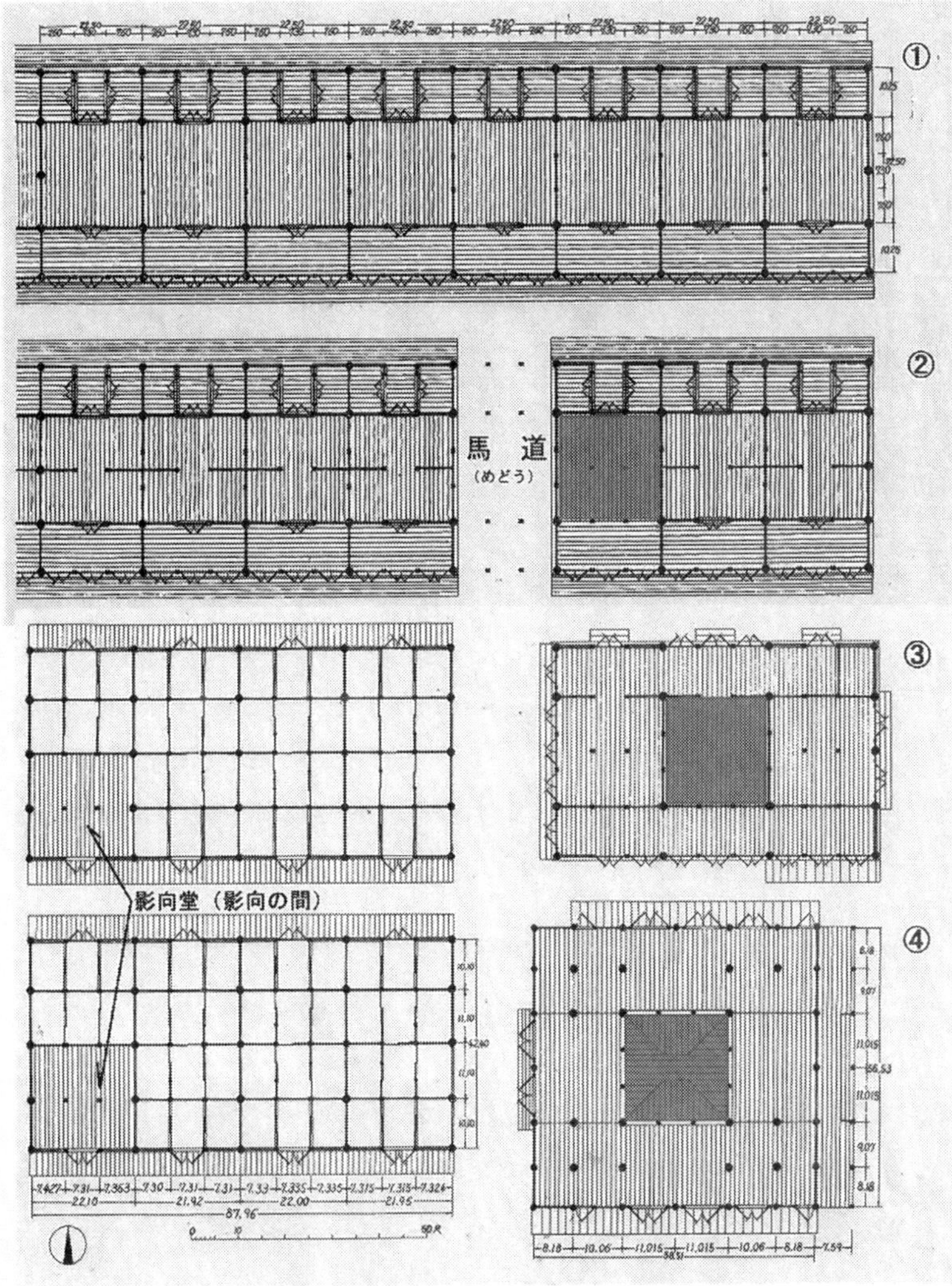


図21　僧房から本堂への変遷。陰影をつけた個所は同じ寸尺で踏襲された母屋の“聖なる空間”を示す＝僧房の研究の図に陰影と説明を加えた

①創建時の僧房。母屋が寝室、南側の庇が修行と勉学の場

②平安時代後期の極楽房と僧房。通り抜けの馬道（めどう）が設けられ、実質的に東西２棟となった

③平安時代末期～鎌倉時代初期の前身堂と禅室。前身堂の中央が智光曼荼羅を祀る内陣になった

④鎌倉時代に建立された本堂と禅室。本堂は念仏行道する常行堂としての性格を強めた

## Ⅱ、本堂の「設計」意図の謎を解く

### (1)位置と平面をめぐる三つの謎

これまでの研究で言及ないし解明されなかった疑問点が三つある。その第一に本堂と禅室の位置の微妙な食い違いが挙げられる。図21－④と写真20を見てほしい。両方の堂は北端をそろえているようでそうではなく、本堂の南端は禅室の南端をかなりはみ出している。東西の中軸線を示す屋根の大棟の線もずれる。

本堂と禅室は元興寺の僧房を母体にして相次いで生まれた〝双生児〟で、しかも東西に隣接して並んでいるのに、この不規則なかたちはどうしたことだろうか。

古代由来の僧房の端を仏堂に改造した例は▽法隆寺聖霊院（しょうりょういん）(鎌倉時代、国宝)と東室(同、重要文化財)▽同寺三経院と西室(同、重要文化財)▽唐招提寺礼堂と東室(同、重要文化財)がある。いずれも南北棟だが、全て棟のラインはそろっている。それだけに元興寺本堂と禅室のずれが目立つ。

極楽坊修理報告(日名子元雄執筆)は、このずれについて「本堂の梁行(著者註：この場合は正面の幅)は禅室より約一四尺長いが、本堂と禅室の北側面はほぼ一直線なので南側面では本堂が禅室より一四尺前後南方にはみ出す」と大雑把に述べるに止まる。他に両方の堂の位置関係に言及した文献は見当たらない。

僧房母屋の「聖なる空間」を踏襲して現本堂のように新築するなら、母屋の位置は動かさずに周囲だけ拡張すれば済む。それが一番簡単で合理的だ。現に禅室は奈良時代以来の位置そのままに、平面の間取りだけ変えて建立された。本堂だけ南に少しずらして新たな礎石を据え(5)、内陣に「聖なる空間」の寸法を踏襲して建てるには、それ相当の理由ないし動機があったはずだ。禅室とはもと棟続きの建物であり、禅室との位置関係を意識しなかったはずはない。

図=21―④で本堂の内陣中央を通る東西の中軸線を禅室に延長すると、この線は禅室の南から第二柱間のほぼ中央を通り、西南端の影向堂内陣の中央付近を貫くことに気づいた。図で自明のこととされたとも考えたが、前述のように極樂坊修理報告の執筆者は注意した様子がなく、僧房の研究も図を掲載しているのに何も書いていない。この事実を指摘したり理由を論じたりした文献も見当たらなかった。

疑問の第二は本堂の柱間寸法の決定方法だ。鈴木嘉吉は『大和古寺大観』の本堂解説で「(本堂の)内陣は古材を用いて旧僧房の母屋に当たる方二二・五尺(天平尺)を踏襲しているが(中略)、次の間や両端の間の柱間寸法

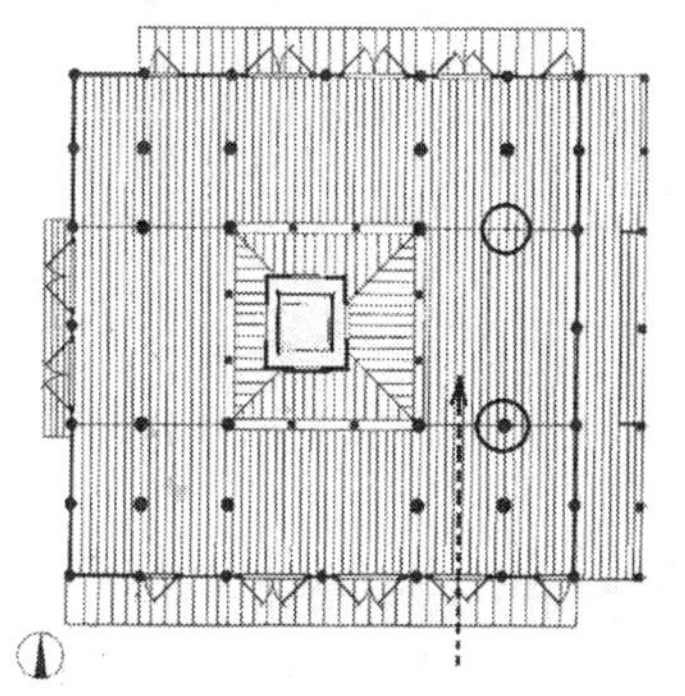

写真20(上)本堂(右)と禅室。東西の大棟のラインが点線のようにずれ、軒が異常に接近している=Google earthの写真に点線を加えた

写真21(中)本堂内陣前の空間。内陣に向かって左手前の柱と対称の右手前の位置(次図の○印)には柱が建たない(著者撮影)

図22(下)写真21の説明図。↑印は撮影の方向=極樂坊修理報告の図に仏壇を合成して説明を加えた

が何を基準に定められたのか明らかでない」とする。しかし、第一で指摘した基準線を前提にすれば、後述のように一定の原則で定められたと説明することが可能だ。

疑問の第三は本堂の内陣右手前の柱がないことだ＝写真21と図22。極樂坊修理報告は「正面東から第二の柱位置に当初から柱が設けられなかったことが明らかになったが、なぜ柱を抜いたのか、何か特殊な行法の必要からか、少なくとも工作技術の上からは、その理由はわからない」としか述べない。寺社の建物は宗教建築として左右対称が基本なのに、一番目立つ正面の内陣右側だけ柱がないというのは異例中の異例だ。

鈴木は『大和古寺大観』本堂解説で「内部入側（いりがわ）（著者註：外から2列目の）柱のうち東面北より第三柱は初めから省略してあるなど前身堂の姿を多く取り入れ、一間四面堂（同：正面、奥行きとも一柱間の内陣の周囲に一柱間の庇を巡らす堂。外観は三間堂となる）系の厳格さはない」と述べる。

しかし、図21－③と④を見比べると、前身堂で柱が立たないところにも本堂では柱が立てられている。「前身堂の姿を多く取り入れた」というだけでは説明とはならないのではないか。

### （2）本堂の中軸線は影向堂内陣の中央を貫く

前節で指摘した本堂と影向堂内陣の中央付近を貫く東西の基準線を計測によって実際に確かめた。

元興寺の許可を得て図23のように向かい合う柱同士の距離を電子メジャー（BOSCH 社製 Zamo）を用いて計測した。柱の中心と中心との距離（真々距離）は測れないので、禅室の柱1から5ごとに礎石の上端から一（メートル）の水平高さで、向かい合う本堂の柱A－Gとの見かけ上の中心線同士の距離を二回ずつ、小数点以下二桁（以下切

| 対応する柱 | 1回目 | 2回目 |
|---|---|---|
| 1－A | 4.81 | 4.82 |
| 1－B | 5.10 | 5.11 |
| 2－B | 4.91 | 4.92 |
| 2－C | 5.04 | 5.05 |
| 3－C | 5.10 | 5.10 |
| 3－D | 5.00 | 4.99 |
| 4－D | 5.09 | 5.10 |
| 4－E | 4.98 | 4.98 |
| 5－E | 4.99 | 5.00 |
| 5－F | 4.90 | 4.89 |
| 5－G | 5.98 | 5.95 |

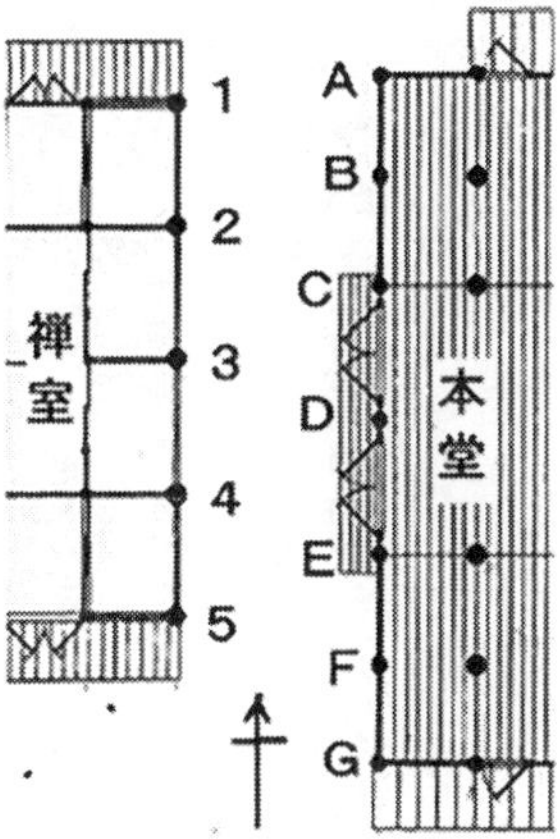

表10 本堂と禅室の対向する柱同士の距離（単位：m）
図23 距離測定のため対向する柱に振った番付

り捨て）まで測定した。

結果は表10の通りだ。本堂の東西の中軸線が通る柱Dに注目すると、3―Dと4―Dは等しいので、二等辺三角形の性質により本堂の中軸線は禅室の柱3と柱4の中央を通り、影向堂の内陣中央を貫くことが実証された。

これによって向かい合う他の柱同士の距離も等しいことが読み取れたのは想定外だった。柱2―4とC―Eはもともと同じ寸法なので1／2柱間だけずらすと2―Cと3―C、4―Dと4―Eは等しくなるのは当然だった。しかしそれだけでなく、1―Aと1―Bと2―B、5―Eと5―Fもほぼ等距離と言うことができる。

これは偶然ではないだろう。工匠は南北の中央部で柱が整然と互い違いになるのを両端でもなるべく揃え、見た目を整えようとしたと考えた。本堂側面の中央二柱間の各一一・〇一五尺（整数値で一一尺）から次の一柱間はそれぞれ二尺減じて九・〇七尺（同九尺）、両端の一柱間はさらに一尺減じて八・一八尺（同八尺）として平面を決定したのではないか。一方、東西は内陣の次の一柱間を南北の九・〇七尺より広い一〇・〇六尺（同一〇尺）としたので、南北に比べて東西が一・九八尺（同二尺）と僅かに長くなり、大棟も東西方向になった。

こうして建てられた本堂は東正面に庇があるとはいえ、南側から見るとこちらの方が正面に思える。また禅室の屋根とは軒がほとんど接するほど接近している。

位置を南に1／2柱間だけずらして新築したのだから、東側から見た正面観を整え、同時に禅室と少し距離を置いてもよさそうなものだが、大棟を禅室と同じ東西方向にそろえて以前の一体感を保とうとする意図があったようだ。平安時代末期まで引き継がれた馬道のかたちを残すという意識も働いた可能性がある。

### （3）この線は極楽浄土への信仰ラインだった

なぜ本堂内陣と影向堂内陣を同一線上に置いたのだろうか。その理由は、智光曼荼羅の信仰と奉安の在り方に求められると考えた。

仏像の図像を集成した表9-⑤の図像集『覚禅抄』の裏書には、後白河院の時代、元興寺の別当、範玄が智光曼荼羅を元興寺の経蔵から出して後白河院の御覧に入れたという意味の書き入れがある(6)。

僧房の研究によると、元興寺には独立した経蔵がなく、元興寺の堂塔の破損状況を記した東大寺東南院文書の「堂舎損色検録帳」＝長元八（一〇三五）年＝は東室南階大房の中に経蔵があったことを記録する。禅室からその一部の部材が発見され、僧房の研究では、東室南階大房の西端に経蔵が復原された。

十二房あった東室南階大房は平安時代末期に荒廃し、前身堂ができる前には八房程度に縮小したとされる。経蔵は同じく西端にあり、これが鎌倉時代の禅室の建立の際に西南端の仏堂「影向堂」となったと考えた(7)。

智光曼荼羅の「一尺余四方」という原本の大きさは個人用の「掌の曼荼羅」であり、多人数が礼拝するには適さない。小さいので盗まれる恐れもある。このため原本は前身堂の時代から僧房の経蔵に納めて秘め、前身堂には智光曼荼羅を大きく写した曼荼羅を作って安置し、礼拝していたと考えられる。

**表9-⑥**の『今昔物語』十五に収める「元興寺智光頼光往生語第一」は、智光が画工に命じて夢で見た浄土の相を描かせ、一生これを観て極楽往生したことを述べたあと、「其後其ノ房ヲ極楽房ト名付テ、其ノ写セル絵像ヲ係(かけ)テ、其ノ前ニシテ念仏ヲ唱ヘ講ヲ行フコト今ニ絶エズ」と記す。

「其ノ写セル絵像」という書き方は、念仏の本尊となった絵像が「写し」であることを強く示唆する。智光の絵像原本なら「其ノ絵像」とすればいいのに、わざわざ「其ノ写セル」と書くからだ(8)。

⑬の『當麻曼陀羅疏』四は「(智光曼陀羅は)堅く秘し、七月十五日のほかは出さず」と記し、室町時代にもこの伝統は守られていた。

禅室を建立した際に以前の経蔵が仏堂(影向堂)となったのは、「掌の曼荼羅」を秘仏本尊として祀るためだった。前身堂時代は、内陣に祀った智光曼荼羅(転写本)を通してその奥の経蔵ないし影向堂に秘められた「掌の曼荼羅」を常に意識していたと考えられる。

続いて本堂を建立する際には、本堂の内陣と影向堂の内陣とが同一線上に位置するように「設計」された。想念上の礼拝ラインを東の本堂内陣から西の禅室の影向堂内陣へと一直線に重ねることで、聖なる「掌の曼荼羅」を通して西方極楽浄土を念じ、阿弥陀来迎を願ったと考えた。

禅室との中軸線がずれるのに、わざわざ1/2柱間だけ南に寄せて本堂を建立した理由は、これ以外に考えられないのではないか。

この基準線は、「阿弥陀仏の西方極楽浄土に通じる信仰ライン」だった。

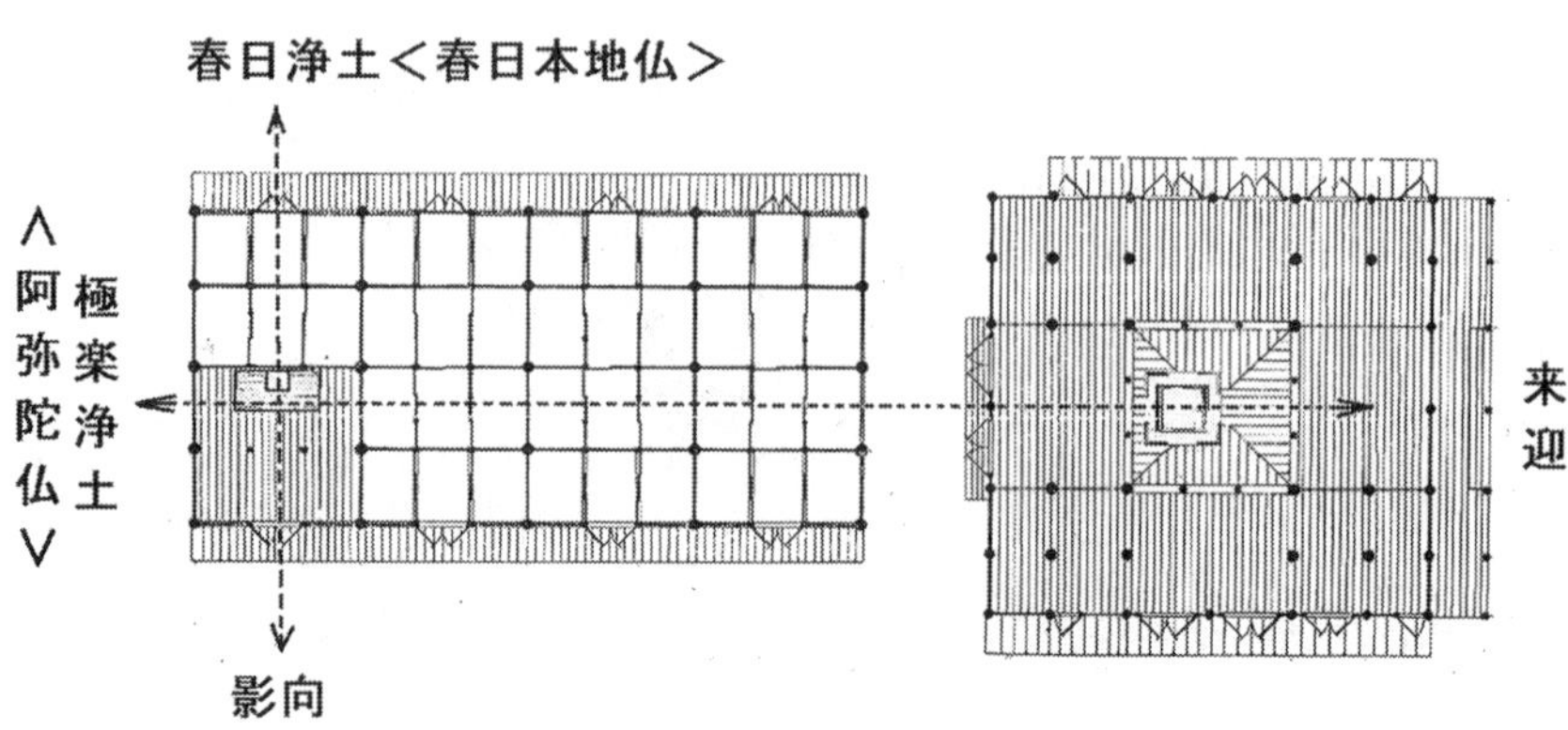


秘められた極楽浄土と春日浄土の信仰ライン

図24 本堂と禅室には影向堂で直交し、かつ双方向となる信仰ラインがあった＝僧房の研究の図に仏壇平面を合成し、説明を加えた

## （4）影向堂で交差する浄土信仰のライン

影向堂には、春日浄土と影向とが対になった南北軸の「春日浄土への信仰ライン」もあった。春日社と春日浄土があると信じられた春日山は元興寺の北（正確には北東）にあたり、明神は南（南西）の元興寺の影向堂に影向した。

本堂と禅室の間には、図24で示したように、

極楽浄土←→阿弥陀来迎（東西）

春日浄土←→明神影向（南北）

という影向堂で十文字に交差する双方向の信仰軸が存在していたことが浮かび上がった。

次に仏堂が「影向堂」に変化した理由を考察する。春日社と興福寺は明治維新まで神仏習合で一体として信仰された(9)。鎌倉時代になると一宮（釈迦如来）、二宮（薬師如来）、三宮（地蔵菩薩）、四宮（十一面観音菩薩）、若宮（文殊菩薩）という本地仏がほぼ定ま

**写真22** 影向堂に神鹿の背に乗って影向した春日明神（鹿の背の神鏡で表される）。縁で拝礼するのは弘法大師。元興寺極樂院縁起絵巻（部分）＝大久保治撮影。画像提供 真言律宗・元興寺

り、春日社と春日山は彼岸（来世）の浄土に対して、此岸（現世）の浄土として崇められた⑽。

仏堂が影向堂となった鍵は智光の「掌の舎利」にあった。舎利は釈迦の遺骨として広く信仰を集めた。智光の舎利は僧房の経蔵、さらに仏堂（影向堂）に「掌の曼荼羅」とともに秘められていた。舎利即ち釈迦への尊崇が釈迦を一宮の本地仏とする春日信仰と結びついて明神影向の伝説が生まれ、影向堂と呼ばれるようになったと考えられる。

智光の舎利の初出は表9-⑬の『當麻曼荼羅疏』四で、影向堂に安置していたとするのは⑰の『極楽坊記』が最初だ。曼荼羅と舎利の両方があったと記すのは⑱の『極楽院記』以降となる。従って智光の舎利伝説は中世、「影向堂」の名が現れた頃に作られた疑いも残るが、古来、著名だった曼荼羅と違って舎利はあまり表に出なかった可能性があり、従って記録に現れるのが遅れたのではないか⑾。

春日信仰は中世に入って庶民層にも広がり、春日社を前景にして春日山上に影向する五体の本地仏を描いた春日曼荼羅や、神鹿の背に榊と本地仏五体を描いた神鏡を乗せた春日鹿曼荼

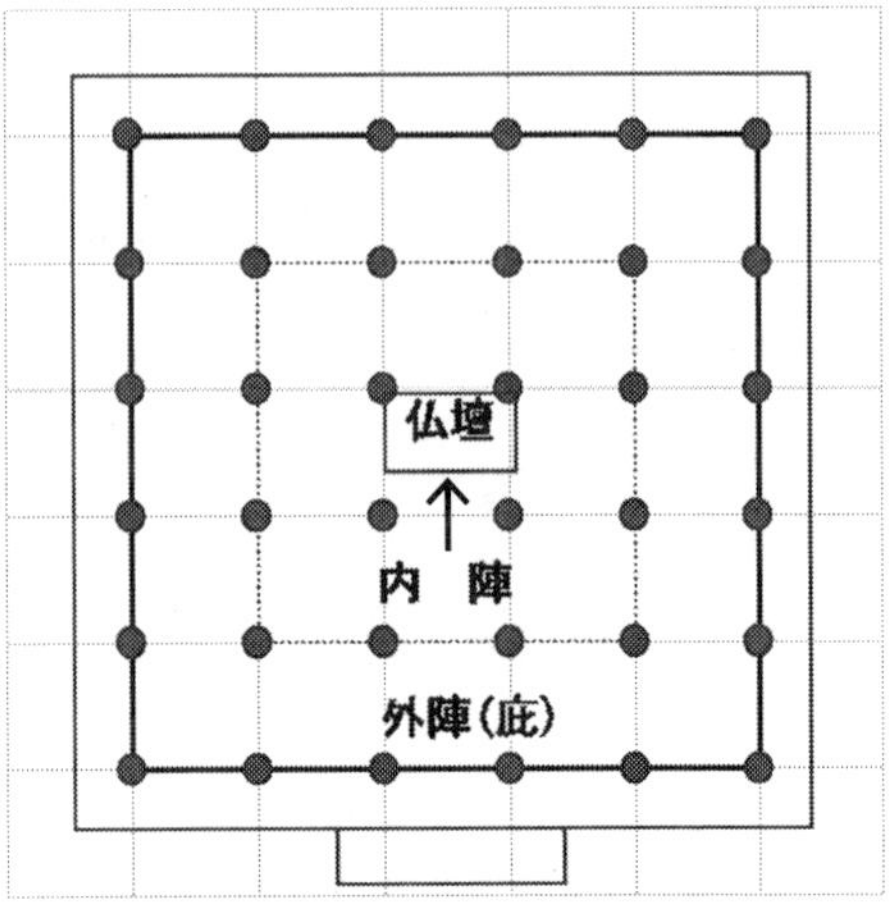

図25 常行堂（五間堂）の模式図。柱筋の交点にはすべて柱が立ち、中央の仏壇の周囲を行道する（著者作成）

羅が近世にかけて多数制作された。表9-⑲の「元興寺極楽院縁起（縁起絵巻）」に描かれた影向の光景＝写真22では、春日明神は鹿の背の鏡に描かれた春日本地仏で表される。

影向堂には今も「厨子入智光曼荼羅」（重要文化財、室町時代）の脇に、「絹本着色春日鹿曼荼羅」（室町時代）を安置する。縁起の描写はこの鹿曼荼羅に基づくのだろう。

## Ⅲ．本堂の平面が意味するもの

### （1）本堂の平面と信仰のかたちは比叡山につながる

平安時代、慈覚大師円仁は唐に学び、九十日を一期として昼夜、阿弥陀仏を念じ、阿弥陀の名号を唱えながら本尊阿弥陀仏の周囲を行道する「常行三昧」の行法をもたらした。比叡山延暦寺ではこの行法を実践するため、正方形の求心型で内陣の周りを行道できる常行堂が建てられた。延暦寺常行堂（桃山時代、重要文化財）をはじめ姫路市の円教寺常行堂（室町時代、同）など天台宗寺院に残る(12)。

常行堂の平面は五柱間四方の五間（三間四面）堂＝図25と、小規模な三柱間四方の三間（一間四面）堂に大別され、柱筋の交点にはすべて柱が立つのが特徴だ。

元興寺本堂は「六間堂」であり、常行堂から逸脱しているように見える。しかし、内陣が二二・〇三尺四方もあるので側（外側）の正側面の中央に柱を立てて六柱間になったのであり、「五間堂」の変形とみなすことができる。

本堂は東・西・南・北の入側（内陣を囲む外から二番目の柱筋）で中央の柱を省略しているように見え、修理報告もそのように認識して記述している。だが、そうではなく、柱間を内陣の幅に合わせたに過ぎない。もともと「五間堂」なので入側の中央に柱を立てることは意識されなかったのではないか。

他に常行堂は屋根の降棟（四隅の棟）が頂上の中央に集まる宝形造なのに対し、本堂は寄棟造となるなどの相違があるが、平面は行道のためであり、常行堂（阿弥陀堂）そのものだ。

本堂の建立は、極めて特殊な事情のもとに行われたことが五来重や岩城隆利らによって指摘されている（『元興寺極楽坊中世庶民信仰資料の研究』他）。元興寺極楽坊は貴族層や興福寺ではなく、智光曼荼羅につながる念仏結衆の信仰と勧進によって支えられていた。

建久八（一一九七）年の「元興寺極楽房願文」に収めた念仏信仰の規約「追善修根式」には▽極楽房の念仏衆には百人結衆と廿（二十）五人結衆（根本結衆）の二つのグループがあった▽廿五三昧講の精神によって廿五人の根本結衆が百人結衆の後生を弔った――ことなどが記される。

また、建久八年の百箇日の勤行の日課を墨書した前身堂の部材が屋根裏で再利用されているのが見つかった（極樂坊修理報告）。本堂内陣東面の間柱には七通の田畠寄進文が刻まれているが、うち六通は「百日念仏」「百ケ日（講）経」「百日大念仏」のためのもので、百日念仏講は念仏結衆の勧進と合力により行われた。

ここで登場する「廿五三昧講」は、平安時代、比叡山の横川・首楞厳院で実践された浄土教に由来する[13]。『往生要集』の著者として有名な恵心僧都・源信と、表9－①の『日本往生極楽記』を著した学者、慶滋保胤が関係して首楞厳院で始められた「二十五三昧会（著者註：会は講に同じ）」は、極楽往生を願う定員二十五人（二十五という数字は阿弥陀如来に随侍する聖衆二十五菩薩にちなむ）の念仏衆が厳格な規約のもとに団体生活を送り、修行から仲間の看取り、葬送、追善までの仏事を勤める「極楽往生のための互助団体」だった。

極楽坊は興福寺の支配下にありながら一種の別所（本寺の近くに念仏者が集まって修行するため設けた庵室ないし寺）だった(14)。比叡山と違うのは、極楽坊は彫像の阿弥陀仏ではなく絵像の智光曼荼羅を本尊としたことだ。

こうした百日念仏講は長期にわたるので、講衆の経済的負担も大きかったようだ。鎌倉時代に入るころには期間を大幅に短縮した「七日念仏講」に衣替えされ(15)、より広範囲な勧進によって支えられるようになった。法会の参加者も飛躍的に増大して、前身堂では間に合わなくなったのが本堂建立の契機となったのではないかと考えられる。

**表9-⑩の本堂棟札＝図26**には、大勧進主（僧俗十数人か。一部は読み取れない）の名前と「往生講衆一百余人」「結縁衆二百余人」と記されている。

本堂の建築を支えたのは貴族や上級僧侶など旧勢力ではなかった。浄土信仰に燃える大勧進主グループが主導した無名の往生講衆と結縁衆の合力が原動力だった。

記録　元興寺極樂坊造營事　寛元二年甲辰四月拾五日乙酉柱立
六月二日辛未棟上
大勧進主　□□蓮□坊權律師西安　□憲［　］眞光　西念［　］藤井行成□　證寂［　］已上　往生講衆一百余人　結縁衆二百余人

図26　本堂の棟札（極楽坊修理報告より）　本堂は往生講衆や結縁衆を率いた大勧進主のリーダーシップで建立された

## （2）なぜ内陣正面右側の柱は省略されたのか

内陣正面の柱の片側だけ省略するのは、極樂坊修理報告が言うように少なくとも工作技術上は必要がなく、平面だ。

このスペースに何かを置いた可能性について吟味する。考えられるのは元興寺所蔵の国宝・五重小塔だが、第二章で述べたように大きすぎて天井につかえるので、天井などを外して床も下げる工作が必要だ。一番目立つ内陣正面で、そのようなことが行われたとは考えられない。江戸時代以降は本堂の片隅で天井を外し、床を抜くという不格好なかたちで安置されていた。

そもそも本堂が大勢の念仏衆の行道のための建築だったことを考えると、その邪魔になるものを置いたとは思われない。柱を省略した理由は極楽坊修理報告が示唆する行法上の必要に絞られる。

しかし、元興寺は興福寺支配のもと室町時代には律宗にも属し、近世初期には西大寺末の真言律宗寺院となった。七日念仏講とそれを受け継ぐ大念仏は室町時代で廃絶してしまい、行法の実態は史料もないので詳細はわからない(16)。

そこで本堂建立の特殊な事情に立ち帰って試論を提示する。

礼法家の小笠原清信が説くように、正面の上手＝向かって右は伝統的に上座と意識されてきた(17)。念仏講などの法会の際、リーダーの大勧進主グループが座る〝特別席〟を内陣向かって右に設定し、見通しを妨げて着座の邪魔になる内陣正面右側の柱を省略したのではないだろうか。

本堂は念仏講などでは法楽としての幸若舞や曲舞、平家語りなどの芸能奉納の場ともなった(18)。このスペースは最上の見所(観覧の場)となっただろう。

中世醍醐寺での法会の設えを図示した「三宝院結縁灌頂指図」＝図27を見ると、外陣向かって右は出仕した僧(式衆)の座になっている(19)。醍醐寺には多数の法会の指図が伝わっているが、同じ例は他にも見られる。

浄土教の念仏講と密教の結縁灌頂、念仏結衆と式衆という違いは大きいが、上手＝向かって右が上座という意識は共通していたはずだ。法会の際にこのような着座の仕方があったことは認めてよいだろう。

繰り返しになるが、特異な平面は内陣右側の柱の省略だけではなかった。

一、内陣に「聖なる空間」を踏襲したために生じた本堂の正側面各六柱間の偶数間という特異な平面

二、禅室との東西の中軸線を1／2柱間だけずらし、本堂内陣と禅室の影向堂内陣を一直線上にそろえた「西方極楽浄土への信仰ライン」の設定

これらの理由を考えたとき、本堂建立を主導した大勧進主の存在がクローズアップされる。異例な平面が工匠の一存で決まるはずがない。大勧進主グループの施主としての力を背景にした、積極的な意思や注文の結果だったと結論したい。

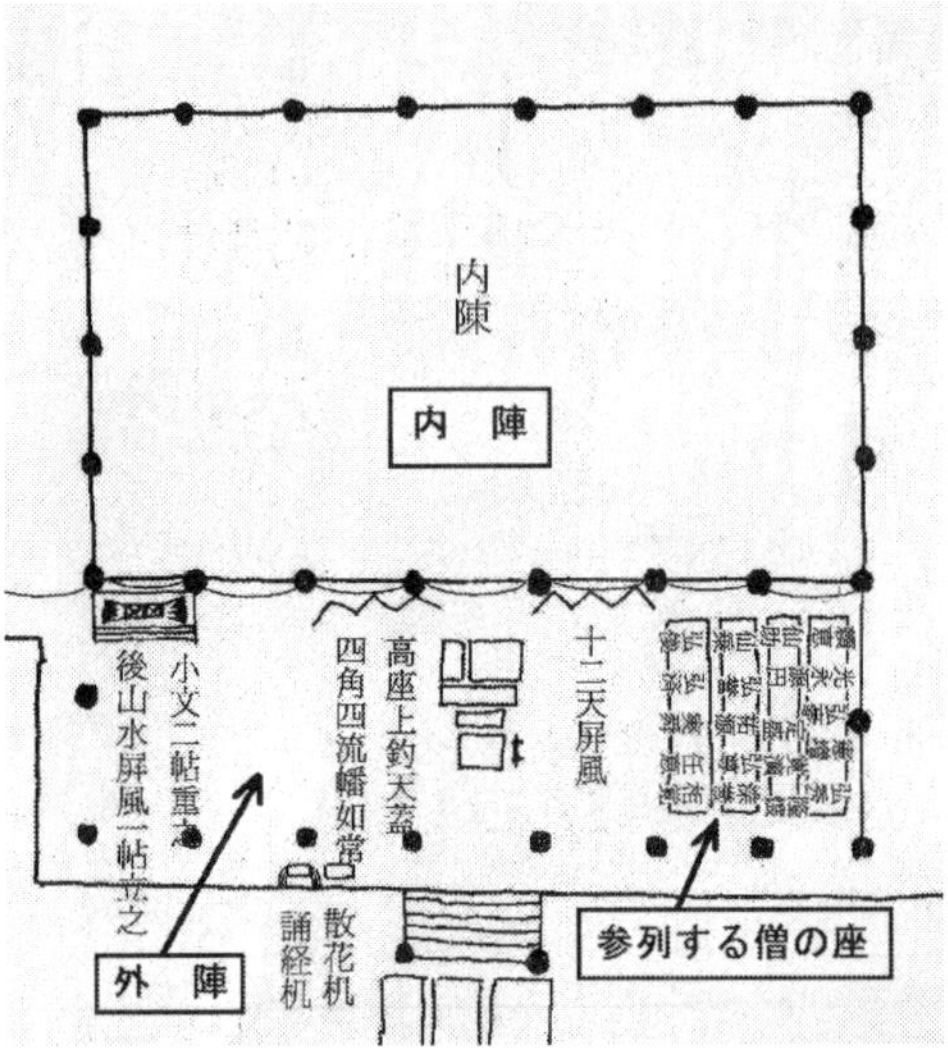

図27　醍醐寺三宝院で行われた結縁灌頂の図＝醍醐寺叢書史料篇　建築指図集第一巻の図（山岸常人書き起こし）に説明（矢印と□内）を加えた

省略された柱の反対側、東南の柱には不思議な伝説がある。

表9-⑰の『極楽坊記』、⑲の「元興寺極楽院図絵縁起（縁起絵巻）」によると、本堂南の池に毒蛇が住んで人を悩ましていたが、東南の柱に天像（著者註・四天王などを指すか。図絵縁起では龍とする）を描くと毒蛇は姿を消し池も涸れた——という。

極楽坊修理報告に彩絵についての記載はないが、もとは柱に絵が描かれていたことを示唆する。特定の柱を特別視する例は中世以降、元興寺を支配した興福寺にあった。中金堂内陣入側柱の西（向かって左）の第一柱にはかつて法相八祖像が描かれていたとされ、平成の中金堂再建で「法相柱」として復原された[20]。伝説の「東南の柱」とは、東の南（第一）柱、つまり内陣向かって左の柱に間違いないだろう。左側だけにあって特に目立ったから伝説が生まれたのではないか。

## 註

（1）昭和三〇年に元興寺極楽坊、同五二年には元興寺と改称した
（2）内陣正面右隅の柱に文永二（一二六四）年の寄進文一通が刻まれているのは知られていたが、解体修理で内陣正面の間柱二本の周囲を覆っていた化粧板を外したところ、嘉応三（一一七一）〜天福元（一二三三）年の七通が新たに発見された
（3）戦時中、修理工事中の禅室の天井裏でも大量に発見されたが、そのときは価値がわからず、物資不足の折、全て作業現場での焚き物として燃やされた
（4）法隆寺大講堂（平安時代、国宝）は当初は正面八柱間だったが、のちに西に一柱間の庇がつき、江戸時代の大修理で一体として改造されて九柱間になった。門では同寺中門（飛鳥時代、同）の四柱間が唯一の例
（5）本堂の床下には前身堂（僧房）の礎石五個（本柱三個、間柱二個）がほぼ旧位置に残っている（極樂坊修理報告）
（6）『大和古寺大観』の浜田隆「智光曼荼羅図」解説
（7）影向堂の北東隅は僧房では角柱が立つ位置だが、丸柱として他の三方の隅と揃え、当初から仏堂としていた（僧房の研究）
（8）浜田も前掲解説で「転写本を祀った」とする
（9）本地である仏菩薩が救済のため神の形を借りてこの世に現れたとする本地垂迹説に基づき、神仏は一体とする中世以降の信仰
（10）川村知行、1990、「春日浄土と春日曼荼羅」、『早稲田大学美術研究』17

(11)智光感得の舎利と舎利容器はその後失われ、寺に残っていない。舎利容器について「極楽院縁起」（国立歴史民俗博物館蔵・水木コレクション）は金塔と記す。この史料は元興寺文化財管理室の高橋正明・総括学芸員の教示と画像提供を受けた

(12)清水擴、1973、「常行堂と阿弥陀堂」、『日本建築学会論文報告集』206号

(13)井上光貞、1956、『日本浄土教成立史の研究』、山川出版社、及び速水侑、1988、『源信』、吉川弘文館

(14)五来重「総説—元興寺極楽坊の中世庶民信仰について」（『元興寺極楽坊中世庶民信仰資料の研究』）、及び岩城隆利『元興寺の歴史』

(15)本堂内陣右隅の柱の文永二年の寄進文には「極楽坊七昼夜念仏」とあり、この時点で既に七日念仏に変容していた

(16)『大乗院寺社雑事記』では永正二（一五〇二）年の記録が最後で、次代の興福寺の記録『多聞院日記』には登場しない

(17)小笠原清信、1990、「作法とは」、日本建築学会編『作法と建築空間』、彰国社

(18)市古貞次、1979、「幸若舞・曲舞年表稿」、『国文学資料館紀要』5号、及び阿部泰郎、2018、『中世日本の世界像』、名古屋大学出版会。阿部は「元興寺の本堂は、勧進猿楽や平曲や曲舞を興行する貴賤衆庶の芸能の舞台となっていた」とする。市古によれば境内に桟敷（さじき）を設えた例はあっても確実に本堂を舞台にした史料は見当たらないが、本堂内での芸能は法楽としてしばしば行われていただろう

(19)『醍醐寺叢書史料篇　建築指図集』第1巻　図版・解説篇、2012、勉誠出版

(20)興福寺教学部、2018、『平成再建—興福寺中金堂落慶』

# ならまちの散歩道Ⅱ

## 「ならまち」と元興寺の礎石のことども

「ならまち」の中心部は室町時代の宝徳三（一四五一）年、土一揆で元興寺金堂が焼けて寺が衰えた後、旧境内へ町家が次第に進出して形成されました。伽藍の遺構は「ならまち」の地下に埋もれ、家の建て替えや掘削工事などの際、礎石がしばしば出土しています。

公益社団法人奈良まちづくりセンターの事務所がある奈良市中新屋町の「奈良町物語館」は金堂跡に建っており、床下に礎石一個が露出し、裏庭にも一個があります。西隣の菊岡漢方薬局の敷地では昭和四九年、改築に伴い礎石一個が見つかったので奈良県教育委員会が発掘調査を行い、さらに四個が発見されました。いずれも花崗岩で、上面に直径九〇㌢内外の大きい柱座を刻み出した立派なものです。このとき隣接する民家二軒の庭でも各一個が確認されました。うち一個は物語館裏庭のものです。

菊岡漢方薬局で見つかった五個＝**写真23と24**は中世末から近世初頭にかけて、残っていた金堂の土壇を崩して平らにした際、礎石の横に穴を掘って落とし込んで埋めたと推定されました。掘り出すより簡単なのでこうした方法がとられたようです。

一方で、庭園が愛好されるようになると、礎石を庭石として珍重する動きが出てきます。『東大寺雑集録』二の文明三（一四七一）年七月の条の「興福寺中院の庭を造る。元興寺の礎石を引いて来て立石に用いる。六方が押し取る」という記述は早い例です。六方（衆）とは興福寺の学僧のうちの若衆集団を指し、「押し取る」とあるので力にものを言わせて奪ってきたようです。この時期、金堂は焼失後に建てられた仮堂があったはずですから、講堂や食堂など廃絶した建物の礎石だったと思われます。

礎石珍重の動きは近代に入って一気に高まります。成功した実業家たちは豪邸を構え、礎石を「伽藍石」と呼んで庭に据えました。名のある石灯籠などと同じように庭を飾るコレクションの対象としました。高く売れるので礎石の模造ないしニセモノが盛んに行われる原因ともなりました。

面白い話が伝わっています。奈良市が所有・公開している中新屋町の「奈良町にぎわいの家」（登録有形文化財）は大正五〜六年にかけて奈良有数の古美術商大隅氏が店舗兼住宅として建てた邸宅です。この敷地から礎石が見つかっているのです。

奈良市の郷土史家、藤田祥光（本名・庄二郎、昭和二五年、七四歳で没）が残した大量の筆録が奈良県立図書情報館に「藤田文庫」として保存されています。その「元興寺」の中に「堂塔之礎石」という一文があります。執筆の時期は、昭和八年の記事がありますので、それ以降としかわかりません。藤田によれば現在の物語館と菊岡漢方薬局の庭には礎石各一個が露出しており、「にぎわいの家」の敷地西側の土蔵の地にも礎石があった。大隅氏はこの宅地を百数十円で買ったが、敷地内で見つかった礎石を売り払い、宅地買い取りの費用をまかなったうえ、なお利益が出た――というのです。

さらに別の情報も伝えています。昭和八年、元興寺町北部の十字路で奈良市の下水道工事中、地下から大石数個が見つかったが、あまり大きいのでそのまま埋めてしまった。同町の別の場所でも大石一個が発見され、別の民家の庭にも伽藍石一個があったといいます。

大隅氏は明治以前から「にぎわいの家」の隣接地に住んでいたらしく、邸宅新築のため「にぎわいの家」の敷地を買い増したようです。礎石を売った時期や個数ははっきりしませんが、礎石が高く取り引きされたのは事実と思われ、古美術商だけに得意先に納めたのでしょう。

このほか現在知られている元興寺の礎石は、講堂跡で発掘された三個が同寺法輪館（収蔵庫）の前に展示され、茶室の前庭にも鐘楼跡で見つかった一個が組み込まれています。奈良市史料保存館（脇戸町）にも鐘楼跡で発掘された一個が展示されています。平成五年には僧房跡（中新屋町）でも一個が発掘されました。これらはすべて断面が黒く緻密なカナンボ石（三笠安山岩）で、金堂跡で見つかった花崗岩とは材質が違います。物語館の裏庭にある一個もカナンボ石ではないかと思われます。

写真23（上）菊岡漢方薬局の敷地で見つかった元興寺金堂の礎石

写真24（下）礎石には火熱で焼損した跡が残る＝いずれも菊岡家提供

あまり知られていませんが、元興寺の僧房を引き継ぐ真言律宗・元興寺本堂（国宝）の床下にも旧僧房の礎石が残っています。

世界的な写真家・美術家で古美術コレクターとしても知られる杉本博司氏が神奈川県小田原市に開設した美術・演劇・建築のアートスペース「小田原文化財団江之浦測候所」の庭にも元興寺の礎石三個があるそうです。「ならまち」の地下や庭にはまだ知られていない礎石が眠っているはずです。

最後に、庭石にされた礎石として有名な法隆寺若草伽藍跡の塔心礎に触れます。若草伽藍跡は法隆寺の再建・非再建論争の鍵を握る遺跡として有名ですが、南大門から中門へ至る参道東側の土塀の内側に心礎＝写真25だけが残っていました。埋設ではなく上面が基壇表面すれすれの地上据え置きだったとされ、重さ約一二トンもあるという花崗岩の巨石でした。

明治時代のいつごろか、法隆寺村出身の元勤皇派で、法隆寺近くに邸宅を構え、寺に影響力を持っていた元司法官の北畠治房男爵が自邸の庭に運ばせました。大正四年、実業家の久原房之助が買って兵庫県・住吉（現在の神戸市）の自邸に置き、後にこの邸宅を買収した野村財閥の野村徳七が昭和一四年、法隆寺に返還し、元の地に戻されました。いつの時点かわかりませんが、上に石塔を据えるため礎石の上面が四角く削られ、心柱の据え付け跡がわかりにくくなっています。

写真25 法隆寺若草伽藍跡の塔心礎。石塔を置くため上面が四角く削られている＝奈良文化財研究所『法隆寺若草伽藍跡発掘調査報告』より

一連の経過からは文化財保護の概念などなかった時代の破壊行為と、由緒を持つ礎石が珍重され、高値で取り引きされた様子がうかがえます。

いま華厳宗・元興寺の五重塔跡には心礎を含む十七個の礎石が残っています。ならまちにある塔跡の礎石が完全に残り、国史跡となっているのは幸いです。

【主な参考文献】▽『元興寺金堂跡発掘調査概報』(奈良県教育委員会)▽『元興寺編年史料』(中)▽法隆寺昭和資財帳編纂所『伊訶留我』11号▽元興寺文化財研究所『元興寺発掘』

# 第四章　今西家書院が住宅史上に占める位置

## ―大乗院御殿移建説を否定して伝来の可能性を探る―

「ならまち」の一角、福智院町にある今西家書院（重要文化財）は室町時代中期の書院造の建築です。もと興福寺の大乗院門跡に仕えた福智院家の居宅で、明治初年、大乗院の御殿を移建したとも言われていました。重要文化財の指定は建物の全体ではなく、北側の庭に面して東西に並ぶ二室だけで、このような部分指定は他にほとんど例がありません。

室内は畳が敷き詰められていますが、床の間の前などには隙間が生じ、板を入れて調節しています。畳敷きが普及する以前の一柱間が七尺（約二・一メートル）という計画寸法で建てられたのが理由とされています。この柱間寸法は足利義満が建てた鹿苑寺舎利殿（金閣）と同じです。国宝だった初代金閣が焼失したいま、今西家書院は中世住宅の面影を伝える貴重な遺構とされています。

本章では住宅史に占める今西家書院の重要性を浮き彫りにするとともに、大乗院御殿の移建説は成り立たないことを明示しました。

また、史料から室町時代の大乗院門跡・尋尊のお気に入りだった元侍童をはじめ大乗院に仕えてこの地に住んだ人物の変遷を明確に跡づけました。これにより今西家書院は興福寺の子院にあったような略式の客殿が移建された可能性が高いことを論じました。

写真26 北側の庭から見た今西家書院（室町時代、重要文化財）。唐破風の下の扉が客の出入口。蔀戸は上半を吊り上げ、下半は外して濡縁に置いている（著者撮影）

## Ⅰ．今西家書院の建築

### （1）近代以降の伝来と建物の現状

この地には代々、興福寺大乗院門跡(1)の坊官（ぼうかん）(2)を務めた福智院家が住んでいた。今西家は大正一三（一九二四）年、福智院家の当時の当主孝徳から土地建物を買い取った。

書院は昭和一二（一九三七）年、大阪・羽曳野市の吉村家住宅とともに民間の住宅建築として初めて国宝（旧国宝。戦後、文化財保護法の施行に伴い重要文化財に指定替え）となった。

『重要文化財（今西家）書院修理工事報告書』（以下、書院修理報告という）によると、書院＝写真26は棟を南北方向にした桟瓦葺（さんがわらぶき）の建物（北側は入母屋、南側は切妻造）に納まる。

重要文化財の指定部分の規模は、柱の中心から隣の柱の中心までの距離（真々距離）で一柱間七尺（約二・一メートル）を単位として、東西四柱間半（九・四一メートル）、南

写真27 書院の内部。八畳の部屋から九畳の主室を見る。左が客の出入口（扉を閉めたところ）。部屋を隔てる鴨居を取り外せば一室になる。天井の竿縁は床の間に直交する「床刺」（ただし、床の間は後に設けられた）（著者撮影）

北二柱間（四・二〇メートル）と濡縁の範囲に止まる。濡縁の出は縁束（床下で縁を支える部材）まで〇・八九八メートルを測る＝図28。

濡縁の上の屋根は桧皮葺で、ほぼ中央部に唐破風を設け、双折板扉（両開きで左右は二枚折の扉）を構えて貴人や客の出入口とする。

庭に面した北側は、双折板扉の両側の各一柱間が上下の蔀戸、一番西が舞良戸（板戸に細かい横桟をはめた引戸）。これらの内側は各柱間とも一本溝に大小二枚組の明かり障子を入れ、昼間に蔀戸を吊り上げたり板扉を開けたりしたときは障子の開け閉めで調節するようになっている。

室内＝写真27は床の間を構えた九畳の主室（床の間を合わせて十畳）と八畳の部屋だけで、天井は東西方向に竿縁（天井板を支える化粧材）を配した竿縁天井とする。

竿縁は床の間に直交する「床刺」で、今では建築上のタブーとされるが、当初、床の間はなかった。

もとは畳敷きではなくて板の間だった。九畳と八畳の部屋の境には鴨居があるが、その上には欄間がなく吹き抜けとなる。鴨居と床の敷居を外すと二室一緒に広間として使うことができた。

## (2)その研究史

今西家書院が貴重な遺構であることを初めて紹介したのは建築史家の服部勝吉だ。服部は実測と調査を行い、昭和三(一九二八)年の『歴史と地理』第21巻1号に「室町時代書院の一遺構について」を発表した。「大乗院の旧邸を移したとも伝えられるとか、以上は土地の人の云ひ伝えではっきりしてゐない」としながら、細部の様式から「室町のほぼ中期前後のものである事に殆んど疑がない」と判定した。

昭和一〇(一九三五)年には郷土史家の藤田祥光が手稿「大乗院」を書き上げた(3)。藤田はならまち中心部の餅飯殿(もちいどの)商店街で紙を商い、隠居して郷土史研究に打ち込んだ。「大乗院」は発表されたことはなかったようだが、古記録を写したり古老から聞き取りをしたりして貴重な記録となっている。ここで述べられた藤田の説は「大乗院御殿の明治初年移建説」としてその後に影響力を持つことになった。

国宝指定の昭和一二(一九三七)年、『大和志』4巻8号に加藤碧海は「今西家書院に就いて」を発表した。室町時代の大乗院門跡、尋尊の日記『大乗院寺社雑事記』(以下、雑事記という)の記述を引用して、大乗院門跡の居住坊だったという「福智院御所」と今西家書院との関連について論じている。

昭和二九(一九五四)年には庭園史家の森蘊(もりおさむ)が『仏教芸術』40号に「中世興福寺の住房」を発表した。森は雑事記・文明一一(一四七九)年二月一九日の条に書き写された「福智院地蔵堂田畠以下納帳」に、「坊は客所一宇(むね)(棟)

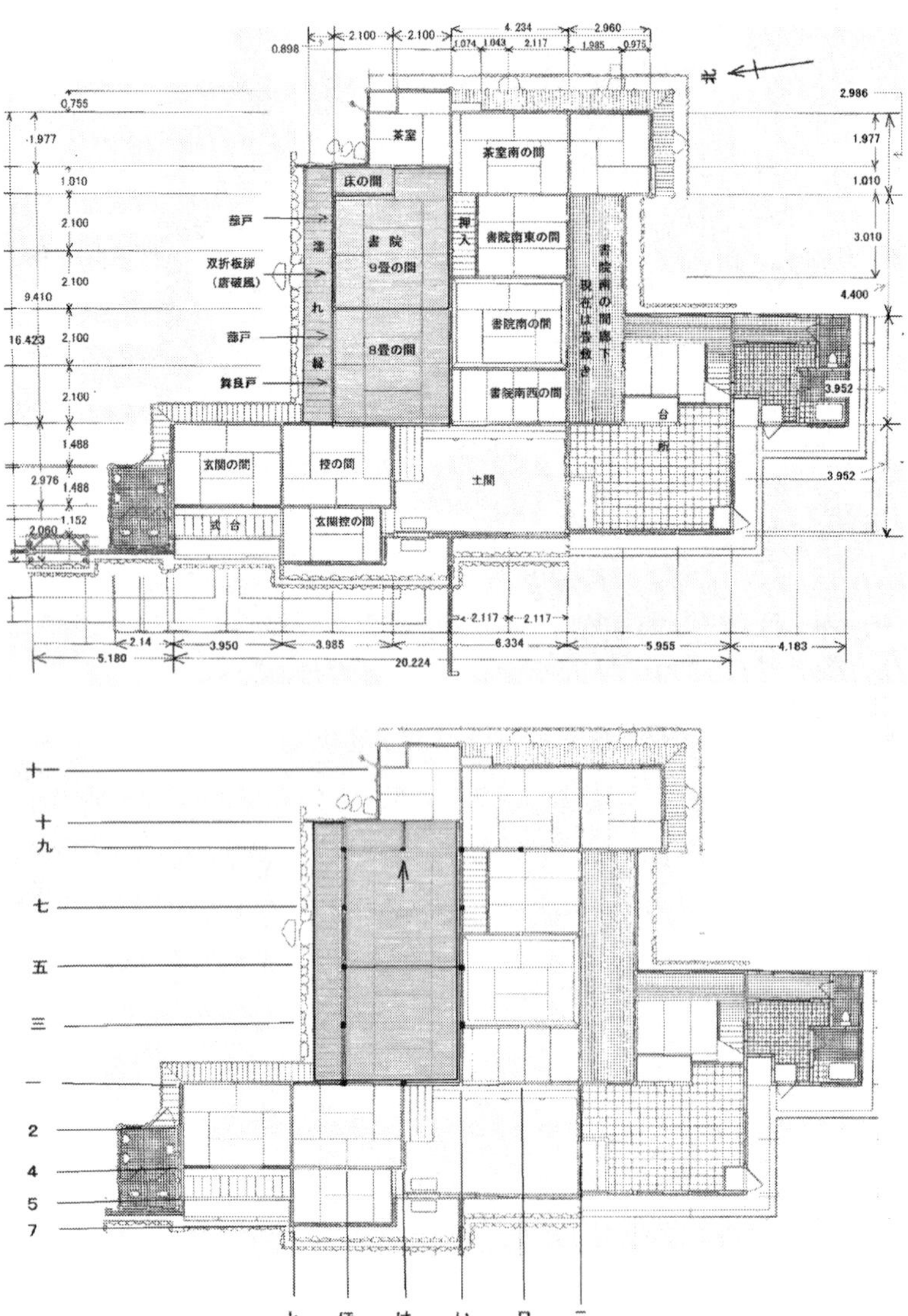


図 28（上）竣工平面図。陰影をつけた部分が重要文化財の指定範囲＝書院修理報告の図に陰影と各部屋の名称を加えた

図 29(下) 修理の際の柱の番付。東西軸と南北軸の交点で柱を表示する。↑の床柱は【は九】で示す。■は当初の柱。重要文化財の指定範囲外の【ロ九】も当初の柱＝書院修理報告の図に陰影と説明を加えた

クリ（庫裏）一宇」という記述があるのに着目した。場所は「禅定院（大乗院）御所南、九納堂（公納堂）の東浦（裏）」とあるので現在の今西家書院の位置と符合する。また、「客所」と記されるので今西家書院は書院ではなく客殿だったとした(4)。

昭和五三（一九七八）年には『奈良県文化財全集』14（興福寺）が刊行された。藤田祥光の「大乗院」の記述を収録しており、藤田の大乗院御殿移建説が活字化された最初ではないか。

同年度から奈良県教育委員会が解体修理を行い、翌年に書院修理報告が刊行された。敷地の一部発掘も行い、部材の痕跡から建物の改造の様子を跡付け、旧状の復原を試みた。

巻末の「史料」の項にはやはり藤田の記述を収録しており、「総合して考察すれば（第一次改造が行われた江戸時代初期に）大乗院から客殿を賜り、当地に移建したとも考えられるが確証はない」と移建の可能性を指摘した。

令和二年刊行の奈良文化財研究所学報第九十七『名勝旧大乗院庭園発掘調査報告』（以下、旧大乗院調査報告という）の第Ⅲ章「大乗院の歴史」（谷本啓執筆）と第Ⅵ章「旧大乗院庭園の建築」（箱崎和久執筆）は大乗院の歴史、庭園と建築、今西家書院について論じた最新、かつ包括的な研究だ。

### （3）修理工事でわかったこと

図29の通り書院の柱十五本のうち十一本が当初のもので、良質の桧を使用している。柱は約四・一寸（一二・五センチ）角が最も多く、柱の角を削って面を取る「面取（めんとり）」が施されている。面取の率（柱の幅に占める面取の部分の比率）は平均二四パーセントとかなり大きく、室町時代中期の特徴をよく示す。当初の柱は書院の南側、指定外の部分

にもう一本＝番付では【ロ九】があり、当初柱は計十二本になる。

長押などの内装材や蔀戸、障子などの建具、庇の垂木や舟肘木（柱の上部でT字形に軒桁を支える部材）は当初材が多く残り、大幅に改造され、部材も全面的に取り替えられた指定外の南側部分とは対照的だ。

次に平面の変遷を見よう＝図30。以下の記述で必要となる要点に絞って挙げる。

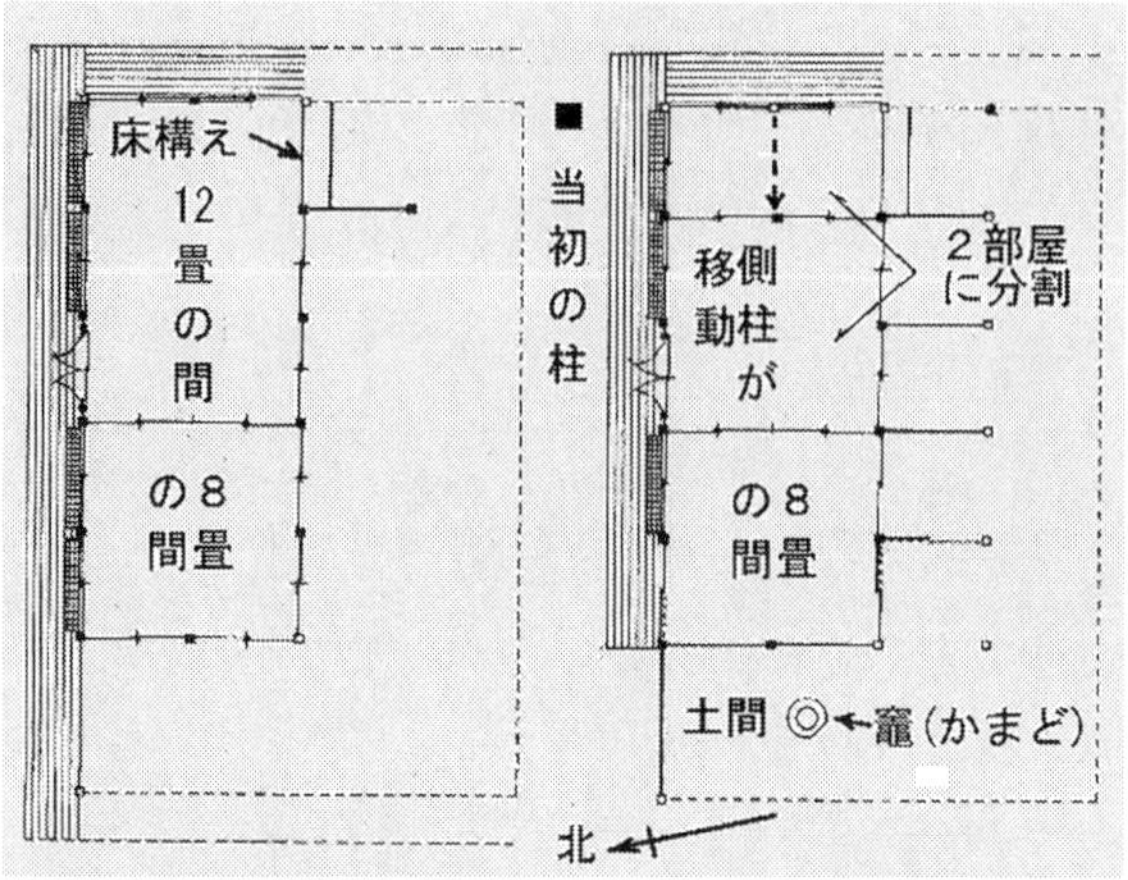

◆創建時（室町時代中期）

①当初の平面は東にもう1／2柱間延び、現在の九畳（床の間を含めると十畳）の部屋は東西三柱間×南北二柱間の十二畳の部屋に復原される。

②床の間は当初はなかった。床柱【は九】は東側だけ風蝕が大きいので、もとは東の側柱（建物の側面の柱）とされた。

③【い九】の柱に残る痕跡から床構え＝著者註：奥行きが浅い一枚板の床の間・押板か＝があった。主室としての格を示す設えだ。

◆第一次改造（江戸時代初期）

①【は九】の柱が一柱間だけ西（現在の位置）に移され、十二畳の部屋は襖で二部屋に仕切られるようになった。

図30 書院平面の変遷

左は室町時代中期の創建時。12畳の主室に床構え（奥行きが浅い押板か）がある

右は第一次改造時（江戸時代初期）。12畳の主室が二分され、東側面中央の柱が1柱間分、西に移動。次の改造で床柱になった＝書院修理報告の図を90度回転させ、説明を加えた

②西の一柱間一〇尺の部屋が土間になり、竈（かまど）が設けられた。
③棟通りを東西から南北方向に改造した。
◆第二次改造（江戸時代中期）
①書院は東端を1／2柱間分縮小して現在の部屋となった。
②【は九】を床柱にして、新たに床の間をつくった。

その後、北西部に玄関が設けられ、嘉永七（一八五四）年には台所を増築した。台所の棟札には年紀や大工の名とともに当主の「福智院式部卿権上座法印　愛敬」をはじめ子（実弟）の庸徳(5)らの名が記されていた。これによって幕末にはこの建物に福智院家が居住していたことが確認された。明治時代中期には棟を高く改造し、杉皮葺だったのを桟瓦葺に改めた。

## （4）平面の変遷が意味するもの
## ——計画寸法は過去の記憶——

解体修理で明らかになった変遷はどのような意味を持つのだろうか。一柱間七尺で設計された意義と併せて考える。

まず書院の南側に続く指定外の部分との関係を押さえておきたい。結論を先に言えば、元は少なくも東西六柱間、南北四柱間の規模を持つ建物＝図31であり、書院部分だけ移建してはめこんだようなものではない。これは加藤碧海が指摘し、書院修理報告も「想定される当初の建物は、少なくとも桁行（この建物では東西）

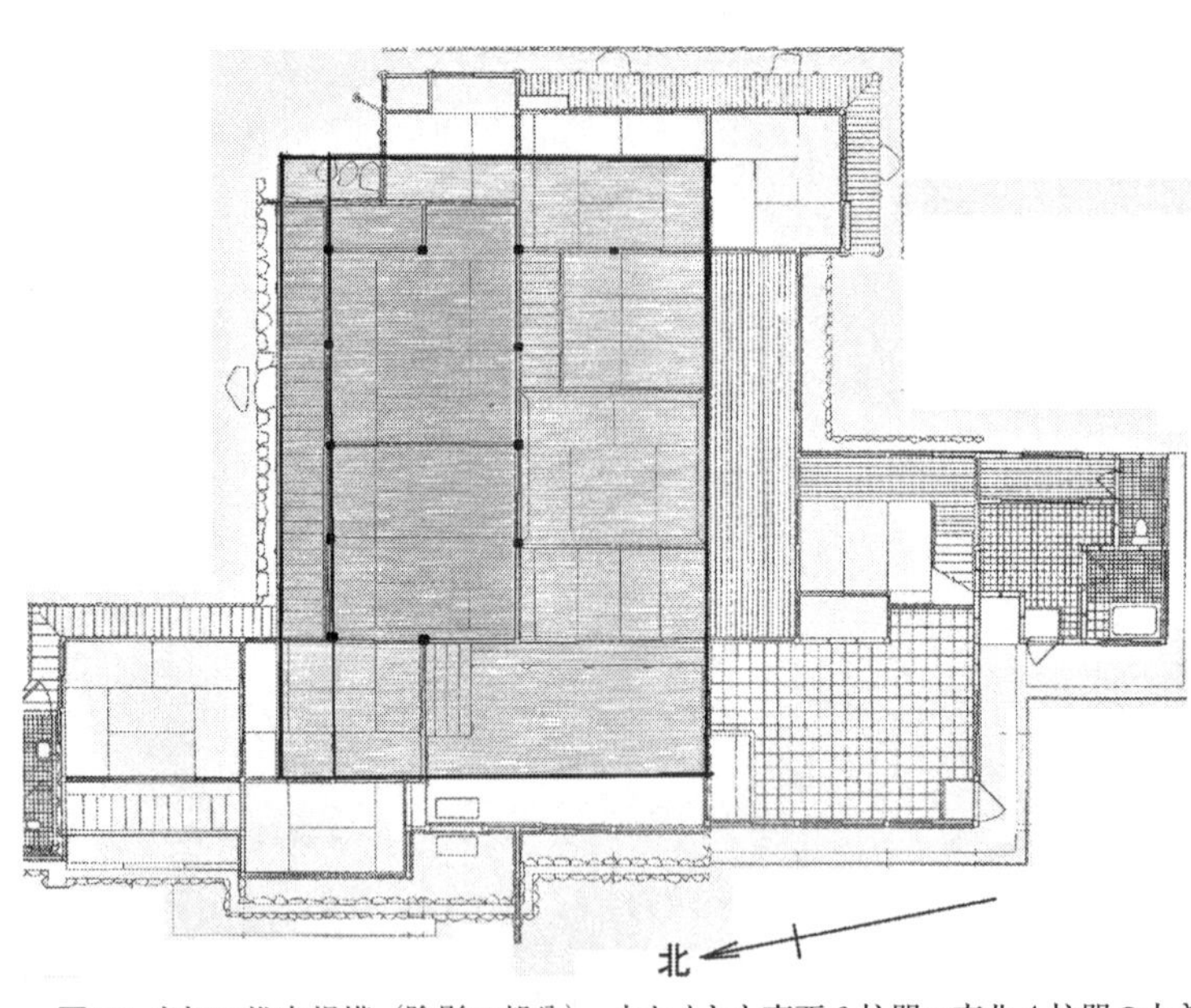


図31 当初の推定規模（陰影の部分）。少なくとも東西6柱間×南北4柱間の大きさだった＝書院修理報告の図に陰影を加えた

六（柱）間、梁間（南北）四（柱）間程度」と述べる。

両者はその根拠を示していないが、以下の点が考えられるだろう。

①南側に一本だけ孤立して当初の柱【ロ九】が存在する＝図29と31を参照。

②南の列の部屋の梁間の寸法が、書院と同じく一柱間七尺となっている。

建築史家の伊藤ていじ（鄭爾）や内藤昌によると、古くは真々制（柱と柱の中心同士を測り、基準寸法とする）で柱間寸法を決めた。柱間は規模や格式などで異なり、貴族住宅は一柱間八尺や一〇尺というのが普通だった。室町時代以降、かつては板敷きの間に置いて身分の高い者が座る座だった畳が、部屋の周囲だけに敷く「追い回し」となり、次の段階では部屋全体に敷き詰められるようになった。

一方で畳の規格化が進み、近世初期には京間の畳（六・三尺×三・一五尺）をはじめ中京間（六・〇〇尺×三尺）、田舎間（五・八〇尺×二・九〇尺）などが現れた。こうした動きと並行して一柱間の寸法は次第に縮む傾向にあり、最終的には京間の畳の場合は一柱間六・五尺、柱は一辺四寸角というのが住宅の場合の標準になった。「畳割り＝内法制（うちのりせい）」も普及した[6]。

　柱間の寸法（真々寸法）に合わせて畳を敷き詰めるのではなく、逆転の発想で何畳敷きにするかで部屋の内法（内部）寸法を先に決め、平面決定の原理とする。これが畳割り＝内法制で、真々制だと柱間寸法の伸縮に合わせて畳の大きさを調節しなければならないが、内法制だと規格化した畳を使え、他の建物への転用も可能になる。ただし建物が大規模になると柱も太くなるので単純な内法制では納まらないとされる。

**写真28** 床の間の前。畳と床の間の隙間に寄板を入れて埋めている（著者撮影）

　こうした流れから、今西家書院の一柱間七尺の計画寸法は過渡的と考えられる。いまは京間を基本にした畳を入れているが、本来、畳の敷き詰めを前提にしていなかったことがわかる。九畳と八畳の部屋には、畳を敷き詰めて生じた隙間を埋めるため、寄板（よせいた）（床の間の前で幅約一七センチ）が入れられている＝**写真28**。

　指定外の南側の部屋も随所に寄板があり、書院の南の間は六畳の部屋の周囲に板が入れられている。書院南側の改造は甚だしいが、建物全体の計画寸法は柱間七尺の真々制の記憶を止める。

　中世から近世初頭にかけての主な住宅建築の柱間寸法を**表11**に示した[7]。但し＊印は現存せず、史料のみで

| 名　称 | 柱間寸法 | 年　代 |
| --- | --- | --- |
| 建長寺方丈 * | 7.0尺 | 1300年ごろ |
| 東福寺龍吟庵方丈 | 6.8尺 | 1389年 |
| 鹿苑寺金閣 * | 7.0尺 | 1398年 |
| 興福寺大乗院主殿 * | 8.0尺 | 1394・1478年 |
| 今西邸(奈良) | 7.0尺 | |
| 足利義教室町殿 * | 7.5尺　7.0尺 | 1431年 |
| 興福寺成就院会所 * | 7.0尺　6.6尺 | 1450年ごろ |
| 吉水神社書院 | 6.8尺 | |
| 興福寺仏地院主殿 * | 6.6尺 | 1485年 |
| 慈照寺(銀閣寺)東求堂 | 6.5尺 | 1486年 |
| 同　銀閣 | 6.5尺 | 1489年 |
| 妙喜庵書院 | 6.5尺 | |
| 大仙院方丈 | 6.5尺 | 1509年 |

表11 中世の主な住宅の遺構・史料上で知られる建物の寸法＝太田博太郎『書院造』(日本建築史論集Ⅱ)所収の表を参照して著者作成。
*印は現存せず、史料でのみ知られる建物

知られる。今西家書院が中世住宅史に占める位置は明らかだ。現存する殆ど唯一の遺構としての意義を改めて強調したい。

次に書院としてどのように使われたのかを見てみよう。今西家書院の当初の平面では、主室は床構えがある十二畳の部屋になる。

近世初期の代表的な書院造の遺構とされる大津市の園城寺(三井寺)光浄院客殿＝慶長六(一六〇一)年＝写真29は中門廊(ちゅうもんろう)が正面右側に突き出し、側面に唐破風を構えた板扉の入口を設ける。客は輿(こし)などから降りてここから縁に上がって鞘ノ間に入り、上座ノ間に進む＝図32。

光浄院客殿が正規の客殿なのに対して、今西家書院は中門廊がないうえ、正面の唐破風の下の入口から直接、主室に入る。『奈良県文化財全集』14の「今西家書院」解説で紹介された興福寺子院の「成身院(じょうしんいん)客殿唐破風之図」(興福寺文書第86函94号)＝図33は、桁行七間の客殿の側面に唐破風があり、屋根は片側が入母屋、もう一方は切妻となる。今西家書院と立面が似ており、箱崎和久が旧大乗院調査報告で指摘したように、今西家書院は興福寺の子院によくあるような簡略化された客殿だったのだろう。

写真29（上）近世初期の代表的な客殿・園城寺光浄院客殿（桃山時代、国宝）

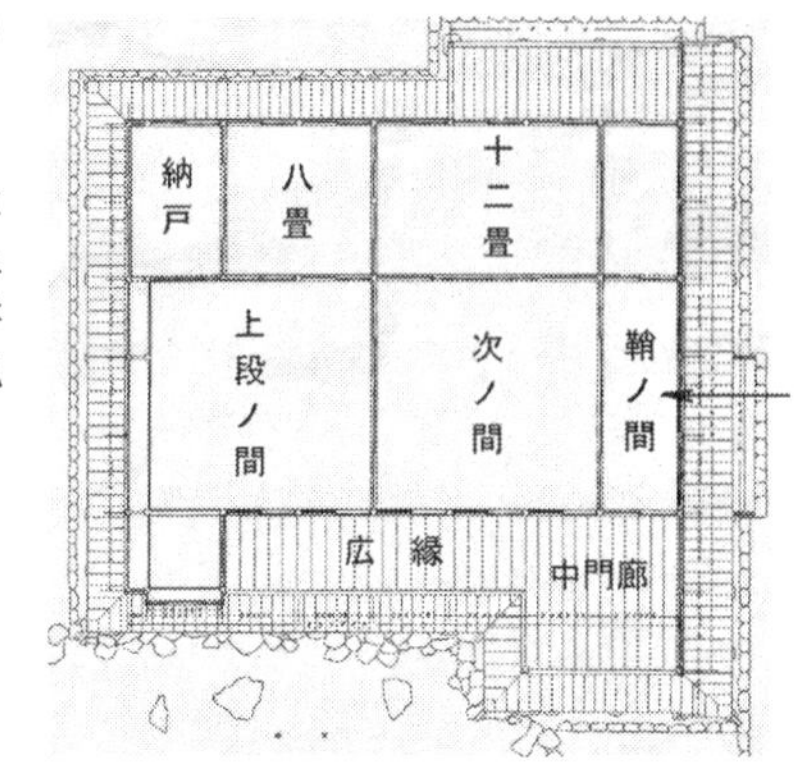


図32（右）光浄院客殿平面図。客は唐破風の下の扉から鞘ノ間に入り、上座ノ間に進む＝国宝園城寺光浄院勧学院客殿修理工事報告書の図に矢印と説明を加えた

図33（左）「成身院客殿唐破風之図」興福寺子院の簡略化された客殿の例＝旧大乗院調査報告（奈良文化財研究所刊）より

## Ⅱ．今西家書院をめぐる近代の言説

### （1）大乗院御殿の明治初年移建説の否定

藤田祥光は筆録「大乗院」で、大乗院の御殿を賜って移建したとする伝承について次のように記した。（引用文のふりがなとかっこ内は補った＝以下同様）

「大乗院三綱(8)職タリシ福智院家ニ存在ノ書院ハ室町時代之建物ナルコト建築専門家之人々意見ヲ斉シクセリ　又其建物　本建物ヨリ縮小シテ移建セシコトモ意見一致ス（中略）宝徳三（一四五一）年、禅定院（大乗院）回禄（焼失）退転後、享徳三（一四五四）年六月　大乗院第三十七（代）院主尋尊大僧正時代ノ造営ニ係ル震（宸）殿、内御殿、東林院殿（中略）幸ニモ明治五（一八七二）年三月迄存在セリ（中略）旧臣（の）医師岡田貞雄二男（で）明治五年生（まれの）岡田来治郎翁云フ　幼年時代明治十一年頃、元大乗院門跡、当時（は）松園尚嘉男爵ハ福智家ヲ住居（と）被遊、福智里美、旧名福智院庸徳（は）大乗院内之残リシ建物ニ居住セリ（中略）当時執事役福智里美ハ自己ノ家（を）主君ノ居宅ニ宛ツルニ付、震（宸）殿ヲ移建セシモノナラン　但（し）福智ノ家狭ケレバ震（宸）殿之一部ヲ縮小セシモノナリ」

藤田はこのように書き、尋尊のころの建物が維新後も残っていて、福智院庸徳（里美）は、大乗院門跡から還俗して男爵になった旧主の松園尚嘉(9)を自宅の福智院家に迎えるため大乗院から宸殿の一部を移建したと主張した。古老からの聞き取りもあり、この説が影響力を持ったことは前に述べた通りだ。

しかし箱崎和久は、旧大乗院調査報告で次の理由により藤田説を否定した。

①解体修理により今西家書院が幕末には現在地にあり、福智院家に帰属していたことがわかった

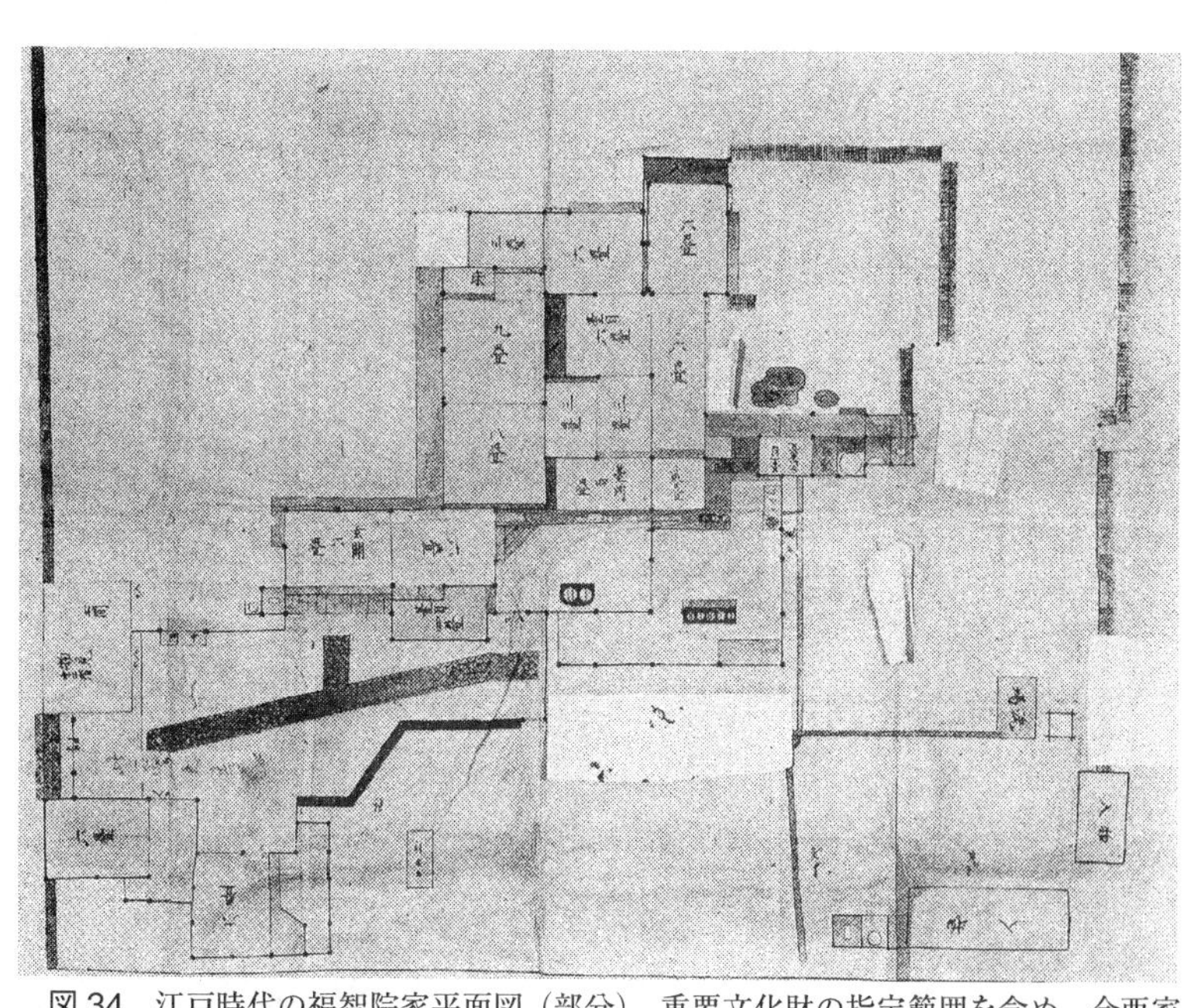

図34　江戸時代の福智院家平面図（部分）。重要文化財の指定範囲を含め、今西家書院となった現状とほぼ同じ＝山田重正『古都陽炎』より

②現状は少なくとも大きな建物を縮小した形跡はない

これを裏付ける決定的な史料があった。福智院家の子孫、山田重正[10]が著した福智院家一族の歴史『古都陽炎』（１９７０年、私家版）の巻頭図版に「福智院家図面（徳川時代）」＝図34が掲載されている。福智院家の本家にあった図のようだが、本文中に説明はない。

現状と比べると書院や南の部屋などほとんど同じで、玄関の控の間以南が土間となり、書院南西の間は「台所四畳」と書き込みがある。土間には二口の竈が築かれ、広い南側の土間には五口の竈がある。

解体修理に伴う復原ともほぼ一致し、著者は未見だが、江戸時代のある時期（嘉永の台所増築時か）の平面図ではないか。これで藤田の「大乗院宸殿明治初年移建説」は成立しないことが明白になった。

松園男爵が福智院家に住んだ事情も藤田の聞き書きとは逆だったことがわかった。同じく山田の随筆集『古都残影』(1964年、私家版)によると、維新後、松園家の家来は禄を離れ、広い旧大乗院に松園男爵一家だけが住んでいたが、泥棒が入るなど物騒なので当主の尚嘉(福智院家では『ごすさん』と呼んでいた)が福智院家と家を交換して住もうと言い出したという。

松園家の後裔、松園裕(医師)が著した『牡丹と藤―摂家門跡家から見た興福寺』(1994年、私家版)では、「家族の衣類等(が)盗まれたり、高価な茶道具等が庭に捨てられるような物騒な状況をおそれ坊官福智院一家と住まいの交換を命じ、同家と親類に当たる千鳥一家(春日若宮の社家)が住むことになり、約廿年在住したもようである」とさらに踏み込んで説明している。

福智院家にとっては迷惑だったろうが、維新後も松園家の執事を務めていただけに主人の命令には従うしかなかったのだろう。ともに大乗院御殿の移建には一言も触れておらず、移建説はこの面からも否定される。

### (2) 大乗院御殿移築説は近代以降に生まれた

山田重正は福智院庸徳の娘である母から維新後の明治初年の思い出を聞き、『古都残影』『古都陽炎』に興味深い話をいろいろと書き留めているが、ここにも福智院家書院は大乗院の建物を賜って移建したものという記述はない。

『古都陽炎』には当主庸徳が明治八(一八七五)年、屋敷地について奈良県へ提出した「御尋ノ趣ニ付」という文書が引用されている。

「当家居住ノ濫觴（起源）詳ナラズ、然ルニ文明年間元大乗院門跡ノ記ニ、往時ヨリ坊官ヲ留守居ニ置キ或イハ遣スト旧記ニアルト雖、正ニ何ノ因由云々ト云フヲシラズ。坐舗ハ北向ニシテ唐破風妻戸左右ハ蔀戸総テ柱木ノ古キコト千歳ニ垂々トスト云フモ可也（中略）大乗院門跡ヨリ何ノ世歟賜ルトセバ、其前何レノ地ニ住スルヤ亦明ナラズ」

屋敷地だけでなく大乗院の御殿を賜って移建したという由緒があれば特筆したはずなのに何も書いていない。これらの記述から判断されるのは、福智院家に「大乗院の建物を賜って移建した」という伝承はなかったということだ。

大乗院門跡から福智院御所を賜って住んだという史料＝次の（3）節で述べる＝があるので、これが大乗院と結び付けられ、優雅で格式が高い今西家書院の姿が大乗院御殿移建説を生んだのではないか。

藤田が書いた「震（宸）殿ヲ移建セシモノナラン　但（し）福智ノ家狭ケレバ震（宸）殿之一部ヲ縮小セシモノナリ」という記述を改めて読むと、移建のくだりは語尾を濁し、「移建セシモノナリ」とは言い切っていない。後段の記述は移建を前提にして今西家書院の現状から推論したに過ぎない。古老からの聞き書きがあるだけに、「移建」という断定的な推定が一人歩きしたのではないか。

写真30 福智院家（現今西家）書院の縁に集う福智院家の人々。前列の中央右が当主の孝徳。明治33年頃、先代庸徳の一周忌か＝山田重正『古都陽炎』より

## Ⅲ．今西家書院の前身についての考察

### （1）大乗院と福智院家

山田重正によると、福智院家は多田源氏の祖、多田（源）満仲から分かれ、初祖・源信実（大和源氏）が平安時代末期、都維那（ついな）前註(8)に任じられて以来、興福寺三綱として奉仕した。『興福寺三綱補任』によれば、隆舜が応永三一（一四二四）年、官符（かんぷ）都維那に就き、福智院と号した。これ以後、代々、興福寺三綱職と大乗院の坊官を兼務して因幡（いなば）と称したという。

明治維新後も旧主松園家に仕えたことは前述した。写真30は福智院家当時の書院で撮影された。板扉や蔀戸などの様子は現在と全く同じだ。

町内の福智院（現真言律宗）は地蔵霊場として名高く、寺がある郷も福智院郷と呼ばれていた。福智院家の名も、この郷に居住していたからと考えられる。

「福智院地蔵は福智庄（現奈良市狭川町）より当所に遷（うつ）し奉る云々、仍（よ）って福智院と謂（い）う云々（中略）当堂は

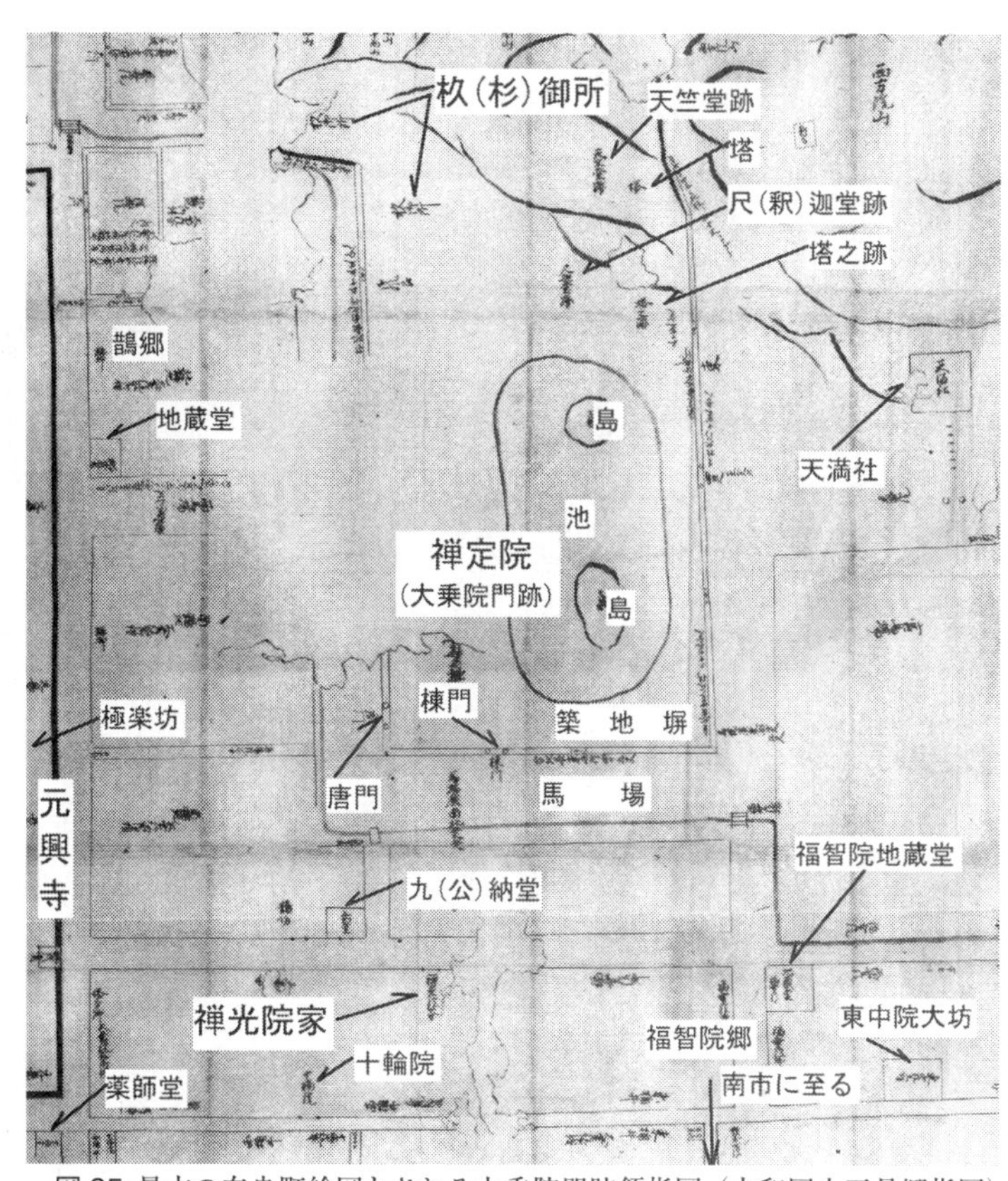


図35 最古の奈良町絵図とされる大乗院門跡領指図（大和国小五月郷指図）＝天理大学付属天理図書館所蔵。『日本荘園図聚』3（近畿2）所収の図の中央部分に説明を加えた

大慈三昧院殿の御代に之れを引かれる（移建される）歟（中略）福智院御所は則ち大慈三昧院殿御座所也　以って後は坊官住所と為す也」＝雑事記・文明一〇（一四七八）年六月二四日条

加藤碧海が「今西家書院に就いて」で引用したこの記事は福智院家を考える基本史料であり、庸徳の「御尋ノ趣ニ付」の記述もこれに基づくのではないか。

「留守居」という語も、やはり庸徳が次節以降で述べる「大乗院門跡領目録」を目にして書いた可能性がある。旧大乗院には雑事記などを納めた文書倉があり、庸徳が管理していた。

　大慈三昧院とは鎌倉時代末期の大乗院門跡、慈信（一条家出身）を指し、正中二（一三二五）年に没している。加藤碧海は福智院家がその御所を賜わり、代々居住したと考えたが、室町時代中期という今西家書院の建築年代とは一致せず、加藤の説は成立しない。しかし、福智院家が福智院御所に住んだというのは後述のように事実と考えられる。

### （2）今西家書院は禅定院の杉御所か

　旧大乗院調査報告は今西家書院の前身について新たな可能性を指摘した。原本は尋尊筆という「大乗院門跡領指図（大和国小五月郷指図）」（天理大学付属天理図書館所蔵、江戸時代の写本）＝図35。以下、門跡領指図という＝には、禅定院（大乗院）の下、福智院郷の東西の通りの西側に「禅光院家」という書き込みと門を示すと見られる二つの点が打たれている。この位置は現在の今西家書院がある場所に重なる。

　旧大乗院調査報告の分担執筆者、谷本啓は、尋尊筆の別の記録「大乗院門跡領目録」（以下、門跡領目録という）に、「禅光院家　禅定院南方に在り。禅定院の杉御所を以って建立、院家と為す」という記述があるのに着目した。杉御所については、雑事記の別の個所で尋尊の次の大乗院門跡、政覚が長享二（一四八八）年、禅定院（大乗院）に建立したと記されている。谷本は以上の記録から、禅定院にあった杉御所の建物が禅光院家に移建され、これが今西家書院に当たる可能性を提示した。

　これを受けて箱崎和久は「（門跡領目録の）この記事の年代がわからない点が問題」としながら「（杉御所が）今

西家書院にあたることも十分考えられる」と述べ、今西家書院も江戸時代の一時期、杉皮葺だったが、以前から杉皮葺だった可能性があり、杉御所の名もここから名付けられた可能性を挙げた。

一方で今西家書院が福智院家あるいは禅光院家の建物として建立された可能性もあり、この地の変遷が不明な以上、確たる証拠を示すことができない。その上で次の諸点を考慮すると移築された可能性の方がやや勝ると結論づけた。

①杉御所を禅光院に移したという文献がある。
②大乗院の建物を移したという伝承が現代まで残る。
③今西家書院の改造の様相が、移築したことを前提にすると比較的説明がつけやすい。

その禅光院家の地の変遷については、雑事記に次の記述があった。

①宝徳四（一四五二）年三月二八日
「禅光院坊地の事、木阿弥之を所望す 十貫文（貫は銭貨の単位。一千文に相当）の御礼を申し入れる（中略）俊深得業（とくごう）に宛てて御判申し出了（おわ）んぬ　十五貫分書き出され了んぬ」

②享徳四（一四五五）年三月一日
「禅光院敷地の事、永代を限り俊深得業に売り渡し了んぬ　代十五貫文（以下略）」

③康正三（一四五七）七月二六日
「木阿弥宿所　今日立柱上棟云々　禅光院の地に之（こ）れを立つ（以下略）」

尋尊が木阿弥の仲介で興福寺の僧、俊深得業（得業は同寺の三大法会で所定の役を果たした僧の称号）に禅光院の敷地を売却し、実際の買主だったらしい木阿弥が宿所（家）を建てたという内容だ。

谷本啓は「禅光院は存在していないような書き方」と認めながら、「興福寺典籍文書目録」2所収の明和六（一七六九）年の史料に「禅光院」の名が見えることから、「尋尊が杉御所を禅光院の地に移転させた可能性がないとは限らない」と述べた。

しかし、以上の雑事記の記述からは、禅光院家はやはり尋尊時代より前に廃絶していたと考えるべきではないか。雑事記には院家（大寺院の門跡に次ぐ子院で、貴族の子弟が入寺した）としての禅光院の名はまったく登場しないのもその傍証となる。

門跡領目録は大乗院門跡支配の堂塔や院家、子院を列挙している。その中に「春日東御塔（ひがしみとう）、南面廻廊、門」を挙げているのは注目される。

春日東御塔は保延六（一一四〇）年、鳥羽上皇の発願で建立され、春日社一の鳥居を入ってすぐ北側に西

| | |
|---|---|
| 宝徳３（1451） | 土一揆　元興寺金堂・禅定院を焼く　10／14 |
| 〃　４（1452） | 禅光院坊地の事、木阿弥之を所望す　3／28 |
| 享徳３（1454） | 禅定院小御所成る　尋尊、成就院から移る　６／14 |
| 〃　４（1455） | 禅光院敷地の事、永代を限り俊深得業に売り渡す　代15貫文　３／１（売り渡しの日付は３／１１） |
|  | 大乗院の塔（八角多宝塔）を中院に移築　６／９ |
| 康正３（1457） | 坊官福智院跡之事 悉（ことごとく）国司の息（息子）の料所に付す　１／25 |
|  | 木阿弥宿所、今日立柱上棟　禅光院の地にこれを立つ　彼の地の事、予（尋尊）先年15貫文に俊深得業にこれを買う（売るの誤りか）　７／26 |
| 文明２（1470） | 奈良中懸銭（課税）の事、福智院御所敷地云々　６／５ |
| 〃　11（1479） | 尋尊、因幡寺主坊（福智院家）へ行向　２／19 |
| 〃　13（1481） | 木阿弥の住居　禅光院の地也　東林院の三乃（美濃）公が買得　代38貫文　８／７ |
| 〃　15（1483） | 政覚（尋尊の後嗣）、興福寺別当になる　２／７ |
| 〃　19（1487） | 三乃公居住の在所へ宮壽移住　代38貫文云々　４／３ |
|  | 宮壽の坊、今日上葺等修理を加う　４／15 |
|  | 奘舜坊（福智院家）に行向　６／14 |
|  | 杉御所作事、今日これを初む　６／17 |
|  | 杉御所立柱上棟　６／20 |
| 長享２（1488） | 杉御所で一献　大御所（尋尊）、新造（杉御所のこと）へ渡御、三献を進む　１／２ |
|  | 福智院地蔵参詣　奘舜上座坊（福智院家）へ行向　２／24 |
|  | 新造（杉御所）に於て一日楽しむ　９／15 |

表12-① 尋尊と大乗院関連年表１　禅光院や福智院家、大乗院をめぐる人々を軸にまとめた。雑事記の膨大な記録の一端に過ぎない＝大乗院雑事記総索引により作成。②も同じ

| | |
|---|---|
| 長享３　(1489) | 新造に於て一献これ在り　1／2 |
| | 奘舜法橋所（福智院家）へ行向　2／5 |
| 延徳３　(1491) | 杉御所に於て一献これ在り　去年の如し　1／2 |
| 〃　４　(1492) | 杉御所に於て千句今日これを初めらる　3か日　5／25 |
| 明応３　(1494) | 杉御所に於て連歌これ在り　1／6 |
| | 月次連歌これ在り　杉御所に於てこれ在り　1／25 |
| | 別火　杉御所を精進屋と為す　2／4 |
| | 政覚寂（没）　3／16 |
| | 杉御所に於て供御（法事か）これ在り 巡次也　5/4、6／15、17、19、21、23 |
| 明応７　(1498) | 慈尋（政覚の後継）得度　2／28 |
| | （慈尋）御大事（重篤か）の間、南方杉御所に入れ奉る 申刻入滅　4／26 |
| | 二七日仏事　杉御所に於てこれを修む　5／10 |
| | 七々日御仏事今日結願了んぬ　杉御所籠居の衆5／27 |
| | 杉御所穢 昨日に至りて了んぬ 今日行向　6／3 |
| 〃　８　(1499) | 杉御所に於て一献これ在り　8／6 |
| 永正元　(1504) | 延専（良成）所へ行向　3／２３　行向はこの年31日（鈴木良一による＝以下同じ） |
| | 杉御所　立具（建具か）等紛失了んぬ　4／3 |
| 〃　2　(1505) | 延専（良成）所へ行向　この年82日 |
| 〃　3　(1506) | 延専（良成）所へ行向　この年47日（雑事記は9か月分） |
| 〃　4　(1507) | 延専（良成）所へ行向　この年75日 |
| 〃　5　(1508) | 延専（良成）所へ行向　1/18、19、20　最後の行向 |
| | 尋尊寂　79歳　5／2 |

表12-②尋尊と大乗院関連年表２　杉御所と尋尊のお気に入り・良成。晩年の行向は寵童だったとはいえ突出している

御塔（永久四＝一一一六年、関白藤原忠実の発願）と並び建っていた五重塔で、治承の兵火でともに焼けて再建されたが、応永一八（一四一一）年、雷火で両塔とも焼失し、その後は再建されなかった。

この春日東御塔を書き上げているので、成立年代不詳の門跡領目録は少なくとも応永一八年以前の記録と言えるのではないか。従って杉御所を移建して禅光院家を建立したのも応永一八年以前ということになる。

尋尊の誕生以前のことなので、門跡領目録は尋尊が見出した過去の記録を写したものではないか。後にも触れるが、「記録魔」だった尋尊は大乗院の執務に備えるため、あるいは自らの関心に応じて過去の記録をたびたび写しており、これもその一つだったのだろう。

## （3）門跡領指図の年代を見直す

次に門跡領指図が示す年代について検討する。宝徳三（一四五一）年、土一揆が蜂起し、元興寺小塔院から出た火は金堂を焼き、禅定院（大乗院門跡の居住坊）も炎上した。禅定院で焼失を免れたのは弥勒御堂と西門など三棟だけだった（雑事記・同年一〇月一四日）。

門跡領指図には、現在の名勝旧大乗院庭園から鬼薗山（奈良ホテルがある山）にかけて「天竺堂跡」「釈迦堂跡」「杦（杉）御所」（二か所）「塔之跡」「塔」などの書き込みがある。

工藤圭章は、「塔」とは二基あった塔のうち焼け残ったものを指すと考えた。

この塔は雑事記によれば四年後の享徳四（一四五五）年、「大乗院塔婆　今日ヨリ中院に之を引く（移建を指す）」（六月九日）、「中院塔婆　九輪を上ぐ云々」（八月二日）と記されているので、興福寺伽藍北側の中院（勧学院）に移築された。従って門跡領指図は宝徳三年の焼失後、塔の移築より以前の成立とした(11)。

しかし、これには従えない。門跡領目録の禅定院の条で塔は「多宝塔一基」しか挙げていないうえ、雑事記の宝徳三年の土一揆の記事では、禅定院で焼け残った建物に塔は含まれていないからだ。

旧大乗院調査報告で谷本啓が指摘した通り、「大乗院塔婆」とは、興福寺伽藍の北側、今の奈良県庁付近にあった「寺中の大乗院」の塔だった。

平重衡による治承の兵火で東大寺や興福寺が焼けた際、伽藍北側の地を占めていた大乗院も焼失した。その後、大乗院は旧地で一部が再建され、「寺中の大乗院」となったが、大乗院門跡は支配下にあった元興寺禅定院を居住坊とするようになった。尋尊は雑事記で、大乗院は門跡と寺院組織の名称、禅定院はその居所として書き分けている。尋尊が「大乗院塔婆」と書いた塔は「寺中の大乗院」にあったものであり、工藤の年代推定は根拠を失う。

禅定院が焼失したのは宝徳三年だけではなかった。

興福寺には一乗院と大乗院の二門跡があり、ともに摂関家の子弟が入寺して門跡となり、「両門」と並び称された。しかし興福寺の支配権や所領をめぐる対立抗争は激しく、延文二(一三五七)年一〇月二五日には、一乗院實玄が率いる僧兵や武士団が禅定院に乱入し、大乗院郷を含め「数百カ所を焼き払い了んぬ」(尋尊『大乗院日記目録』同日の条)という大事件が起きた。

門跡領指図は宝徳の焼失後の図ではなく、延文の焼失後の図ではないか。少なくとも前節で述べたように宝徳四年には廃絶していたと推定される禅光院家の名が記されていることは、門跡領指図の年代が宝徳年間から相当遡ることを強く示唆する。

なお、禅光院家の書き込みは文字と門を示す点が二つ打たれているだけで、敷地は界線で囲まれていない。この図が画かれた時点で既に廃絶していたのではないか。

門跡領指図では、奈良諸郷の東南、紀寺郷あたりに中世の市場「南市(みなみいち)」や「南市堂」が記されている。中世史家の永島福太郎によれば、応永二一(一四一四)年、現在の近鉄奈良駅南西の率川(いさかわ)神社(奈良市本子守町)の近くに中市が開設され、北・南市と併せて三市となった。このあと半世紀もたたないうちに町はずれにあった北市と南市は衰退し、特に南市の荒廃はひどくて畠地と化した[12]。

福智院地蔵堂の東南のすぐ近くには東中院大坊(図35の右下)が記され、福智院地蔵堂と同様、敷地は界線で囲まれている。これは当時、東中院大坊が存在していたことを示す。しかし、雑事記・長禄四(一四六〇)年一〇月二日の築地塀建造のための人夫徴発の記事では「東中院大坊跡」と書かれ、この時点までに廃絶していたことが明らかだ。

尋尊の時代には荒廃ないし廃絶していたはずの南市や東中院大坊が存在しているように記されていることは、門跡領指図の年代が相当に遡ることを雄弁に物語る。

## （4）杉御所は再建だった

禅定院内の北側に「杦（杉）御所」という書き込みが南北二か所あるのは注目される。

雑事記に「杦御所」（以下杦御所と表記する）の名が初めて出てくるのは文明一九（一四八七）年六月一七日の条で、「杦御所作事（建築工事）、今日これを初（始）む」、早くも三日後には「立柱上棟了んぬ」とある＝以下、表12-①②。

翌長享二（一四八八）年から一献（宴会）や連歌などの場としてしばしば登場し、会所（社交や寄合など遊宴の場とされた建物）として用いられた。最後に登場するのは永正元（一五〇四）年で、移建されたとすればこれ以後となるが、禅光院家はとっくに廃絶していたはずで、説明がつかない。

前に述べたように門跡領目録の年代推定から、「杦御所」を移建して禅光院家を建立したのは少なくとも応永一八（一四一一）年以前のことと推定した。

この「杦御所」と、雑事記に記事が頻出する政覚建立の「杦御所」との関係はどのように理解したらよいだろうか。両者の年代は少なくとも百年近く離れているので、名称は同じだが別のものと考える。

政覚が建立した杦御所は、雑事記・明応三（一四九四）年一二月三〇日条の「後智恵光院殿（政覚を指す）建立分」の記事で、政覚が門跡だった時代に建立された建物の一つとして挙げられている。そこでは杦御所は二か所ではなく、「杦御所一宇（棟）」とだけ記されている。これも門跡領目録、門跡領指図の杦御所と、尋尊時代の杦御所とは別のものだという傍証になるのではないか。

尋尊は雑事記に杦御所が初めて登場する文明一九年六月の作事始め以降、ほぼ「杦御所」という表記で通している。一方、政覚の日記『政覚大僧正記』では「榲（杉）御所」は一か所しかなく、あとは全部「新造」と呼んでいる。新築にも関わらず、尋尊はなぜか当初から固有名詞として「杦御所」と書いている。これは門跡領目録が記す通り、禅定院には以前にも「杦御所」があったからではないか。

移建されて禅光院家となったのは、この前身「杦御所」だった。尋尊と政覚時代の杦御所は再建だった。尋尊と違って若い政覚は昔のことはよく知らず、単に「新造」と認識していたのだろう。

ただし、表12-②に掲げた明応七（一四九八）年四月二六日、幼い慈尋（政覚の後嗣）の重篤の記事では、尋尊は「（慈尋を）南方杉御所に入れ奉る」と書いている。

「南方」という語から、杦御所はやはり二か所あったようにも取れるが、尋尊は政覚建立分をはっきり「一宇」と書いている。あるいは政覚が建立した「一宇」とは、応永一八年以前にあった二棟のうち南の一棟で、それを知る尋尊は「南方」と記したのだろうか。

最後に杦御所の名称について、寺社や邸宅で用いられる桧ではなく、特に杉を選び、軽快な趣きの建築だったのでそう呼ばれたのではないかと考えた。杦と数寄の訓みが似通うのは面白い。

## （5）福智院家がこの地に住むまで

福智院御所の所在地について、門跡領目録の禅光院家の記事のすぐ前に次の記事があった。年代はわからない。

「福智院門跡　地蔵堂に在り　霊仏也。（中略）代々門主居住坊也。中古より坊官御留守と為して住せしむ也」(13)

これは（3）節で加藤碧海の説を検討した際に引用した雑事記・文明一〇（一四七八）年六月二四日条の「福智院御所は則ち大慈三昧院殿（鎌倉時代末期の大乗院門跡、慈信）御座所也　以って後は坊官住所と為す也」という記事と対応する。

ともに坊官とあるだけだが、福智院家を指すと考えて間違いないだろう。福智院家が門跡から賜って住んだという福智院御所の所在地は、この門跡領目録の記事によって福智院地蔵堂だったことが明らかになった。従って福智院家は当初から禅光院家＝現在の今西家書院の地に住んだのではなく、いつの時期かに禅光院家があった現在地へ移って来たことがわかった。

雑事記・康正三（一四五七）年一月二五日には次の記事がある。

「坊官福智院の跡の事、悉く以って国司の息（子）の料所（特定の用途に充てる所領）に付し了んぬ。（中略）彼の坊の跡の事、奉公の仁（人）之れ在らば何時と為すと雖も仰せ付ける可き也」

「坊官福智院の跡」とあるので、この時点ですでに福智院家は福智院御所の地には住んでいなかったと見られる。そうすると、前述した文明一〇（一四七八）年の「福智院御所は則ち大慈三昧院殿御座所也（中略）坊官住所と為す也」という記事が問題になる。二十一年後なのに「坊官住所」と書くからだ。

尋尊は古い記録を写すとともに、雑事記でも日々の記事に交えてしばしば古い記録や文書を写し留めた。この矛盾は尋尊が文明一〇年の時点で一四世紀に遡る過去の記録を記したためではないか。

(2)節で述べた禅光院の跡地に木阿弥が宿所を建てたあと、この地には大乗院支配の子院・東林院の三乃公(美乃公、美濃公)、その次に宮壽丸(出家後は延専坊良成。以下良成と呼ぶ)という大乗院に仕えた二人の人物の居住を跡づけることができた＝表12-①。

①雑事記・文明一三(一四八一)年八月七日条

「木阿弥 此間之住屋 禅光院(の)地也 東林院之三乃公(美濃公)之(を)買得(す) 三十八貫云々」

②同一九(一四八七)年四月三日条

「此間(の)三乃公居住之在所へ宮壽(良成)移住、代三十八貫文云々」

良成はこれ以後、後述するように少なくとも永正五(一五〇八)年、尋尊が亡くなるまでここに住んでいた。従って福智院家が禅光院家の地に居住した時期は早くても一六世紀以降でなければならない。

実際に史料で福智院家の居住が確認できるのは江戸時代中期まで降る。宝永から享保にかけての「奈良絵図」(天理大学付属天理図書館蔵)(14)には、今の場所に「大乗院福智院家」と記される。

享保二〇(一七三五)年の奥書がある地誌『奈良坊目拙解』の福智院町の項には「福智院地蔵堂が東南隅に在り、仍って福智院町と称す。又云う、興福寺三綱家の福智院因幡が累世居住したので福智院町と称す」と記す(15)。

### （6）尋尊のお気に入り良成―今西家書院は移建された客殿

ここで今西家書院の問題に戻る。「木阿弥宿所 今日 立柱上棟云々」という康正三（一四五七）年の記述に注目すれば、木阿弥が建てた宿所が福智院家まで引き継がれ、それが現在の今西家書院となったのではないかという可能性が生じる。

今西家書院は入口の上に唐破風があることでわかるように、門跡など階層的に上位の客を迎えることができる客殿だった。雑事記の記述によれば、木阿弥は大乗院で荘園からの年貢の出納などを担当する納所（なっしょ）という財政担当者、三乃公は東林院の侍、良成も大乗院の納所だった。これらの人物が自宅（坊）に客殿を建てるような階層に属していたかどうかは疑問が残るが、財力があったことは間違いない[16]。

しかも最後の住人、良成は侍童だった宮壽（丸）のときから尋尊の特別のお気に入り（寵童（ちょうどう））だった。鈴木良一は「（宮壽が）寝こんだ時の尋尊の心遣いは他の坊人（ぼうじん）（門跡に仕える僧）とはまるで別で、どうもふつうの関係ではなかったように思われる」と鋭く指摘している[17]。

良成が三乃公から旧木阿弥宿所を買ったのは文明一九（一四八七）年だが、尋尊最晩年の永正元（一五〇四）三月二三日から尋尊が亡くなる同五年まで、雑事記に現れた「（良成の）延専所（延専坊）へ行向（ぎょうこう）」という記事は表12―②のように延べ二百三十五回にもなる[18]。

多い月には三回以上、千句連歌で三日連続といった例も多い。そして雑事記の最後、同五年正月の「延専坊行向」「十八日 十九日 廿日」という記述が尋尊の絶筆となった。

この集中的な延専坊への行向は、良成が元寵童とはいえ度を越している。ただ、少なくとも延専坊には尋尊を迎えられる客殿のような接客建物があったと見てよいだろう。

それが木阿弥建立の宿所にあった建物だったとすれば、室町時代中期(下限は一五世紀中期を過ぎた頃)とされる今西家書院の建築年代と合う。しかし木阿弥時代には尋尊が行向した記事はない。それに良成が買った宿所に接客建物が含まれていたとしたら、尋尊の行向が永正元年以降に集中的に現れるのはなぜだろうか。結論として、今西家書院が木阿弥建立の建物だった可能性は低いだろう。

一方、今西家書院の室町時代中期という建築年代とは合わないので、良成がこの地を買ってから新築したとは考えにくい。良成がどこからか既存の客殿を移建したのではないか。

尋尊は雑事記に何も記していないが、永正元年以降、行向が特に集中するのは、延専坊に客殿ができたことがきっかけになったのではないか。

以上の考察と福智院家の動向から、今西家書院の伝来は次の二つの可能性が導かれる。

①良成がこの地に移建した客殿が福智院家に伝わった。

②福智院家がこの地に移り住んだ一六世紀以降、福智院家が客殿を移建した。

①②とも「今西家書院の改造の様相が、移築したことを前提にすれば比較的説明がつけやすい」という箱崎和久の指摘に通じる。②は移建したとすれば一七世紀初期という書院修理報告の推定に近い。

①②の可能性のうち、尋尊の行向が晩年に集中する点から、①の可能性の方が高いのではないかと考える。興福寺に数多くあった子院は客殿を持っていた。箱崎の指摘のように、成身院客殿のような略式の客殿が移建され、今西家書院として伝わったのではないかと推定する。

## 註

(1)一乗院と並ぶ興福寺の門跡寺院。摂関家の子弟が入寺し、一乗院とともに興福寺別当(住職)に就いた。今の奈良県庁付近にあったが、治承四(一一八〇)年の平重衡による南都焼き打ちで東大寺や興福寺の伽藍とともに焼失。大乗院門跡が支配していた元興寺禅定院(現在、名勝旧大乗院庭園として公開)を居所とした。旧地で一部復興された「寺中の大乗院」も存在した(旧大乗院調査報告)。

雑事記の記述では、大乗院は門跡及び寺院組織の名称、禅定院はその居所として区別されるが、他ではしばしば互用される。この章で引用する論考も使い分けていないものがあるが、そのままとした

(2)門跡家に代々仕えた家司(けいし)の一種で、婚姻し、剃髪して僧衣を着る。

(3)藤田の筆録二百七十八件は奈良県立図書情報館で藤田文庫として保管、デジタルライブラリーで公開している。「大乗院」は四件あり、引用した清書本は旧大乗院調査報告に全文が翻刻された

(4)森が引用した「禅定院(大乗院)御所之南、九納堂(公納堂)の東浦(裏)」という所在を注記する田畠は、この文書に出てくる三十六か所のうち一か所に過ぎない。しかも「坊は客所一宇 クリ(庫裏)一宇」という記述は「福智院地蔵堂雑具」の項に続くので、客所と庫裏とは福智院地蔵堂のものを指すのではないか

(5)1836~1900年。仁和寺坊官・芝築地家出身の先代愛敬の実弟で、兄の養子となり、福智院家を継ぐ。維新後は里美と称した。福智院氏は大乗院門跡の坊官と興福寺三綱(註8)を兼ねた。山田重正『古都陽炎』

(6)伊藤鄭爾、1958、『中世住居史』、東京大学出版会。内藤昌、1957、「6尺5寸間の発生に就いて」、『日本建築学会論文報告集』第57号、及び1958、「遺構に於けるタタミ割の発生について」、同60号。

伊藤によると京間畳による畳割り制(内法制)が確立するのは近世初期で、大津市の聖衆来迎寺客殿=寛永一九(一六四二)年、重要文化財=や奈良県橿原市今井町の今西家住宅=慶安三(一六五〇)年、同=が古い例

(7)太田博太郎、1984、「書院造はどのようにしてできたか(下)—平面の発展」(『日本建築史論集』Ⅱ「書院造」所収)、岩波書店

(8)寺内を統括する僧の職位。上から順に上座・寺主・都維那。ただし大乗院ではなく興福寺三綱が正しい

(9)1840~1903年。維新後は広田神社や丹生川上神社大宮司などを務めた。松園裕『牡丹と藤— 摂家門跡家から見た

興福寺』、1994、私家版

(10)1904~85年。京都府立医大卒。花園大学教授。主著『典医の歴史』(思文閣出版)。福智院家にあった平安時代以来の福智院家文書を伝え、花園大学の研究会から『福智院家文書』が翻刻刊行された

(11)工藤圭章、1964、「ナラの街区変遷過程の研究」、東京大学博士論文

(12)永島福太郎、1963、『奈良』、吉川弘文館

(13)この個所の読み下しは大宮守友氏(一般社団法人氷室神社文化興隆財団代表理事)に教示いただいた

(14)奈良市町並建造物群専門調査会、1982、『奈良町』、図版6「奈良絵図」(保井文庫・赤丸本)

(15)村井古道著、喜多野徳俊訳・註、1977、綜芸舎。山田重正『古都残影』収録の「奈良の庭竈(にわかまど)」は井原西鶴の浮世草子『世間胸算用』=元禄五(一六九二)年刊=の「奈良の庭竈」の一節「さてまた都の外の宿の者といふ男ども、大乗院御門跡の家来因幡といへる人の許にて例にまかせて祝ひはじめ…」を引き、家来因幡は福智院家を指すとする

(16)木阿弥は文明四(一四七二)年一〇月二日条の「納所木阿」、三乃公は文明一二(一四八〇)年一二月一四日条の「東林院侍美乃公」、良成は明応三(一四九四)年一一月二五日条の「納所良成」。良成は講主となって憑支(たのもし)(頼母子)を催し、三乃公から禅光院跡の土地建物を買い取るなど、三人はそれぞれ経済力があった。特に良成は早くから門跡領の経営に当たり、手元不如意の尋尊の諸経費を少なからず引違(ひきちがえ)(立替)ていた」(鈴木良一、1983、『大乗院寺社雑事記—ある門閥僧侶の没落の記録』、そしえて)

(17)鈴木、前掲書

(18)同右

# 第五章　奈良町の会所のかたち
## —薬師堂町の会所を中心に—

町会所（ちょうかいしょ）は、いまで言えば自治会が持つ自治会館ないし集会所に当たるでしょうか。奈良町の場合、会所にはほとんど例外なく神仏が祀られているのが特色です。

奈良町は旧平城京の外京（げきょう）の地で、興福寺、東大寺などの門前郷として生まれました。中世には興福寺七郷や東大寺七郷、元興寺郷などおおまかな街区が形成されましたが、これらの郷は小郷（しょうごう）と呼ばれる町家の小ブロックの集合体であり、小郷には「郷の堂」「地下（ぢげ）の堂」などと呼ばれた小堂が建てられました。それが小さな社の場合もあり、しばしば併せて祀られていました。

こうした堂や社は郷民の信仰のためだけでなく寄合の場となり、そのための建物もできたと考えられます。これが現代まで残る奈良町の会所のルーツです。奈良町は同じ古都である京都に比べて大きな戦乱や火災が少なかったので、中世以降の面影をより色濃く残しているとされています。

この章では薬師堂町にかつてあった会所の姿を探り、併せて奈良町の会所の独自の性格とその機能を京坂との比較を交えて考察します。

※会所の所在は奈良町の全域にわたるので、この章では中心部を指す「ならまち」ではなく「奈良町」と表記します。

## Ⅰ．奈良町と町会所の歴史

和銅三（七一〇）年に藤原京から遷都した平城京は、左右両京と左京の東側に張り出したいわゆる外京という三つの区域から成り、外京には興福寺や元興寺、外京の東に接して東大寺や春日社が建立された。この外京の地が現在の奈良町につながる。

延暦三（七八四）年、都が長岡京、次いで平安京に遷されたあと、左右両京は荒れ果て、開墾されて田や畑と化した。しかし藤原氏の氏寺として引き続き隆盛を誇った興福寺や氏神の春日社、鎮護国家の寺として建立された東大寺、元興寺などの門前や周囲には寺社の関係者や寺社の支配のもとで奉仕する人々、商工業者らが集まって住み、門前郷を形成した。これらの門前郷が発達して一体化したのが奈良町の原形とされる。

興福寺七郷や東大寺七郷、元興寺郷などは平安時代から鎌倉時代にかけて成立した。これらの郷を形成する小郷は、旧外京の街路の両側や辻に町家が集まっていた。街路の両側を合せた町は「両側町」と呼ばれ、京都の町割りの基本となっているが、奈良の場合、辻を核にした十字形の町割も目立ち、この辻にはしばしば辻堂（社）があった(1)。これが「郷の堂」「地下の堂」の最もわかりやすい形態だ。

薬師堂町の場合を見てみよう。室町時代の興福寺大乗院門跡、尋尊が書き残した『大乗院寺社雑事記』（以下雑事記という）に「郷の堂」として薬師堂が登場する。こうした堂が町会所のルーツとなったことを示す最古の史料として知られる(1)(2)。（著者読み下し。引用文のふりがなとかっこ内は補った＝以下同様）

「元興寺の前の薬師堂の郷は、一方をば大乗院知行（ちぎょう）、一方をば一乗院知行、薬師堂は一乗院の方にあり、両門（大乗院と一乗院の両門跡）知行を打ち合わせて郷の名を薬師堂という也（略）トネ（刀禰（とね）＝年寄から選ばれた郷の代表者）一乗院方にあるときもあり大乗院方にあるときもあり（略）当年はトネ当方にあり、毎事惣（総）郷の事トネ相い催して、薬師堂を集会所に沙汰せしめ会合評定する也」＝康正三（一四五七）年四月二八日の条

一五世紀中期、薬師堂郷の辻堂が郷民の信仰の場としてだけでなく寄合の場として機能し、興福寺の支配下という制約はあるにせよ、郷民の自治が生まれていたことを物語る。

一方、その制約を示す格好の史料がある。「一昨夜幸郷民等地下堂に於いて大酒盛を致し、其の沙汰の間、矢を入れ礫を打ち、其れに就いて過言に及び子細之在るの間、清円申し入れ、随って力者（門跡の下級の従者）五人分昨日之れを付す　歎き申し入れる間、今日召し立てる　向後の事堅く仰せ付け了ぬ」＝雑事記・文明一五（一四八三）年六月二三日の条

「幸郷の郷民が地下堂で酒盛りをして矢を射たり石を投げたりして言うことを聞かなかったので、大乗院門跡から力者五人を差し向けてその分の負担を課した。閉口した郷は大乗院に詫びを入れたので力者を召し返し、今後はもうしないと誓わせて決着した」という大意だろう。

雑事記・明応七（一四九八）年二月一五日には「鵲郷地蔵堂涅槃像四百五十疋（銭貨の単位。一疋＝十文）にて買得　懸け奉る云々、年預共　地下若衆共也　此の間　老者共は正体無し　毎事仕る間　此の如き取沙汰云々　然る可き旨下知を加え了んぬ」という記事がある。

郷の世話役や若衆が涅槃図を買い入れて堂に懸けて祀った。本来こうしたことに当たるべき年寄は無力だった。よくやったと誉めてやったという内容であり、郷民の中で活力ある層が費用を分担して釈迦の命日（涅槃会。二月一五日）のために涅槃図を購入して郷の堂に祀ったことを示す。郷民の自治意識の高まりをうかがわせる。

近世に入ると奈良町は織田信長や豊臣秀吉の弟で郡山城主の秀長らの支配を受け、文禄四（一五九五）年、秀

長の養嗣子・秀保が死んだ後は増田長盛が郡山城主となり、大和でも文禄検地が行われた。武家支配地としての奈良町の範囲が定まり、その周囲で奈良廻り八ヵ村（油坂、芝辻、法蓮、京終村など）が成立した。徳川家康は慶長七（一六〇二）年から三年をかけて奈良町の屋地子帳（家屋単位の課税台帳）を作成させ、同九（一六〇四）年には「町切り」を行って各町の区域を定めた。同一八年には奈良奉行所が置かれた(3)。

享保二〇（一七三五）年の奥書がある奈良町最古の地誌『奈良坊目拙解』（村井古道著）＝以下、拙解という＝によると、奈良町の百九十六町のうち四十四町に会所があった。同じ著者の『南都年中行事』の正月十四日の条には以下の記述がある。

「民屋の人々はこの日その町会所に集まって宴を設け、その町内の諸事祝儀礼儀等を納め、あるいは新しく会所の列座につらなる人はこの日より交りをする。古語にこれを堂入りという。南都（は）慶長年中までは今の様に町屋でなく、田舎のような一郷宛の家居で、その郷内に草堂を構え建てて郷民この堂に集まって、いつも公私のことをさばいた。寛永年頃以後は町人の家造等美しく花奢（華奢）になって一町宛に木戸門で境界を正しくして、その町毎に各宿老年番役を撰んで司どらせたので、諸事町役（を）評定する寄合所を造ってこれを町会所と言った。南都町家会所は大概霊仏を安置するか、あるいは鎮守の神宮などを斎祭るのは昔の一村一郷の草堂集会の余風である」

井上町会所には、延宝六（一六七八）年以来、中断を含め近代まで書き継がれてきた『井上町町中年代記』（五冊。うち幕末までの四冊は奈良市指定文化財）がある。

元禄九（一六九六）年には「当年八木（米のこと）高値布下値故世間もこんき（困窮）に御座候に付」として、町内の家の売買の際に価格の十分の一を出させて積み立てていた銀（十分之一銀）を取り崩し、町内の家持ち二十六軒に一軒十匁ずつ配分している。

安永三（一七七四）年正月吉日の「定目覚」には「会所入り銀壱枚（銀四三匁に相当）積銀同弐枚」「表替（戸主名義の変更）同拾匁」「養子酒銀拾匁」「婚礼同壱枚」など、よそから来て家持ちの住人になったり代替わりや結婚、養子を取ったりしたときには町に一定額の祝儀を出すよう取り決めている。

会所は奉行所支配の中で町民自治の拠点となり、相互扶助の機能も併せ持っていた[4]。

## Ⅱ．薬師堂町の薬師堂と旧本尊

第四章でも取り上げた「大乗院門跡領指図（大和国小五月郷指図）」（天理大学付属天理図書館蔵）を見ると、現在の薬師堂町の四つ辻の西南角が界線で囲まれ、「薬師堂」という書き込みがある。

薬師堂の前の南北の街路を境にして、薬師堂を含む西側は一乗院領、東側は大乗院領に分かれている。（1）節で触れた尋尊による雑事記の記述とも一致する＝図36。他にも街路が行き会う辻には鵲郷地蔵堂、九（公）納堂など郷の堂がいくつも書き込まれ、「辻堂」の名前の起こりを示している。

拙解の薬師堂町の項に以下の記述がある。

「南北の町を薬師堂町と曰い、東西の町を御霊の前町と曰う、倶に（併せて）一郷をなす。当名（当郷）は薬師堂が四辻南西角にあって町会所になる。里諺（ここでは地元の言い伝えの意味か）に云う、この薬師堂（は）上古は元興寺の一院の本尊で、（その）興廃は未考である（下略）」

「四辻南西角」の薬師堂は「大乗院門跡領指図」の位置と重なり、拙解が書かれた頃も同じ場所で存続していたことを示す。拙解とほぼ同時代の「奈良町絵図」（奈良市史料保存館所蔵）にも同じ位置に薬師堂が画かれている＝図37と写真31。

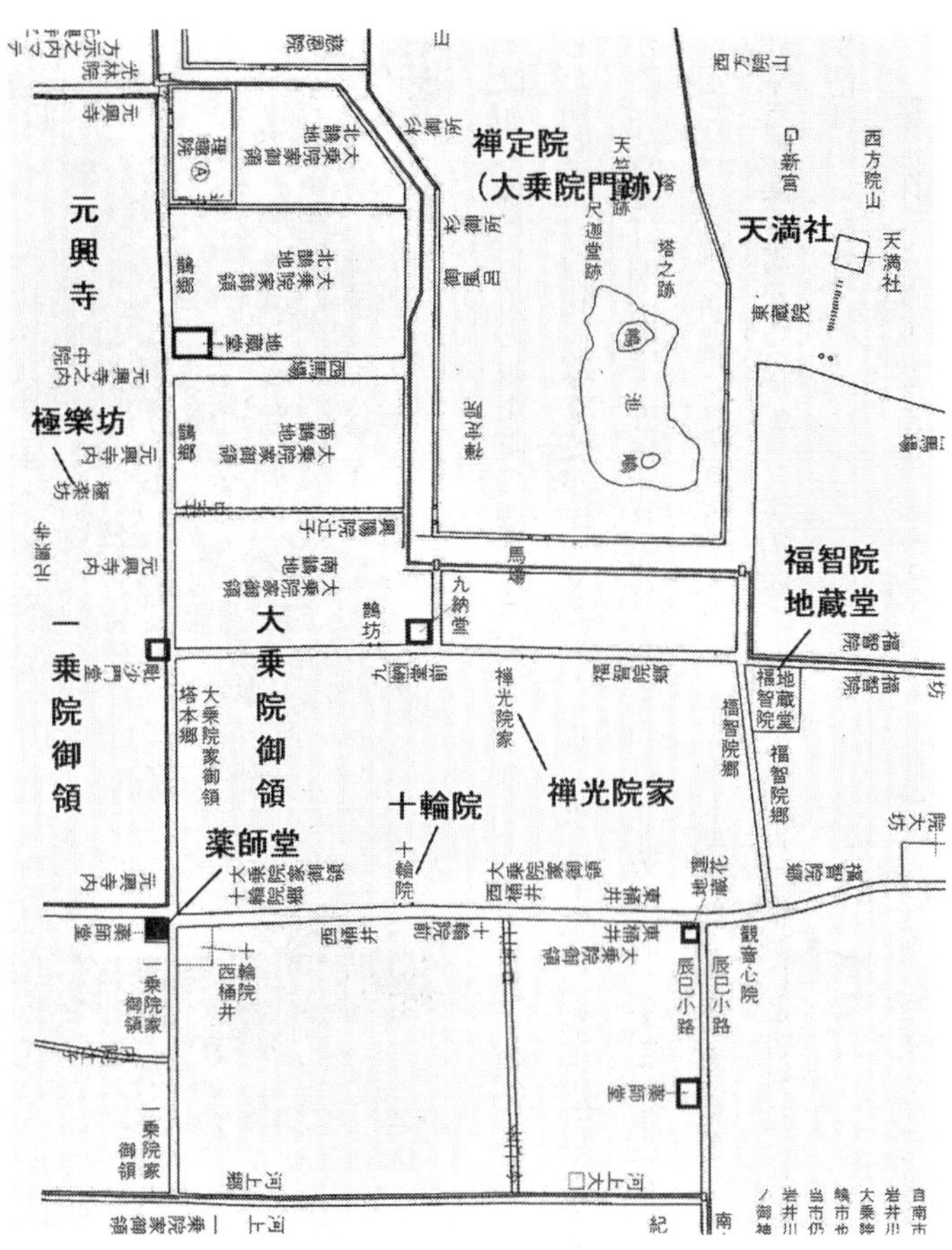


図36 大和国小五月郷指図に記された薬師堂郷の薬師堂＝土本俊和「中世奈良の門前町」（図集・日本都市史　1993　東京大学出版会）の図（部分）に説明を加えた。四角く囲んだのは薬師堂のような郷の堂

江戸時代（年代不明）の「薬師堂町惣間数改書出帳」（天理大学付属天理図書館・保井文庫）によると、町内西頬北端の四つ辻に面して間口五間、奥行き六間三尺五寸の「薬師様御堂幷会所」があり、その北に間口一間二尺八寸、奥行き六間三尺五寸の「番所」が付属していたという[5]。拙解が言う位置とも一致する。

京都の例を見ると、近世初期、町境の木戸

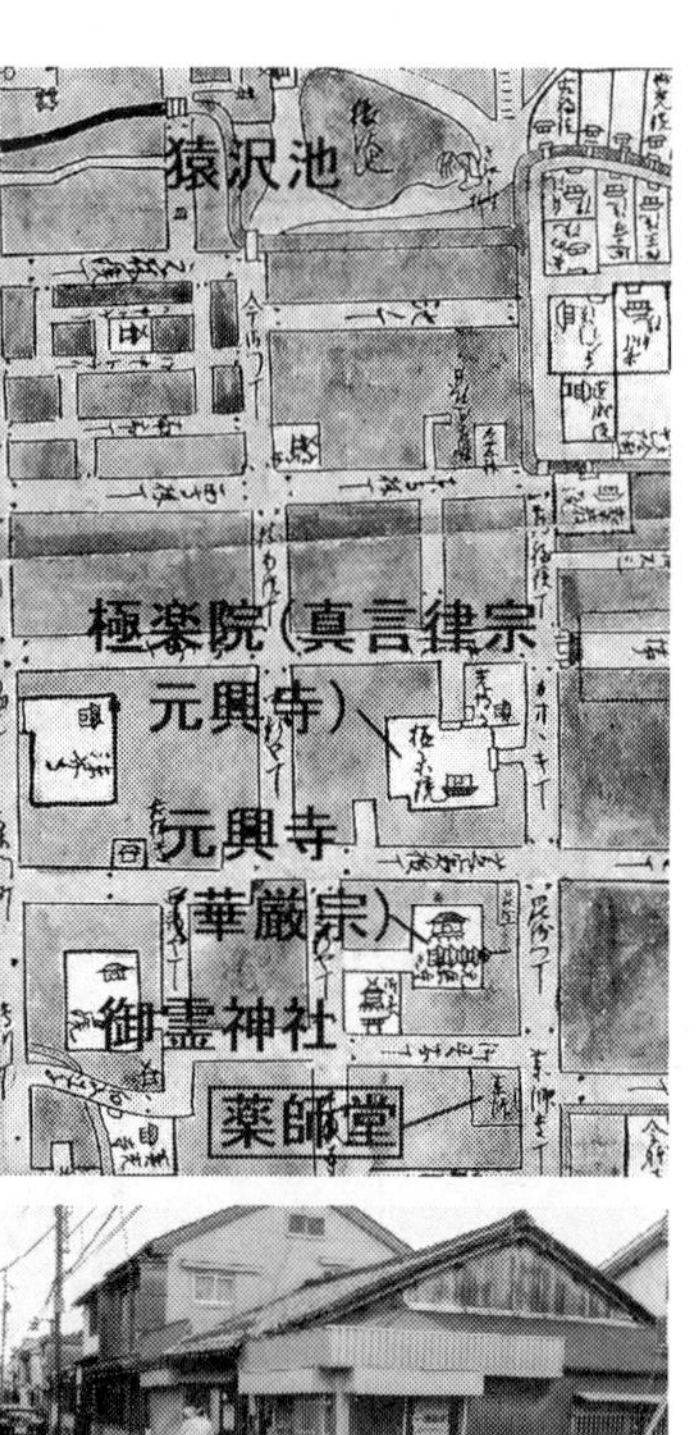

図37（上）奈良町絵図（奈良市史料保存館所蔵）に表された薬師堂＝名称を挿入した

写真31 薬師堂があった場所＝北東側から著者撮影

（釘貫）の番人小屋である番屋（番所）が会所に先行して現れ、それが都市化の進行とともに町会所に転化したと説かれる(6)。薬師堂町で両者が併存しているのは興味深い。

薬師堂の廃絶後、本尊・薬師如来像は近くの鳴川町の融通念仏宗・徳融寺に預けられて観音堂の客仏となった。徳融寺にそのとき増築した観音堂の棟札＝写真32が保存されている。表は中央に「奉再建観音薬師両堂　諸病悉除如意満足祈◯（願か）」と書き、「明治四十五年四月四日上棟」の日付と寄付者、大工、十三世住職（先々代）らの名を記す。裏には「従前（以前）三間四面の小堂だったが、薬師如来を安置することになり、二間を増築した。この薬師如来は薬師堂町から預かる。明治四十五年二月六日、町総代と吉村長蔵氏が一緒に来て依頼を受けた」とあり、事情は明らかだ。

一緒に保管されている黒漆塗りのお札箱＝写真33には蓋に「[梵字]（バイ）（薬師如来を表す梵字）奉修薬師如来護摩供息災延命」云々の文言と「薬師堂千光寺」の名が刻まれている。千光寺という寺号もあったことがわかる。

観音堂は近年建て直されたが、薬師如来像＝写真34は本尊・子安観音像と並んで立派な厨子に祀られている。寄木造り漆箔（しっぱく）（漆を塗り金箔を貼る技法）の坐像で高さ約八七チセン。眼は彫眼（ちょうがん）で、鎌倉時代に主流となる水晶を

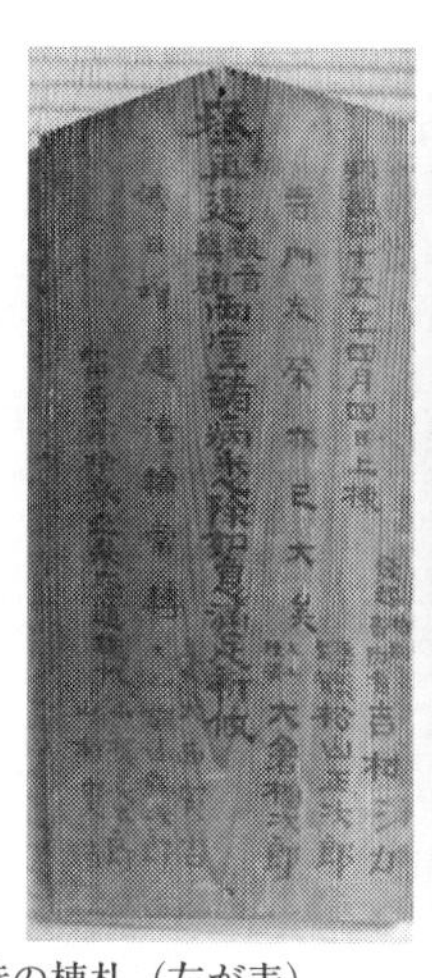

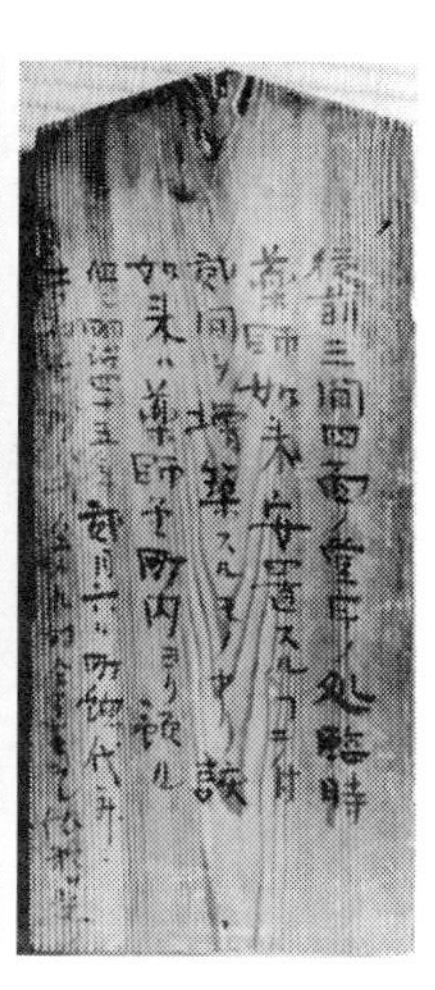

写真 32（右）徳融寺で観音堂が増築された時の棟札（左が表）
写真 33（中）お札箱と表に刻まれた文字
写真 34（左）旧薬師堂の本尊・薬師如来像。平安時代の貴重な仏像＝ともに勝野一氏撮影

瞳にはめ込んだ玉眼（ぎょくがん）とはなっていないことなどから平安時代（一二世紀）の作で、飛天を表した光背も平安時代後期の様式という。

堂々とした姿は郷の堂にあった像とは思えず、奈良町の歴史の厚みを物語る。右腰の脇に「千光寺」、脚部の内側に「薬師堂町共有物」という墨書があり、棟札とあわせて由緒は明確だ(7)。今も毎年七月一二日には薬師堂町の人々によって「薬師如来夏祭り」が行われている。

徳融寺が預かる以前は薬師堂町の近くの寺に預けられていたという。薬師堂がいつ廃絶したかは不明だが、建物が傷んで修理できず、取り壊さざるを得なくなったような事情が推測できる。

中世以来、近代まで薬師堂町の四つ辻の西北角に「郷の堂」である薬師堂が所在し、しかも記録や絵図、旧本尊などでそれが裏付けられるのは稀なことで、奈良町の会所のルーツをたどるうえで貴重な例となる。

## Ⅲ．会所の形態―京坂との比較

奈良町の会所は村井古道が拙解や『南都年中行事』で指摘するように中世以来、神仏を祀っているところが多い。谷直樹ほか「旧奈良町の会所建築について」（『大阪市立大学生活科学部紀要』32、1984年。『町に住まう知恵』所収）は奈良町の会所を分類して①堂が会所となる仏堂型②神社を祀る神祠型③神仏を祀る仏堂・神祠型④一般の家と変わらない町家型――の四類型を提示した。

慶應三（一八六七）年の『近世風俗志』（喜田川守貞著。『守貞謾稿』ともいう）に興味深い記述がある。

「京坂の市民、毎坊（町）会所を設け、事ある時、自他の町人ここに会して事を議す。大坂も同前なり。けだし京師（京都）の会所守は髪結を常の業となす。故に宅表を髪結床とし、坐敷を会合の席とす」

「また大坂の会所は、市民と軒を比したる一戸を有地町人（地主層）より造り、諸費を弁じたり。またその留守（番人）を会所守と云ふ（略）会所守、昔は京師と同じく髪結を兼ねたり。今は別に髪結ありてこれを兼ねず」

＝岩波文庫版の同書（一）より

奈良町の会所とは様相が違う。建築史家の川上貢は「近世における町と村の会所」（『建築指図を読む』、1978年、中央公論美術出版）で▽江戸時代の京市中の町会所▽大徳寺門前の六カ村にあった寺庵が起源の惣堂▽神仏を祀る奈良町の町会所――を比較して、「近世の京市中の町会所と近郊農村の惣堂は呼称、形式、規模の点で全く別のようにみえるが、奈良町の町会所を両者のなかだちにして考えると、惣堂は中世的形態をその農村的環境のなかに多くを保持しており、他方の町会所は近世の都市形成の過程のなかで、中世の原初的形態に源を発しながら都市環境のなかで大きく変貌したものと言える」と指摘した。

前述の「会所で神仏を祀るのは昔の一村一郷の草堂集会の余風である」という『南都年中行事』の記述と同じ趣旨の記事が拙解の井上町の条にもある。

「凡そ南都の町会所は或いは神社或いは仏像堂宇各々あって、天正慶長年前はまだ民家が斉しくなく、多くは孤邑（孤立した村が）一郷をなす。それで神宮寺或いは草堂が会合所となる。それで町並が繁多になっても猶その余風があると云う」

村井古道はこの二著を通じて川上の見解を先取りしていたことになる。

谷直樹・増井正哉編『まち　祇園祭　すまい』（1994年、思文閣出版）の第2章「町会所と会所飾り」（谷直樹）によると、京都市中では約四百年前に町会所の存在が確認できる。鶏鉾町文書の「定法度起請文」＝文禄五（一五九六）年七月八日付＝に以下の規定がある。

一、毎月六日に御汁有る可き事（以下二条略）

一、会所に於いて談合之刻罷り出ず、以来何かと申し候とも承引あるまじき事（以下略）

「御汁」とは毎月交代の世話人が汁だけを用意し、参加する人々は飯や副食物を持参して会食した習わし（汁講）を指すと考えられ、手元不如意の公家の風習が町方にも普及したのではないか。

明暦元（一六五五）年、京都所司代牧野親成は「毎月二日、宿老町中ともに懈怠（怠ること）無く寄合を仕り、諸事吟味致すべし」との触状を出し、翌二年には「最前触れ知ら令しむごとく毎月二日会所に於いて諸事吟味致すべし」と重ねて触れている。各町を行政組織の末端に位置づけようとしたもので、寄合が制度化されたことで多くの町に会所が設けられるようになったとされる。

京都の会所といえば祇園祭の山鉾町の会所が思い浮かぶが、谷は「とりわけ下京の中核をなしていた山鉾町では、周辺の他の町にさきがけて町会所が成立していたことを思わせる」としている。

近代になると町会所の役割も薄れ、加えて会所の土地建物を共有するという所有形態が認められなくなり、多くの会所が姿を消した。祇園祭の山鉾町の会所は、祭礼に特化した専用施設となった。

これらの山鉾町の会所では、占出山（うらでやま）町会所（神功皇后宮）や三条町会所（八幡宮）のように敷地内に立派な社殿を設けるところがあり、奈良町の会所との共通項を見出すことができる。しかし、谷は「奈良町と比べると、はやくから都市化がすすんでいた京市中の町会所は（略）通りに面しては一般の民家とかわらない町有借家がたてられ、敷地の奥に別棟の会所座敷がつくられている」と指摘し、中世の形態を残す奈良町の会所との違いを説明している。

註

(1)土本俊和、1964、「中世奈良における郷の形態」、『日本建築学会計画系論文集』495号
(2)谷直樹、2005、『町に住まう知恵』、平凡社
(3)永島福太郎、1963、『奈良』、吉川弘文館
(4)高田十郎、1943、『奈良井上町年代記抄』、桑名文星堂
(5)谷直樹、前掲書
(6)早見洋平、2005、「近世初期京都の会所と番屋」、『建築学会計画系論文集』590号
(7)奈良市教育委員会、1985、『奈良市彫刻調査中間報告』（その3）

# 第六章　奈良町の辻子・突抜を考える

辻子(図子)と突抜は、京都や奈良に残る珍しい地名です。地元の人以外にはあまり知られていません。

辻子は、旧平安京と旧平城京・外京の地で古代末期から中・近世にかけて町が発展していく中で、旧条坊の街区の枠を越えて新たにつけられた道とされています。両側に町並みが形成されて町ともなりました。道と町とが重なるのでしばしば混用され、「辻子町」という町名が残ります。

突抜は辻子と形態が同じで、辻子の近世的な名称ともされています。京都市下京区には「天使突抜」という古くからの地名とは思えないユニークな町名があります。

この章では、中・近世の史料や文献を手がかりにして、奈良町における辻子と突抜のかたちを探り、代表的なものを紹介します。さらにその起源や性質をめぐり、歴史地理と建築史・都市史の研究者との間で展開された論争を取り上げ、奈良町で史料に初めて現れ、所在について説が分かれる「押上辻子」はどの道を指すのかを考えます。

※辻子と突抜は奈良町の全域に存在するので、この章では前章と同じく狭義の「ならまち」ではなく「奈良町」と表記します。

# Ⅰ．辻子・突抜を巡る─伝説や歴史をとどめる道

奈良町の辻子・突抜は、室町時代の興福寺大乗院門跡、尋尊筆という最古の奈良町絵図「大乗院門跡領指図」

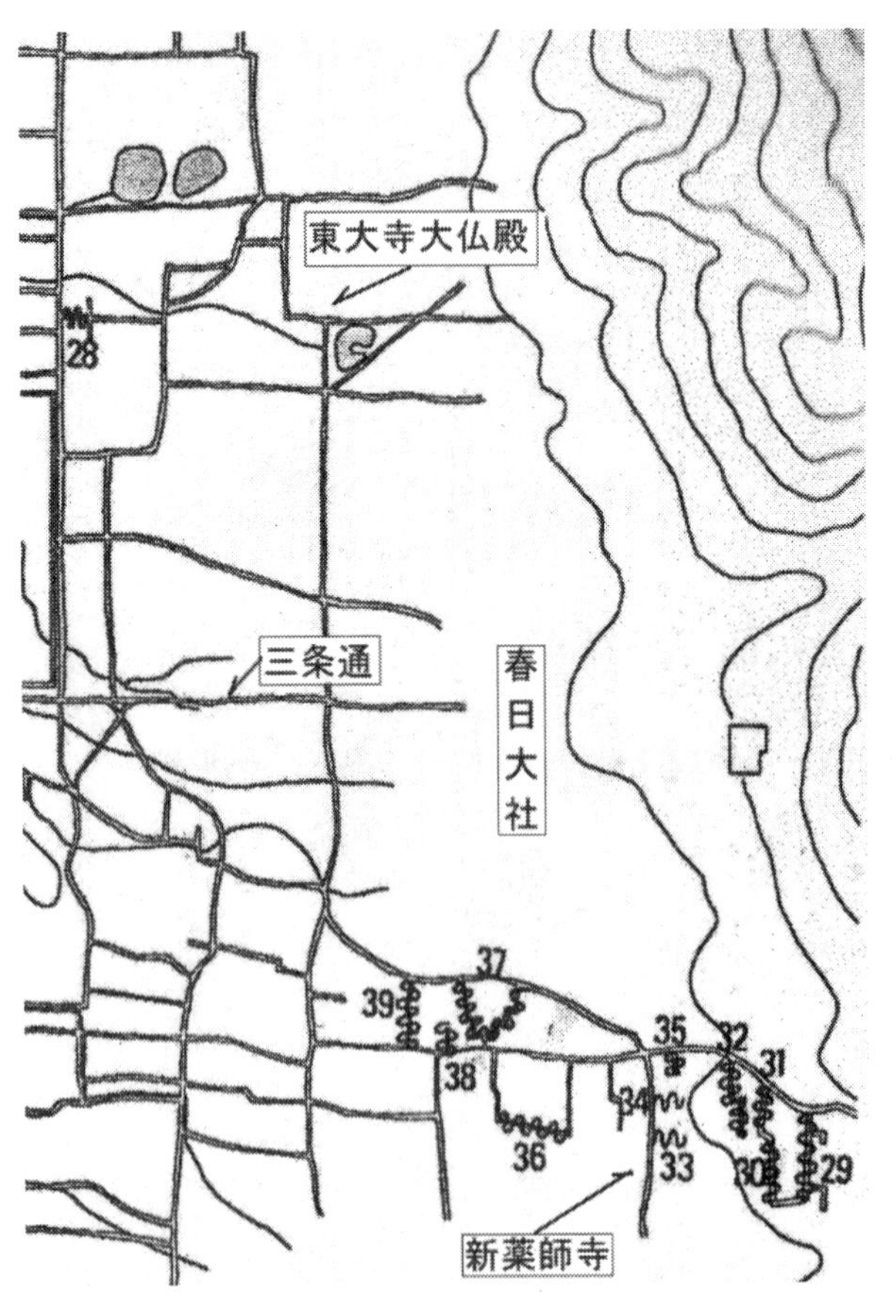

| 23. 今辻子＝今辻子町 | 35. 開之辻子＝開之辻子町 |
|---|---|
| 24. 高坊辻子 | 36. 在自堂（大事ノ）辻子 |
| 25. 金坊辻子 | 37. 松南院辻子＝松南院町 |
| 26.（芝辻町） | 38. 下堂辻子 |
| 27. 飯田殿辻子（稲田辻子） | 39. 塔ノ辻子＝塔ノ内町 |
| 28. 蛤辻子＝尼橋町（蛤町） | 突　抜　町 |
| 29. 景清辻子＝勝願寺町 | 4. 芝突抜町＝弥勒（狐）辻子（再掲） |
| 30. 奥殿辻子（奥殿垣戸）＝奥之辻子町 | 40. 川之上突抜町 |
| 31. 中之辻子 | 41. 大豆山突抜町 |
| 32. 喜虎辻子 | 42. 半田突抜町 |
| 33. 高井之辻子 | 43. 艸突抜町 |
| 34. 神主殿辻子 | |

図38と表13 江戸時代の奈良町の辻子と突抜（山岸常人）＝『奈良町（1）元興寺周辺地区』（奈良市教育委員会）より。現代のランドマークを□内に示した

（大和国小五月郷指図。江戸時代の写本）や、尋尊の日記『大乗院寺社雑事記』（以下、雑事記という）をはじめ、江戸時代の絵図や地誌『奈良坊目拙解』＝享保二〇（一七三五）年。以下、拙解という＝などに登場する。

大乗院門跡領指図に示された辻子を見てみよう。図39のように、西馬場を含めて計六か所が記されている。現在は西馬場の北側の無名の辻子（不審ヶ辻子）以外に辻子の名は残っていないが、内院辻子は納院町、窪辻子は久保町として町割に辻子のかたちを留める。今辻子は紀寺町内の道として残る。西馬場と興陽院辻子はその後、いつの時代かに消滅した。表14は雑事記に記された辻子・突抜の名を著者が抜き出して掲げた。

| 辻　子 | |
|---|---|
| 1. 北辻子 | 12. 蟹ヶ辻子 |
| 2. 菱屋辻子（東寺林辻子） | 13. 唱門辻子＝陰陽町 |
| 3. 不審ヶ辻子（不志賀辻子）＝不審ヶ辻子町 | 14. 聖之辻子 |
| 4. 弥勒（狐）辻子＝芝突抜町 | 15. 南風呂辻子＝南風呂町 |
| 5. 八（蜂）屋辻子＝納院町 | 16. 乾辻子 |
| 6. 巽辻子 | 17. 北風呂辻子＝北風呂町 |
| 7. 棟辻子＝三棟町 | 18. 絹屋辻子 |
| 8. 白山辻子 | 19. 塗田屋辻子 |
| 9. 法界寺（南室）辻子 | 20. 青屋辻子 |
| 10.（南側辻子）（固有名詞ではない？） | 21. 瓜屋辻子＝瓜屋辻子町 |
| 11. 四ノ室辻子 | 22. 百万辻子（霊厳寺辻子も同じか？） |

今度は江戸時代の様子を見よう。『奈良町（1）元興寺周辺地区』（奈良市教育委員会、1983年）のⅡ-4「辻子・突抜・退町」（山岸常人執筆）は、近世の奈良絵図および拙解をもとに存在が知られる辻子・突抜を前ページの図38と表13で示した（原図を東西、表を二つに分割して掲載）。山岸常人は、奈良町の中心部では旧平城京・外京の条坊で規定された街区を貫通するかたちで辻子が存在するのに対して、高畑町周辺では柳生街道から北または南に分岐するかたちで、西部では西へ延長していくかたちで存在していたことを指摘する。

### a．不審ヶ辻子（不審ヶ辻子町）

図39　大乗院門跡領指図に画かれた辻子＝高橋康夫「京都中世都市史研究」所収

| 雑事記に見える辻子 |
|---|
| 1. 今辻子（坂今辻子） |
| 2. 極楽坊辻子 |
| 3. 芝辻子（芝辻） |
| 4. 宿院辻子 |
| 5. 頭塔辻子 |
| 6. 辰巳辻子 |
| 7. 中辻子（郷） |
| 8. 毘沙門堂辻子 |
| 9. 芝辻子（西・東） |
| 10. 不思儀ノ辻子（不思儀之辻子、不思儀辻子とも） |
| 11. 薬師院辻子（薬師堂辻子とも） |
| 12. 湯屋辻子 |

表14 雑事記に見える辻子（著者作成）

中世に存在したことが確かめられる（図39・表14）＝写真35。雑事記によると、この辻子の北側に大乗院門跡の知行地があったので、「不思儀ノ辻子」などという名でしばしば登場する。室町時代か

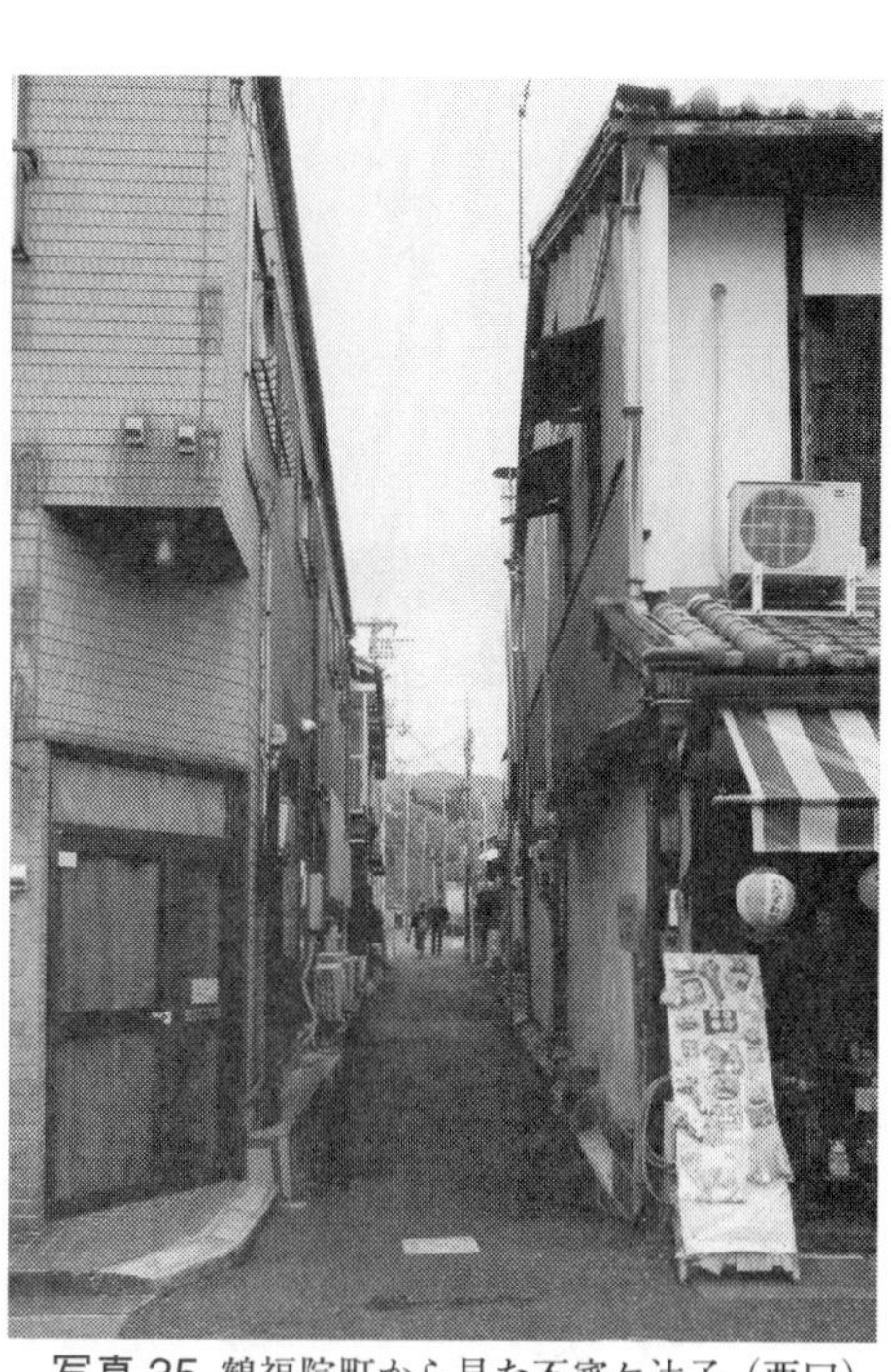

**写真35** 鶴福院町から見た不審ヶ辻子（西口）。車は通れないほど狭いが、東へ行くと少し広がる（著者撮影）

ら近世初頭にかけて書き継がれた興福寺子院の日記『多聞院日記』では「不思議ヵ辻子」という表記となり、それがいつか「不審」に転訛した。辻子を名乗る町名が現役なので、奈良町で最もよく知られる。

その昔、夜になると元興寺の鐘楼に鬼が現れ、人に危害を加えるので、雷の子という強力の法師（道場法師）が退治しようとして逃げる鬼の跡を追ったが、このあたりで見失ったので名づけられたという。元は『日本霊異記』の説話で、敏達天皇の時代、舞台は元興寺の前身、飛鳥寺だったが、平城京で元興寺が建立されて元興寺にまつわる説話となった＝第一章－（2）節参照。

拙解は、この話は飛鳥寺のことなのでこじつけだとしながら、鐘楼は元興寺に移建されたので、その跡に住む鬼が鬼薗山（旧大乗院門跡・禅定院内の山。奈良ホテルが建つ）からこの辻子に通ったので名がついたとも記す。当時は西側の鶴福院町側にしか口がない袋小路だった。

### b．芝突抜（芝突抜町）

旧名は弥勒辻子だが俗に狐辻子と言い、「芝新屋突抜」を略して芝突抜となった。以前は東の鵲町に通じない袋小路だったが、新たに道を開いて行き来できるようにしたので突抜という——と拙解は記す。寛政年間成立の地誌『奈良坊目考』は、さらに具体的に「もとは鵲町にしか口がない袋小路だったが、西の芝新屋町に通行できるように口を開いたので芝突抜町という」と説明する。このような記録が残っているので、Ⅱ-(1)節で述べる辻子と突抜の定義をめぐる論争の舞台ともなった。

狐辻子と言うようになった理由が面白い。拙解によると、昔、この辻子に甲冑師の家があって女たちが紡績(甲冑の組糸を紡ぐ仕事か)をしていたが、ある女が常に白粉(おしろい)を塗って化粧していたので「白狐」というあだながつき、辻子の名になったという。昔、地元の人は「キツネアン辻子」と呼んでいた(1)。

弥勒辻子の名について、中世史家の石井進は辻子の西口の先(現在の奈良町物語館の地)にかつて弥勒仏を本尊とする元興寺金堂があったので、そこから名がついたと推測している(2)。

### c. 鉢屋辻子(納院町)

大乗院門跡領指図には「内院辻子」と記される(図39)。町名は「内院」が「納院」に転訛した。鉢屋は蜂屋、八屋とも書く。室町時代末期の奈良町の豪商、鉢屋紹佐の屋敷があったので名づけられた。

紹佐は初期の高名な茶人でもあり、足利義政が所持したという「四十石大壺」という茶壺や「残雪」という銘の盆石(盆に載せて書院などに飾る名石・奇石)などの名物を所有していた。『多聞院日記』によると、元亀二(一五七一)年七月八日、松永久秀の多聞山城(奈良市立若草中学校の地)で頓死(とんし)(急死)した。中世史家の永島福太郎は「久秀から軍費を要求されたのを渋り、そのために難をこうむったのではあるまいか」と推定している(3)。

写真36 現在の八王子（鉢屋）神社（紹佐屋敷の跡）。右は辻子の道。東側（手前）は更地だが、家があったとき、神社は家の間の狭くて奥行きが浅い路地の奥にあった（東側から著者撮影）

建築史家の伊藤鄭爾は家の間口単位で課税した間別銭の台帳「小五月郷間別改打帳」＝元亀三（一五七二）年。国立公文書館所蔵＝を分析してこの辻子の実態を明らかにした。

それによると、紹佐は辻子の南側に一族と屋敷を構えていた。没後なので「紹佐跡」と記されるが、敷地の間口は九間六尺（二〇・九メートル＝当時の奈良の一間は七尺）あった。一族四人の間口の合計は約六九・一メートルにもなる。辻子の北側にある「カカヘ」（使用人）のための家の敷地の間口は三間一尺（約六・六メートル）だった。当時、奈良の町家の間口は一一尺（約三・三メートル）以下が八〇パーセントを占めていた。鉢屋一族の家は敷地の間口しかわからないが、住居も突出していたのは明らかだ(4)。

拙解は、蜂屋某が子孫に財産を残そうとして井戸を掘り、側に高価な砥石を積んだ。その後、子孫が困窮して砥石を金に換えようとしたが、ことごとく普通の石になっていてその益なく、家は没落してしまった――と記す。

いまも紹佐屋敷跡には八王子（鉢屋）神社がある＝**写真36**。奈良らしく、春日見世棚造（小規模な春日造で、正面の階がない形式）の社殿がひっそりと建つ。紹佐屋敷の屋敷神として祀られたのだろうか。

昔、子どもたちは「ハッチャン辻子」と呼んでいたという(5)。いまは隣地や向かい側が更地になり明るいが、町家が建ち並んでいたころは家の間の小さな路地の奥だった。薄暗く、神秘的な雰囲気があっただろう。八王子の名が、鉢屋から転じたものであることは間違いない。

町角の小さな辻子と社にも中世以来の歴史が秘められている。

### d．百万辻子（百万ヶ辻子町）

拙解によれば、林小路と今辻子とをつなぐ東西の霊巌院辻子の中間にあった。その後、開化天皇陵の南にできた参道で霊巌院辻子が分断されて旧状を失い、町名だけ残った。

今辻子は中世に三条通と北の坂郷（油阪町）とをつなぐためにできた辻子だった。明治二三（一八九〇）年の「奈良町実測全図」（奈良県立図書情報館所蔵）を見ると、百万辻子も三条通と霊巌院辻子とをつなぐ南北の道だったのではないかと思われる＝図40。

写真37 西照寺にある百万の石塔（著者撮影）

百万辻子の名は、狂女物の代表作とされる能「百万」の伝説にちなむ。春日社の巫女(みこ)百万が幼い一人息子を西大寺の法会に連れて行くが、雑踏のなかで見失い、正気をなくしてしまう。百万は我が子を探し求めて各地を放浪し、ついに京・嵯峨野の清凉寺の大念仏会で巡り会い、お互い再会を喜び、奈良に帰ってこの地で一生を終えた。百万辻子には百万屋敷跡が残り、百万の墓という石塔があったという。

石塔はいま、開化天皇陵南側の西照寺に移されている。中世風の堂々とした五輪塔だ＝写真37。

e．菱屋辻子（東寺林町）

東寺林町の東西の通りから中院町へ抜ける南北の道。『多聞院日記』の天正一六（一五八八）年一一月廿五日の条に次の記録があった。（引用文のふりがなとかっこ内は補った＝以下同様）

「寺林雑穀町ニ、辻子ヲ中院郷ノ中程へ道ヲ付テ開之（これを開く）」

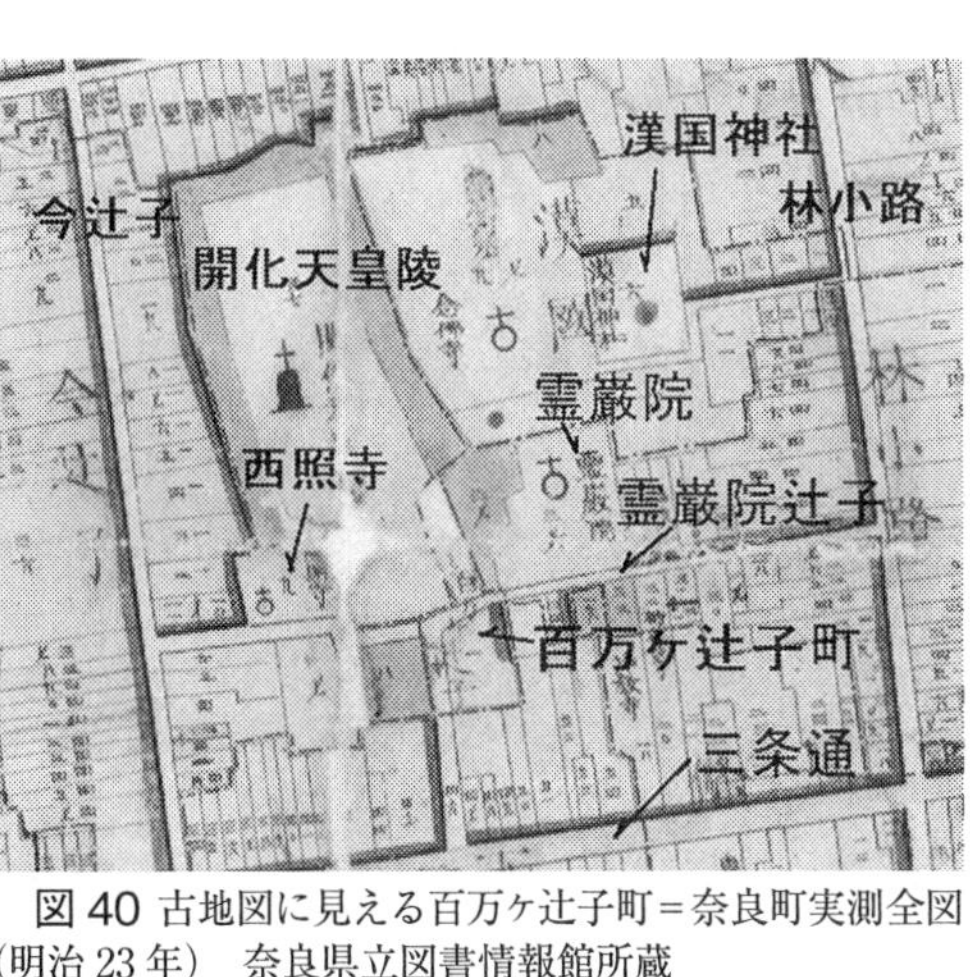

図40 古地図に見える百万ヶ辻子町＝奈良町実測全図（明治23年） 奈良県立図書情報館所蔵

簡潔な記述だが、いつできたかが史料でわかる珍しい例だ。辻子が街区に開かれた道であることをはっきりと物語る。これが菱屋辻子だろうか。

拙解は、東寺林町には南北の辻子があり、南辻子が菱屋辻子だとする。一方で拙解は元興寺中門堂（観音堂）に掲げられていたという板額に記された屋敷売買についての文書＝徳治三（一三〇八）年＝を引用する。そこには「東寺林辻子」という名があって、これだと辻子は一四世紀初めには存在していたことになり、『多聞院日記』の記述と矛盾が生じる。

東寺林町から中院町に通じる辻子は他になく、中院町のほぼ中央という位置からみても、『多聞院日記』の辻子は菱屋辻子だとしか考えられない。『多聞院日記』の辻子は、東寺林辻子が一六世紀後半には荒廃していたので、ほほ同じ位置で新たに開かれたのだろうか。それとも東寺林辻子はもと袋小路だったので、中院町に「突き抜け」た、つまり突抜だったのだろうか。
北辻子は袋小路で、奈良市ならまちセンターの西の境界線付近にあったが消滅した。あるいはこれが東寺林辻子だった可能性もある。

写真38 陰陽町の町並み。右が鎮宅霊符神社。道は西に向かって急な下り坂になる（著者撮影）

## f．唱門（しょうもん）辻子（陰陽町）

拙解は、「南都四家陰陽師居住の一所」だという。東西の道のほぼ中央の北側、白い土塀のうちに鎮宅霊符神社という珍しい名の神社が祀られている＝写真38。

唱門とは唱門師（しょうもんじ）（声聞師。『しょうもじ』ともいう）のことで、唱門道という占いや祈祷をした下級の法師を指す。室町時代の奈良では商人の座のような組織をつくって興福寺や大乗院に属し、門づけなどをして礼銭や礼物をもらう芸能者の支配権を与えられていた(6)。

鎮宅霊符神は陰陽道の神で、近世の地誌『奈良曝（ならさらし）』＝貞享四（一六八七）年刊＝によると、陰陽町には陰陽師の家が十軒あった。町役十三軒とあるので、ほとんどが陰陽師の家だったことになる。町の人は「唱門が辻子」と呼んだという(7)。

『奈良曝』は唱門師について説明し、貧しい陰陽師が世を渡るすべとして唱門師のようなわざをすることがある。ここの陰陽師はそのような者ではないが、そのようなことがあったので世人がそう言うのである。唱門師のようなわざをしていても、由緒がある者であると力説しているのが面白い。

近世の陰陽師は暦師も兼ね、暦をつくって頒布していた。「南都暦」として知られる。

## Ⅱ. 浮かび上がる辻子・突抜の輪郭

### (1) 先行研究と論争

辻子・突抜は京都、奈良の地名として知られているが、それが何かを知る人は少ない。研究そのものも少数に止まり、その起源や性質をめぐって激しい論争も起きた。

辻子について最初に考察したのは日本古代史の坂本太郎だ(8)。

坂本は『史学雑誌』三九ノ四(1928年)に「辻子について」を発表し、京都で滞在中、辻子(図子)の名を聞いて「実に不思議の思いを抱かざるを得なかった。『づし』の語によって示される概念に器物としての厨子以外に何物かがあろうとは夢想だにしなかった」と前置きして、地誌『京羽津根(きょうはつね)』=元治元(一八六四)年刊=などで「辻子」の語を探り、以下の分析を示した。

一、東西南北に通じていた。

二、小路だった。

三、原則として通り抜けがあった。

四、辻子が町とも呼ばれる場合があった。
五、辻子と町とはしばしば混用された。
六、あくまで一筋の道であり、十字街頭であるべき辻とはまったくその性質を異にする。

そのうえで辻子の名が中世に遡ることを示し、語源については「つじし」の転訛とした。また、大路小路が交差する「辻」に対して、「子」は名詞の語尾につく接尾辞で、より小なる意味、派生した意味を示し、「辻子」の語が成立したと考えた。

これに平安京の地割に関して辻子に言及した歴史地理の藤田元春の研究[9]が続いたが、本格的な論考は、ずっと飛んで同じく足利健亮(あしかがけんりょう)[10]の「京都の『辻子』とその意味」(藤岡謙二郎編『現代都市の諸問題』に収録。1966年、地人書房刊)になる。

足利は地誌『京町鑑(きょうまちかがみ)』=宝暦一二(一七六二)年刊=と『京大絵図(きょうおおえず)』=寛保元(一七四一)年刊=から辻子を計百例挙げた。次に坂本が指摘した辻子の性質をそれぞれの辻子と突き合せて検討し、「時には辻子と町とが混用されていた」という性質のみが「辻子とは何か」を示す共通の要素だという結論を導いた。

次に本阿弥辻子と実相院町、竹屋辻子と竹屋町など辻子と町との二つの名を持つ二十三例を抜き出し、これ以外にも『京町鑑』の辻子の説明文中に「此町(このまち)云々」という記載が見られて確かに町でもあった例が多いことから、「少なくとも近世においては辻子と町とは極めてしばしば混用されていた」と認めた。

「しかし混用されている事例に沿って問題をこれ以上追求してみても、辻子の性格は把握し得ないようである。混用されていたということは、かえって両者がなかなか帰一しにくい別物であったことを意味している」と述べ、「必要なことは町と辻子との違いをはっきりさせることである」と強調する。

そして「両者の関係を示す好史料」として「くちなわの辻子」に関する『京町鑑』の次の記述を挙げた。

「松原通六道より一町程北へ行(く)筋、俗にくちなわの辻子とて北は安居(井)御門跡前へ出る筋、今悉く町となる」

足利は「単なる道＝辻子と、町との使いわけはよく記憶しておかなければならない」「くちなわの辻子は最初、珍皇寺(東山区)の横を通り抜ける一本の行きぬけ道に過ぎなかったものが、次第に両側に家並みを呼び、遂に『町』、厳密には『町通り』に変じた有様が、無理なく理解できる」と述べた。

辻子の圧倒的多数が寺之内・寺町・下寺町など寺社集中地区に集まり(中略)少なくとも或る数の辻子は寺社・邸宅に関連して起源した。(中略)それは、そこに「町」がなかったからである——と指摘した。

さらに「図子(辻子)町」の地名が現在も残る八例のうち七例が集中する烏丸通以西、一条通以北の地域の辻子を分析し、「六例までが、寺社・邸宅の旧地に当たり、そこから起源して次第に両側に家並み＝町を形成し、遂に、道を意味するにすぎなかった辻子と町とが合して図子町の名称を残すに至った」として、辻子を次のように定義した。

「辻子と町との違い、つまり辻子は単に道であって、それに向かって町(町並み)・寺(寺並み)・大邸宅等がその主要な頬(簡単に云うと正面)を、しかもかなり独占的に向けているといった道以外のものにつけられた名称である」(傍点は著者。かっこ内は原註)

足利の説に真っ向から異を唱えたのは建築史・都市史の高橋康夫(11)だった。

高橋は「辻子　その発生と展開」(『史学雑誌』第八八編六号、1977年)で、足利の説について、「氏の結論は私見によればまったくの誤りである」と言い切って議論を展開した。

足利が主として近世の史料に拠ったのに対して、高橋は平安時代末期以降の史料の分析を通じて次の見解を示した。

一、辻子の初見は平安時代末の保元二（一一五七）年の文書まで遡る。そこには私領の境界として「右京四條南室町東辻子」と見える。

二、辻子は新たに開発された道であり、平安京の条坊制にもとづく道路体系とはまったく異質な道である。

三、平安京の条坊制が当時変容しつつあり、辻子はその状況の中で新たな都市動向―新市街の形成―の一契機となっている。

四、室町時代の辞書『節用集』には「図子」と見え、公卿の日記には「通子」、「厨子」も用いられる。江戸時代には「図子」の用例が多い。

五、発音は『節用集』は「ヅシ」を挙げ、他に鎌倉時代の史料などから鎌倉期には「づし」・「づじ」のいずれかだったと考えられ、「づじ」から「づし」へと変化したとみるべきだ。

六、辻子と辻とは古くから混用されてきた。辻は「辶」（道を行く意）と「十」とを組み合わせた国字（著者註：日本で作られた漢字）であり、平安、鎌倉時代の辞書には「十字」を見出し語に挙げて「俗に辻を用いる」としている。辻は十字から出た語と考えられ、結局、十字・辻・辻子は同じ発音だったと認められる。辻子はこの十字の訓み「ジフジ」が転訛して「づし」になった。

高橋は「辻子が（中略）少なくとも平安時代末頃から新たに開発された道として現れ、辻子の新設は新たな街区の開発であったことを示唆した」として、中世奈良における辻子の形態にも言及した。

突抜については、奈良の芝突抜が弥勒辻子という旧名を持っていたという拙解の記述をもとに、「辻子＝突抜であると同時に、辻子から突抜への用語変遷の傾向の存したことを意味している」とした。京都では、天正の豊臣秀吉による市街地改造で突抜が開発手法として大々的に用いられたことを論じた。

「要するに、京都および奈良における辻子あるいは突抜と江戸における新道とは、都市内部空間の高度利用、すなわち都市再開発を目的として新たに開発された道である事実に何の相違もなかった。結局、突抜も新道も、ただ辻子の近世的表現にほかならないのである」というのが高橋の結論だ。

異分野から思わぬ批判を浴びた足利は、「辻子再論」（『奈良県立橿原考古学研究所論集』五、1979年）、および「突抜考―歴史地理学的史料批判」（『大阪府立大学社会科学論集』一一・一二合併号、1981年）で反論した。「辻子再論」の議論は京都、奈良以外に宇治や大津などにも存在した辻子に及ぶ。足利の立脚点はあくまで「辻子とは単なる道であって町（町通り）ではない」「町通りでないもの、町通り以前の段階にある道」という主張にあった。奈良にも紙幅を割いており、中世の興福寺領「今辻子郷」について、「今辻子が通じ、次いでその道に家並みが付着したから『今辻子郷』が成立した」と述べている。

「突抜考」は『京町鑑』や京都大学所蔵「寛永後万治前洛中絵図」（京大工頭中井家旧蔵）をもとに突抜を京都で二十六例挙げ、奈良の四例とともに考察する。足利の立論にも芝突抜が重要な位置を占める。

足利は『奈良坊目考』（寛政年間成立）が芝突抜町について「当町小名狐ガ辻子と号す　芝新屋従り鵲町へ通ず小路なり　仍って芝突抜と曰う」「当町ハ旧年（昔は）鵲町之枝郷にして東口計なり西方新屋町へ通じず　中世西の口開く　是に於いて芝突抜（を）号とす（下略）」と記すのに注目した[12]。

もとは袋小路で口は鵲町の側にしかなかったが、中世（あまり遠くない昔を指す）に、芝新屋町に通じる西の口を開いたので通り抜けできるようになり、芝突抜町という町名が生じたという内容だ。

高橋はこれを辻子＝突抜の例であり、突抜は辻子の近世的表現としたのに対して、足利は「『突き抜く』という『営為』の観点からの名称が加わっただけのこと」と断じ、「単に突き抜くだけではなく、既存の道の先が延長されて他の既存の道につながる、その延長してつなげる営為が、突抜の道路名を生じさせた」と述べた。秀吉の京都大改造との関連も否定した。

辻子と突抜についての足利の結論は次のようにまとめることができる。

一、突抜は突き抜くという営為、あるいは突き抜いたという営為が名称となったものであるのに対し、辻子は町又は町通りでない状態の道ということで、両者は全く無関係の観点から命名された。すなわち語義はまったく異なる。

二、突抜は袋小路ではあり得ないが、辻子は袋小路である場合も、通り抜けの場合もある。従って形態も無関係と言わざるを得ない。

三、ただ、ある共通点がある。突抜は新しく開かれた道であるから町通り化するまでに時間がかかるので、実態において辻子と変わらない。時々突抜が辻子の別称を持つのはそのためだが、それは語義や形態が類似しているなどというものではない。

### （2）論争をどのように考えるか

坂本の論文は辻子について初めて考察した先駆的かつ孤立した業績だった。前節では触れなかったが、中世鎌倉に存在した「宇都宮辻子」についても論じ、鎌倉幕府は南北の若宮大路と東西の宇都宮辻子で区切られた辻に所在したことを明らかにした。しかし、古代史の泰斗だったにも関わらず、「本稿は学界ではまったく問題にされず、鎌倉幕府が宇都宮辻にあったという通説は長い間改められなかったが（中略）、『鎌倉市史』総説編が初めて宇都宮辻子説を樹て、幕府の位置を明快に説明していることは欣快おく能わない所である」と追記に書くように、長い間埋もれていた。宇都宮辻子に関する説は認められたが、辻子そのものに対する考察は足利が再び取り上げるまで本格的に論及されることはなかった。

足利は、辻子・突抜について書いた論考を改稿・改題して収録した論文集『中近世都市の歴史地理 ― 町・筋・辻子をめぐって』（1984年、地人書房刊）のはしがきで、「辻子という対象の意味は、解いてみると簡単きわまりない話になった。それ故、二度とそのテーマに関する論文を書くこともないであろうと思っていたが、しばらくして建築史学畑の高橋康夫氏から、辻子の意味に関する私の解釈は『まったくの誤りである』と、『完全否定』のやいばをつきつけられることになった。驚いて『史学雑誌』に載った同氏の論文を精読したのであるが、結果は高橋氏こそ辻子の原義をまったく知らずに乱暴な論文を書いておられることがわかった。（中略）改めて各地の事例をも加え、辻子の意味をくわしく再説して高橋氏論に応え、論破することを行った」と述べる。

しかし、「京都の『辻子』とその意味」で展開された足利の議論には納得できないものを感じる。

足利は、辻子と町との混用のみが「辻子とは何か」を示す共通の要素であると結論し、混用された二十三例以外にも「極めてしばしば混用されていた」と認めた。ところが、混用された事例に沿って問題をこれ以上追求しても、辻子の性格は把握できない。かえって両者がなかなか帰一しにくい別物だったことを意味する――と述べて、議論の舵を「辻子と町とは別のもの」という方向に転じた(13)。

足利が辻子と町とは別物という根拠に挙げたのは、前述のように「松原通六道より一町程北へ行(く)筋、俗にくちなわの辻子とて(中略)今悉く町となる」という『京町鑑』の一節だった。足利は「辻子は本来は町並みを付属させていなかった」と述べる。辻子は、初めは単なる道だったという意味ではこれは正しいだろう。だが、この一節から辻子と町とはなかなか帰一しにくい別物という結論を導くのは、結論自体を含め疑問があるのではないか。

わかりやすいように、昔は単なる道だったが、両側に次第に店ができて今は商店街になったという例で考えてみた。京都・寺町京極商店街や大阪・心斎橋筋商店街のような有名どころも同じ経過をたどったはずだ。このように道(通り、筋など)の名がそのまま商店街の名となることも、そうではなくて地名や全く別の名となることもあるだろう。

しかし、いずれの場合も道は道であり、商店街が道に置き換わった、つまり別のものになった訳ではない。道に商店街ができた、あるいは道に商店街という別の形態が重なったということだ。

この道を辻子、店を家、商店街を町と言い換えても、まったく同じことではないだろうか。

建築史・都市史の小寺武久は、通りと町とは本来異なった次元のもので、辻子も例外ではない。従って辻子と町は両立しうる――と述べ、「辻子は比較的短い道である場合が多く、辻子名がそのまま町名になっていることもあり、一方、町の成立後、辻子名が失われた例もあろう。しかしこの場合も、辻子が町になったのではなく、辻子に町が成立したというべきである」と指摘する(14)。

足利は先に引用したはしがきで(辻子とは何かという『問題』の)答は「或る日突然に頭に浮かんだ。(中略)辻子が『今ことごとく町になる』と表現されていたことをふと思い出し、その一瞬、辻子とは『町通り』になる前段階の道を指すのだという正解を直感することができた」と率直に記す。「辻子は町でないから辻子なのであり、町は辻子でないから町なのであった」(『再び「辻子」について』＝『辻子再論』を改稿)という議論は、この直感に基づくものだろう。辻子と町とが極めてしばしば混用されていたことを認めながら、この事実にそれ以上目を向けなかったのは、結論がすでにあったからではないだろうか。

辻子は街区に新たに開かれた道であり、辻子の名はそのような形態の道を呼ぶために生まれた。足利の論は、平安時代末期以降、京都や奈良に町が形成されて行く中で、「何のために辻子ができたのか」という視点を欠いているように思われる。

史料や文献、地図で知られる辻子は限られる。名が残っていないので論証は難しいが、いま知られている辻子以外にも名が忘れられ、あるいは初めから名がなかった「辻子」は数多くあったと考える方が自然だろう。次節で述べる今小路のように、形態は辻子と同様なのに小路と呼ばれた例もあるはずだ。

これらの大半は時とともに家並みが張り付き、辻子であり町であるという図式は成立したのではないか。また、町並みなどは付属させておらず、単に通り抜けだけの道という場合も、辻子の目的ないし性質に適うものだろう。足利が挙げた裏寺町など寺社・邸宅集中地区の辻子はその例となる。

「辻子という道の発生を平安京の変容過程の現象の一つとして理解し、それが新たな道の開発＝新たな街区の形成である。この新しい街区が、中世奈良においては辻子『郷』として、中世京都においては辻子『町』として展開して行く」という高橋の論は、古代の平城京や平安京の条坊を土台にして中・近世の町が発展していく動態をとらえていると考える。古代から中世の史料を駆使した立論も説得力がある。

現代でも事情は同じではないか。市街地の街区を再開発して住宅分譲したりするときには、既存の道路とつなぐため、しばしば新たな道がつくられる。街区が大きければ通り抜け、小さければ袋小路ないしループ状道路になるだろう。これらは現代の〝辻子〟と言えるのではないか。

### (3) 押上辻子の所在をめぐる問題

高橋は奈良の辻子の史料上の初見として建久八(一一九七)年の「僧金徳家地売券(『東大寺文書』二)」に見える押上辻子を挙げた(『鎌倉遺文』九一四)。

「沽却　家地事
　　合参間者　捌尺間貳間　丈間壱間
　　　　　　奥捌丈肆尺
　　在東大寺國分郷押上辻子之内　南邊(辺)
　四至　限東文殊丸領　限南喜殿中垣
　　　　限西蓮臺房領　限北類地
　　(本文及び年月日、差出人は省略)」

僧金徳が三間(間=間口)分の家地(八尺間二間、一丈=一〇尺間一間、奥行きはともに八丈四尺)を売り渡した証文で、高橋は、「押上辻子が南北方向の辻子であり、しばらくして国分郷が押上郷と名称を変えることからすれば、押上辻子はこの郷の中心地域だったと見られる」とした。ただし、辻子の具体的な所在には触れなかった。

これに対して足利は、「辻子再論」で南北方向であることは認め、旧平城京・東京極大路（東七条大路。現在の国道369号線）の国分郷に属する部分を押上辻子とした。足利はこの道が奈良坂から木津を超えて京に至る街道（京街道）であることは承知したうえでこのような考察を行った。そして永島福太郎の研究を援用して、東大寺郷に属する転害、今小路、中御門、国分の四郷のうち、今小路を除く三郷は東大寺の西面にあった三つの門の門前郷であり、各門から西に延びる道を「町通り」として成立した——とした。

国分郷に関して言えば、それは国分門に通じる旧平城京二条大路であり、だから郷の名前ともなった。しかし、押上辻子は国分郷に属する限り、二条大路の横丁でしかあり得ない。それゆえにここは「押上辻子」と呼ばれたのである。道の広狭、新旧の故でもなく、ただ町通りでない故に辻子と呼ばれたが、街道の一区間だったのでやがて家並みが張りついて町となり、国分郷の名に代わって郷を称するに至った——と説いた。

押上辻子は果たして南北の辻子だったのだろうか。足利は南北の辻子とする高橋の説を疑いつつ、「現代の地図等によってその見方に従う」として論を展開した。

確かに近世以降の地図を見ると、押上町（郷）内に南北の道は旧東京極大路である京街道しかない。しかし、もと大路であり、京と奈良とを結ぶ主要な街道なので一本の道として認識されていたはずだ。その一区間が、辻子の名で呼ばれたというようなことがあっただろうか。

高橋が押上辻子を南北の道とした根拠は「押上辻子南邉（辺）」という語と考えられるが、「南辺」は南北だけでなく東西の道も想定できるのではないか。工藤圭章も東西の道だったとする（後述）。

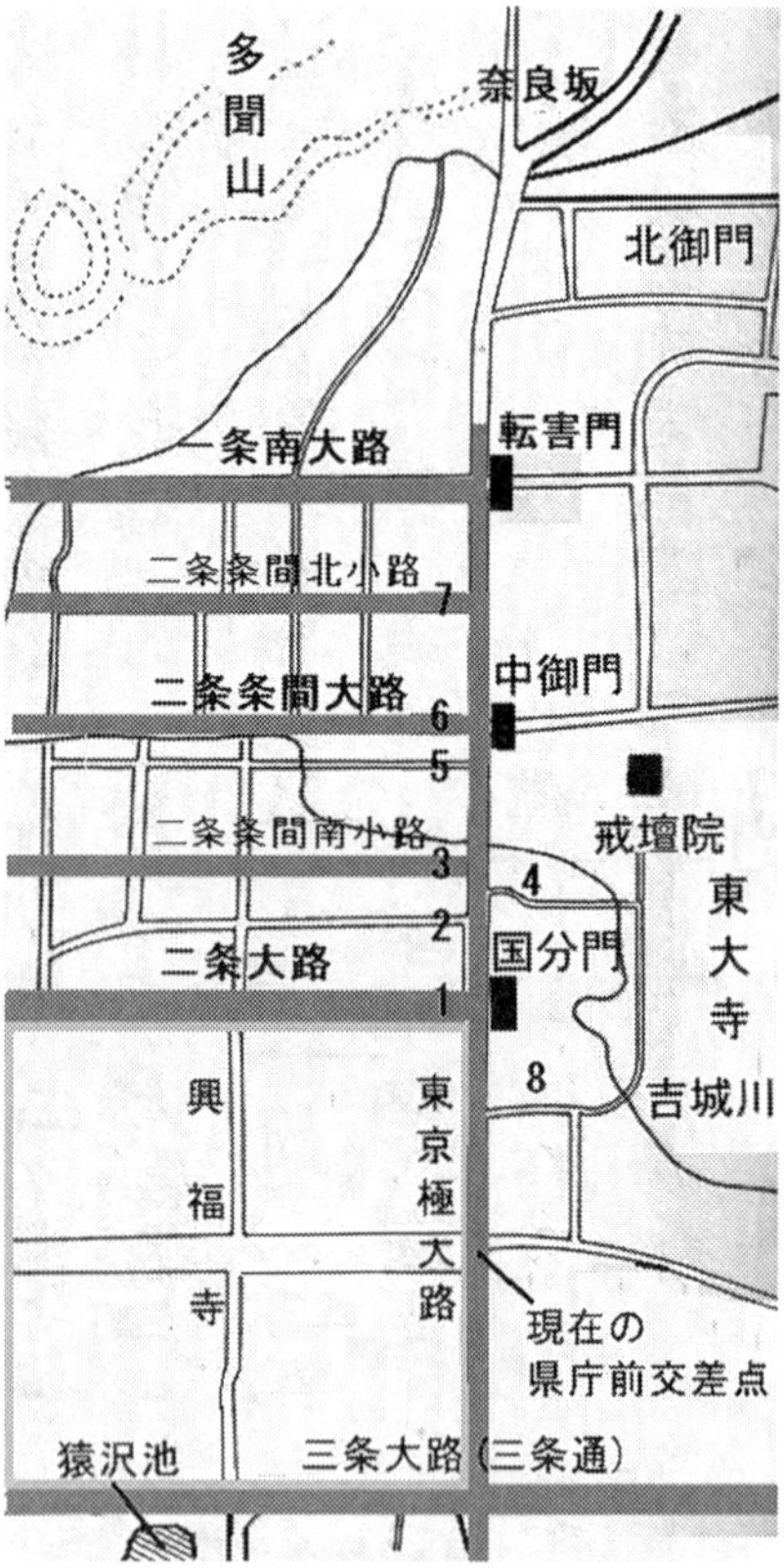

図41　押上郷を中心とした道＝安田次郎『中世の奈良』所収の図と『平城京条坊総合地図』（奈良文化財研究所）を参照して作成。塗った線は条坊の道路を示す

押上辻子は東西の道であり、西の南半田中町へ延びる図41の道2か、あるいは一本北の北半田中町へ延びる道3のいずれかではないかと考える。

拙解は、北側の今小路町の道7の起源について興味深い話を伝える。当初、京街道の東頬（ひがしつら）（東側）は東大寺の寺地で築地塀があったので西頬（西側）にしか家並みがなかったが、町の中間に東笹鉾町に通じる東西の道「今小路」を開いて今小路町と号したという。名は今小路でも形態からは辻子そのものであり、これにより今小路の両側に家並みが形成されて町（郷）の中心になり、町の名となったのだろう(15)。

道3は現在の押上町のほぼ中間にあたる。今小路町の例を考えると、押上辻子は道2より3である可能性が高いと考える。

国分門は東大寺の西大門で、二条大路で平城宮の正門・朱雀門とつながるので東大寺の正門とされた。規模も南大門より大きく、「金光明四天王護国之寺」の額を掲げた。平重衡による治承の兵火や鎌倉再建の大仏殿を焼いた永禄の兵火も免れたが、天正一一（一五八三）年に大風で倒れた(16)。

国分門があったので道1を中心に門前郷が形成され、郷の名となった。しかし、道1は南側の興福寺の寺地と接しており、当初の家並みは北頬だけだったと考えられ、「両側町」となりにくかったのは郷として発展するうえでマイナスだった。

鎌倉時代以降、京街道の往還が盛んになるにつれて道2や3が辻子として開かれて次第に家並みが張り付き、郷の中心になったのではないか(17)。道1は現在の押上町では南端に過ぎないのは、このことを雄弁に物語る。建久年間には郷内の一辻子だったのに、それが郷全体の名となったのは、このように考えるとすんなり理解できるのではないか。

『奈良市史』建築編（奈良市、1976年）所収の「南都の街区のなりたち」（工藤圭章執筆）は、貞和五（一三四九）年の土地売買文書「千代女畠地売券」（東大寺文書）に「辻子奥南連」とあるので「押上辻子」は東西行の辻子であることになるが、具体的な場所は容易に推定できない——と述べる。

さらに、西へ向かえば興福寺領（吐田＝半田郷）に突き当たるので、押上辻子は京街道の東側、東大寺の寺地内に家地を開発するために設けられたのではないかと推定する。一方で工藤は、著者が押上辻子の候補として挙げた道2や、西の川久保町へ延びる道5は辻子的に開発されたとも述べる。

押上辻子が東大寺の寺地内にあったとすれば、郷の名となった辻子が消滅したとは考えにくいから、押上郷（町）内の東西の道は京街道から戒壇院下へ屈曲して延びる道4以外にはない。

しかし、この道は宝永年間、東大寺の公慶上人が開いたと拙解が記す「蛤辻子」にあたる。当時、この西口で火事があり、火にあって口を開く蛤にたとえて名がついたという面白い話を伝える。

奈良県庁から名勝・依水園や戒壇院へ行く道8は東大寺の寺地内に残る東西から南北の道で、水門郷の中心道路となった。明治二三年の「奈良町実測全図」では、ちょうど図41の8の字のあたりに「辻子畑」という小字が記され、この道もまた辻子だったことがわかるが、押上町（郷）から南に外れており、押上辻子とは関係がない。

道2は条坊の道ではないが、道3は二条条間南小路にあたる。しかし、大路と違って小路は都が長岡京、さらに平安京へ遷った後に荒廃した可能性が高いと思われ、二条条間北小路だった今小路（道7）と同様に、道3が中世に新開の押上辻子となったと考えてもよいのではないか。

## 註

（1）増尾正子、2003、『奈良の昔話』奈良町編、ブレーンセンター。増尾は元興寺町の老舗、砂糖傳商店に生まれ育ち、奈良町のくらしや伝承の語り部として興味深い話を多数書き残した。店の向かい側は鉢屋辻子の西口にあたる

（2）石井進、2000、『中世の村を歩く』、朝日新聞社（朝日選書）

（3）永島福太郎、1963、『奈良』、吉川弘文館

（4）伊藤鄭爾、1958、『中世住居史』、東京大学出版会

（5）前掲、奈良の昔話

（6）安田次郎、「にぎわう都市の寺院—奈良町の新浄土寺」（五味文彦編『都市の中世』、1992、吉川弘文館）所収

（7）奈良曝（第二回）、『大和志』第三巻第十一号、1936、大和国史会

（8）1901～87年。東京大学教授、史料編纂所長を務めた。日本学士院会員。文化勲章を受章

（9）藤田元春、1930、『平安京変遷史』、スズカケ出版部。平安京の一坊を四×四の十六に分けた一町（平城京の一坪に相当。約一二〇×一二〇メートル）をさらに東西四、南北八に分割した「四行八門制（しぎょうはちもんせい）」の宅地割で、一町の中央を南北に通す小径（しょうけい）（こみち）を辻子と考えた

（10）1936～99年。京都大学教授、人文地理学会長を務めた。主著『日本古代地理研究』（大明堂）

（11）1946年～。京都大学教授、花園大学教授を務めた。主著『京都中世都市史研究』（思文閣）

（12）足利が『中近世都市の歴史地理』第九章の二「奈良の突抜」で、芝突抜を論じて「新屋町」に「あらや」とルビを振っている

のは頂けない。中、西、芝の三新屋町とも訓みは「しんや」である

(13) 混用されているのは、両者が同一ないし概念が重なるからと考えるのがむしろ普通ではないか。一例として近世の天皇の御座所である内裏と禁裏（禁中）、御所を挙げる。「上杉家本洛中洛外図」（一六世紀後半、国宝）は「内裏」、「京大絵図」は「禁裏」、「文久改正内裏御絵図」（江戸東京博物館所蔵。傍点は著者）＝文久三（一八六三）年＝は「禁裏御所」とする

(14) 小寺武久、1976、「中世京都の都市空間に関する考察（2）－道路」、『日本建築学会論文報告集』239号

(15) 『奈良坊目考』は「当郷手掻通（手貝通＝京街道）（は）大路にして往昔（昔は）東側（に）人家なし。（中略）按に今小路ハ当通街（京街道を指す）の名にあらず。今、東笹鉾町と称する小路、中世（それほど遠くない昔）新に開発せしめて今小路と呼（ぶ）ものなるべし。其（の）後竟に当郷の名となりたる歟　手掻通ハ左京の京極通にて小路にハあらず」と記す。（かっこ内とふりがなは補った）

足利はこの一節を引用して「当否に直接断を下すことは避けたいが、発想としては同感を禁じ得ない」と述べる。小路という名称のためか、今小路が形態からは辻子であることに注意せず、坊目考が「今小路ハ当通街（京街道）の名にあらず」というのは、「押上辻子は国分郷に属する京街道の一区間」とする足利の説にも関わるのに反応を示さない

(16) 太田博太郎、1979、『南都七大寺の歴史と年表』の東大寺の項、岩波書店

(17) 室町時代には「旅宿郷」と呼ばれた手貝（転害）郷とともに押上郷にも宿屋が並んで賑わった。前掲、『奈良

## ならまちの散歩道Ⅲ

### 近代の華厳宗・元興寺の復興と森鷗外、石川淳

奈良は古墳時代から古代、中世までの歴史はよく知られ、盛んに研究もされていますが、近世、まして近代ともなると関心は薄れる一方というのが定評です。

最近、元興寺文化財研究所から刊行された『華厳宗元興寺所蔵歴史資料調査報告書』に興味深い記述を見つけました。昭和初期、国宝・薬師如来像や国史跡・五重塔跡で知られる華厳宗・元興寺（芝新屋町）の復興を成し遂げた僧侶のことです。

森鷗外＝写真39は大正時代、奈良を歩いて「奈良五十首」を残しました。その中に塔跡を詠んだ歌があります。近年、その解釈をめぐってこの僧侶にあらぬ濡れ衣が着せられたことがありましたが、報告書は元興寺の記録に基づいてこれを訂正し、名誉回復を図りました。

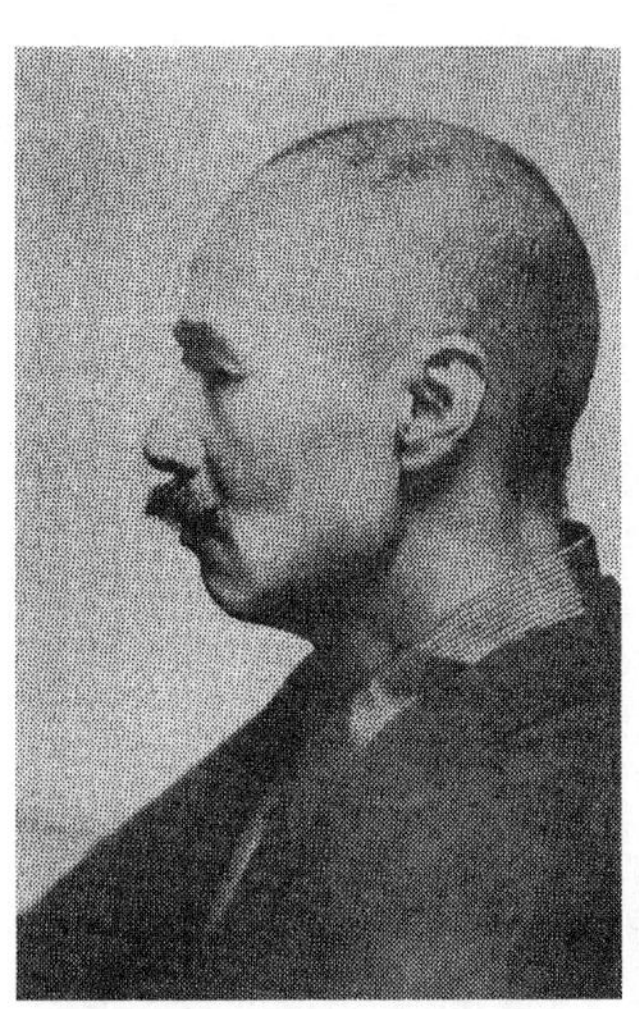
写真39 森鷗外（大正6年）＝鷗外全集第17巻（岩波書店）

僧侶は池田圭真（一九四〇年、五六歳で死去）です＝写真40。報告書の「歴史と史料」の章（服部光真研究員執筆）に従って圭真の事跡を追ってみます。明治一八（一八八五）年、大阪・上本町の森家に生まれ、まもなく玉出新町の水野家の養子となりました。尋常高等小学校卒業後、摂津紡績（後の大日本紡績）に約二五年間勤めましたが、病気のため大正一二（一九二三）年に休職し、翌年四月に依願退職。翌月に京都・三条

写真40 華厳宗・元興寺を復興した池田圭真（本堂前で。昭和初期）

写真41 池田圭真が造立した本尊・弥勒菩薩像（中央）。右は国宝・薬師如来像、左は重要文化財・十一面観音像
＝いずれも元興寺文化財研究所『華厳宗元興寺所蔵歴史資料調査報告書』より

の浄土宗西山禅林寺派大蔵寺住職の弟子となり得度し、僧籍を得て圭真を名乗りました。同一五年には京都・木津（現木津川市）の和泉式部廟主となりました。

昭和四（一九二九）年、東大寺宝厳院の清水公俊に弟子入りして華厳宗の僧侶に転じ、翌五年五月、末寺の元興寺住職になって、圭真の獅子奮迅の活動が始まります。

翌月には本堂の修復に着手し、庫裏の改修、鐘楼の建立、境内の整備などを次々に行い、一二月には東大寺管長はじめ本山、末寺の僧が参列して法要を営みました。同七年には本堂の増築が完成し、新調した梵鐘の供養が営まれました。報告書が言うように「その進度は驚異的」です。

こうして復興が一段落したので徒弟の池田圭中（甥）が住職を引き継ぎ、圭真は東大寺末寺の奈良市・隔夜寺と都祁村（現奈良市）・金龍寺の住職を兼務し、両寺の本堂を新築・復興するなど、ここでもめざましい功績を残しました。

一方で元興寺本堂の本尊として弥勒菩薩像＝写真41の造立を進め、同一〇（一九三五）年一一月、東大寺管長ら一山の僧が参列して盛大に開眼供養が営まれました。同一五年、圭真が急死したのは金龍寺本堂の落慶を見届けた後でした。

圭真の入寺前、元興寺は無住で壇信徒もほとんどいませんでした。東大寺の支援は大きかったにせよ、復興には大変な苦労があったはずです。本尊に弥勒菩薩像を造ったのは、室町時代に焼失した元興寺金堂の本尊の復興という意図がありました。歴史的な由緒を重視し、壇信徒の獲得と信仰の拡大を進め、復興に結びつけたのです。

元興寺文化財研究所の今回の調査で、復興に全力を注いだ圭真の事績に新たな光が当てられました。こうして復興した元興寺ですが、森鷗外が詠んだ歌が圭真の活動に結びつけて解釈され、あらぬ誤解を生むことになったのです。

鷗外は陸軍軍医総監を退任後、宮内省図書頭（ずしょのかみ）兼帝室博物館総長となり、大正七（一九一八）年から死去する一一年まで毎年、秋の正倉院曝涼（ばくりょう）に合わせて奈良に出張しました。

「奈良五十首」は大正一一年、文芸雑誌『明星』に発表されました。その第三十三首から三首は元興寺塔跡や十輪院を詠んだもので、塔跡を詠んだ第三十三首は次の歌です。（ふりがなは補った。以下同様）

「いにしへの飛鳥の寺を富人の買わむ日までと薄（すすき）領せり」

『鷗外「奈良五十首」の意味』（1975年刊。『森鷗外「奈良五十首」を読む』と改題して中公文庫から再刊）

の著者、平山城児・立教大学名誉教授は、関係者への聞き取りから、塔跡を買ったのは水野圭真という紡績関係の仕事をした人で、「鷗外がここを訪れた大正七年にはまだここに圭真は住んではいなかったし、ここを買っていたわけでもなかったであろう。だが、そろそろ圭真がこの土地を買うという話が進められていて、鷗外はその噂さでもきいたのであろう」と述べ、鷗外が「富人」に公憤を感じ、嫌悪した一例として論じています。

『文学でたどる世界遺産奈良』（二〇〇二年、風媒社）で太田登氏は平山説を引いて拝金主義の横行と滅びゆくものへの哀惜とを対比させ、この説は定着した感があります。

報告書はこれについて「鷗外が訪れた大正七年の時点では、圭真はまだ大日本紡績の六等社員の用度課員であり、成金とはほど遠い。元興寺住職になったのは、本山東大寺より任命された結果にすぎない。大正七年に『富人』が元興寺を買うという噂が流れていたとしても、これを圭真の入寺と結びつけることができないことは明白である」と述べています。まさにその通りでしょう。平山氏には、事情に通じない人からの聞き取りによる誤解や短絡があったようです。

作家、石川淳＝写真42は『鷗外全集』の月報に鷗外の足跡をたどる紀行を連載し、『前賢餘韻』（1975年、岩波書店）として刊行されました。

奈良での案内は「車をうごかすひと」とあるのでタクシーか何かに任せたようで、元興寺塔跡には行っていません。十輪院で鷗外の「南都小記」にある「（十輪院は）元興寺ノ子院ナリ」という記述を引用して「いにしへの飛鳥の寺…」など三首を挙げ、「あいにく今日の十輪院のあたりには尾花（著者註：薄）なんぞは影もかたちもない。（略）ちかくにえらそうな家がまへも見えないが、これが預言された『富人』の占領といふことなのだろうか」と不審顔に書いています。元興寺の復興は知らなかったようで、「安政六年の火災に大塔観音堂ともにほろびて、

**写真42** 石川淳（昭和43年　金井塚一男撮影）＝石川淳全集第1巻（筑摩書房）

その後はまったく廃墟になったといふ」という記述もあります。

元興寺塔跡は観光名所から外れていたので、案内人は子院という由緒がある十輪院の方に行ったのでしょうか。学識を以て鳴る夷齋・石川淳も、案内に人を得なかったため目が曇ったと見えるのは惜しいことです。

鷗外の「富人」の語を解釈する鍵は第三十九首の白毫寺を詠んだ次の歌にあると思います。

「白毫の寺かがやかし痴人(しれひと)の買いていにける塔の礎(いしずえ)」

塔とは何かは平山氏の記述によります。白毫寺には多宝塔がありましたが、大正六(一九一七)年、大阪・藤田財閥の藤田平太郎が買い取り、宝塚・切畑長尾山の別荘の庭に移築しました。戦後、三洋電機の井植歳男が買い受け、井植山荘となりましたが、平成一四年、山火事が延焼して塔は焼失してしまったのです。私もテレビニュースで知り、驚いた記憶があります。

この歌の「痴人」は元興寺の「富人」と同意語ではないでしょうか。

元興寺の塔は礎石を残すだけですが、鷗外は当時、富豪が由緒ある寺の礎石を珍重し、競って自分の庭に置いた風潮を知っていたはずです。「富人」とは、いずれ現れるであろう藤田のような富豪を指し、「買わむ日までと薄領せり」とは、礎石が買われて持ち去られる日まではと、礎石の間に薄が生い茂っているという感懐を詠んだと思うのです。

「富人」とは特定の人ではなく、一般名詞だったのではないでしょうか。

◇　◇　◇

平成三〇年に元興寺創建一三〇〇年記念「大元興寺展」を真言律宗元興寺、華厳宗元興寺、真言律宗小塔院の共催で開催したのがきっかけで、華厳宗・元興寺に未調査の歴史資料が多数あることがわかり、元興寺文化財研究所が悉皆調査した。『華厳宗元興寺所蔵歴史資料調査報告書』は令和三年二月刊。

## 第七章　板絵智光曼荼羅は元興寺の本尊だった

元興寺（極楽坊）の智光曼荼羅は平安時代末期以降、浄土信仰の高まりとともに尊崇され、多くの写しがつくられました。

智光所持の原本「掌（たなごころ）の曼荼羅」は極楽坊に秘められていましたが、室町時代の土一揆のため避難させた先の禅定院（大乗院）で焼失してしまいました。現在、真言律宗・元興寺には原本を拡大して写したとされる大きな板絵と小さな厨子（ずし）入りの曼荼羅（ともに重要文化財）をはじめ智光曼荼羅計三種が伝わっています。

このうち板絵は現存する智光曼荼羅の中で最古、最大かつ最優と思われる作品です。かつて本堂の本尊・阿弥陀如来坐像の厨子の背面に特異な工作をして裏向きに安置されていました。

従来の研究ではその性格は曖昧なままに置かれていましたが、平安時代末期あるいは鎌倉時代初期、秘められた原本に代わる曼荼羅として制作されたもと本尊だったのです。板に描かれたのも、原本の板絵を踏襲したためではないでしょうか。本尊の厨子の背面に祀るという異例のかたちは、近世初期、新たに阿弥陀如来坐像が安置されたあと、それまで本尊だった由緒を重んじたためと考えました。

この章では本尊と本堂内陣の変遷をたどり、本尊としての板絵智光曼荼羅の位置付けを試みています。あわせて地蔵来迎の説話を描き込んだ特異な春日曼荼羅として知られる「春日浄土曼荼羅」（鎌倉時代、重要文化財。奈良・能満院蔵）について、春日本地仏ではなく興福寺曼荼羅図の図像に基づき興福寺―大乗院―極楽坊周辺で制作された独自の曼荼羅だったという新たな解釈を提示しました。

## I．本尊は交替していた

### ―内陣の変容―

写真43 板絵智光曼荼羅（赤外線写真）。長年の燻煙や剥落で肉眼では図様は見にくいが、現存する智光曼荼羅の中で最古最大、かつ最も優れた作品（大久保治撮影。画像提供　真言律宗・元興寺）

智光曼荼羅の原本は失われたが、元興寺には次の三種の智光曼荼羅が伝わる。

①板絵曼荼羅（平安時代末期～鎌倉時代初期、重要文化財、縦二〇七㌢×横一九五㌢。以下板絵本という）＝写真43

②厨子入曼荼羅（室町時代、同、絹本着色、画面縦五〇㌢×横四九・七㌢。以下厨子入本という）＝写真44と45

③軸装曼荼羅（室町時代、奈良県指定文化財、絹本着色、縦二〇七・一㌢×横一五六・二㌢。以下軸装本という）

前身堂の時代は智光曼荼羅の原本が本尊だったが、ふだんは僧房西端の経蔵(後の影向堂)に秘め、代わりに転写本を祀っていた可能性が高いことは第三章で指摘した。

板絵本の制作年代については、白畑よしの平安時代末期説(1)と浜田隆の鎌倉時代初期説(2)とがある。これを受けて板絵本は前身堂時代、または鎌倉時代の寛元二(一二四四)年の本堂建立にあわせて、堂のスケールに合う本尊(転写本)として制作されたと考えた。白畑説の制作年代による場合は、前身堂の本尊を本堂の建立後も本尊として迎え入れたことになる。

**写真44**(上)厨子入智光曼荼羅。宝徳3年の土一揆で「掌の曼荼羅」原本が焼失したあと、大乗院門跡・尋尊が造らせたとされる

**写真45**(下)曼荼羅の画面。○で囲んだ個所に合掌する2人の比丘(智光と頼光)が描かれている=真言律宗・元興寺所蔵。「大元興寺展」図録より(大久保治撮影)。説明のため○印を書き入れた

智光曼荼羅の原本は『覚禅抄』裏書（第三章の表9－⑤）に「件本板（に）之（を）図す」（著者読み下し）と記され、仏堂の壁画以外のこの種の画像では極めて珍しい板絵だった（前註2）。板絵本が板に描かれたのは、原本を尊崇してその姿を忠実に踏襲したのが理由だったと考える。

ただし、その後の事情は入り組んでいて、板絵本が本尊だったことが明確に認識されていなかった原因もそこにあった。まず本尊と内陣の推移について考察する。

第三章の表9の通り、平安時代末期から近世初期まで、智光曼荼羅や智光伝説を取り上げた史料や文献は多いが、智光曼荼羅が本尊としてどのように祀られていたかについては明確には述べない。

これについては近世の地誌や縁起などの記述の方が明快だ。『元興寺編年史料』（下）などにより年代順にたどって見よう。（著者読み下し。引用文のふりがなとかっこ内は補った＝以下同様）

①「本尊は智光感得の極楽の曼荼羅なり（中略）今本堂にある曼陀羅是なり。また一尺二寸の小曼陀羅あり」＝延宝八（一六八〇）年刊の『南都名所集』

②「本堂中尊　座像八尺の弥陀尊　稽文会　稽首勲（伝説の父子の仏師）の作也」＝元禄年間（一六八八～一七〇四）刊行の『南都極楽院宝物略記』

③「中尊弥陀尊　坐像八尺　稽文会　稽首勲作　智光所画（智光画くところの）広曼荼羅六軸同一軸（は）版面」＝享保一八（一七三三）年の「極楽院縁起」（国立歴史民俗博物館蔵　水木コレクション）(3)

④「本尊阿弥陀」＝享保二〇（一七三五）年の奥書がある村井古道著『奈良坊目拙解』

⑤「（智光曼荼羅は）総て七幅あり、其の一は本堂後壁に黏張し、その余の五幅は常に庫中に蔵す」＝浄土宗の僧大順著『智光曼荼羅略讃』＝天明二（一七八二）年刊(4)

①は「本尊は智光感得の曼荼羅」と書く。これは後述のように板絵本だと考えられる。「一尺二寸の小曼荼羅」は厨子入本を指す。「一尺二寸」とは実寸ではなく、焼失した原本の大きさを記録から引用したのだろう。ところが②③④では、本尊は阿弥陀如来座（坐）像とはっきり記され、②の時点で本尊は曼荼羅から阿弥陀如来坐像に交替していた。

③では「智光所画（画く所の）広曼荼羅六軸（そのうちの）同一軸（は）版面」という情報が新たに加わった。

⑤の大順の記述は具体的で重要だ。大順は曼荼羅を拝観して『智光曼荼羅略讃』を著したので、「其の一は本堂後壁に黏張」とは実際に見たままを書いたに違いない。

写真 46 阿弥陀如来坐像（平安時代、重要文化財）。最近まで本堂内陣の厨子に祀られた。もと禅定院（大乗院）多宝塔の本尊だった（大久保治撮影。画像提供　真言律宗・元興寺）

「黏張」の黏は粘の異体字で、黏張とは貼り付けることを意味する。本堂後壁には板絵本があり、大順は画幅を板に貼り付けたものと判断していたことを示す。これにより③の「版面」は「板面」と解釈し、板絵本を指すと考えた。

板絵本は厚さ約一寸の桧の横板九枚を鉄の合釘（あいくぎ）で矧（は）ぎ合わせ、板の矧ぎ目に漆で麻布を貼って矧ぎ目を隠すとともに補強し、全面に砥粉（とのこ）（風化した水成岩などから製する微細な粉）で下地を施して漆を塗り、黄土で下塗りをするという丁寧な施工のあと絵具の彩色で描かれていた(5)。大順は板絵本の下地や彩色が剥落したため現れた布目を見て、板地に画幅を貼り付けたと誤認したのではないか。

有名な当麻寺の「綴織當麻曼荼羅図」（国宝、奈良時代）が想起される。もとは掛幅で本堂（曼荼羅堂）の本尊として内陣の厨子に祀られていたが、鎌倉時代初期、傷みが激しくなったためか、綴織の大画面を板面に貼り付けた。江戸時代の延宝五（一六七七）年の修理で板面から剥がして再び掛幅装に戻した。剥がしたあと図様がうっすらと残る板面も「裏板曼荼羅」として尊ばれた。大順が本堂後壁の曼荼羅は板に貼り付けたものと思ったのは無理もないことだった。

なお、大順が「総て七幅あり」と書きながら、板絵本とその余の五幅で計六幅しかないが、ここでは①に挙げられた厨子入本を書き漏らしたからだろう。

③も「智光広曼荼羅六軸（そのうちの）同一軸（は）版（板）面」なので一軸足りないが、禅室の項で「此（の）内ニ春日明神影向所（影向堂）有（り）」として「日本最初ノ掌（の）曼荼羅」（厨子入本）を書き上げているので、広曼荼羅五幅、板絵本、厨子入本で計七幅となり、勘定が合う。広曼荼羅とは大画面の曼荼羅という意味だろう。

以上の考察を通じて、延宝以後、元禄から享保の間に阿弥陀如来坐像が板絵本に代わる本尊として安置されたが、少なくとも天明の初めまでは本堂後壁に板絵本が祀られていたことが明らかになった。

ここで中世から近世初期にかけての本堂内陣の様子に立ち戻って考える。

▽表9－⑫「堂一宇、万（曼）陀羅堂と号す。四方に極楽万陀羅在り」＝『諸寺縁起集』（菅家本）

▽同－⑰「極楽堂（曼荼羅堂）は中央方一間四面、各（々）安養（極楽浄土）を図し、中心に石浮図（石塔）有り」

＝『極楽坊記』

これはどう解釈したらよいだろうか。

本堂内陣は現在、四面を間柱二本で三分割するほかは開放となっている（第三章の図21－④参照）。しかし、鈴木嘉吉によると、もと東・南・北の三面は中間に鴨居を入れ、その下は格子戸、上は欄間と推定され、西面は三柱間とも壁か、中央だけは戸口で両脇は壁だったのではないかという。

解体修理では天井裏から千体仏などを描いた長さ一～一・六メートルの彩色板絵四十二枚が発見された。鈴木は鎌倉時代以降、近世までの本堂の変遷を検討し、板絵が納まる可能性がある壁面について考察した。その一方で、大半の板絵は「（内陣の）欄間をふさいでしまえばほとんど各間に取り付けることも出来る」と述べる(6)。⑫や⑰が記す内陣の様子は、周囲の欄間に千体仏などの板絵を取り付けた状況を記したと考えた。内陣後壁には板絵本が本尊として祀られていたはずだが、「四方に極楽万陀羅」「中央方一間四面、各（々）安養を図し」という表現に含めて、特に書かなかったのではないか。

内陣中央に石塔を安置したのは、本堂が死者の供養堂として庶民の信仰を集めたためで、解体修理で屋根裏から見つかった小五輪塔や納骨容器、柿経などの奉納物が内陣や堂内を埋め尽くす「極楽堂」となっていたことを物語る。

中世の極楽坊から近世の極楽院へと変わる慶長年間（一五九六～一六一五）の末ごろに、西大寺末として律学化の動きが強まり、堂内の雑多な奉納物を全て片付けて広い仏堂としたことは、第二章Ⅳ－（3）節で鈴木の見解を引用して述べた。

これに合わせて仏壇の石塔を撤去し、厨子を置いて新たに本尊として阿弥陀如来坐像（平安時代、重要文化財、像高一五七・三チセン＝写真46を安置したと考えた。これは前述の地誌による本尊の安置年代とも一致する。ちなみにこの像は興福寺大乗院門跡の居住坊・禅定院の多宝塔本尊だった可能性がある(7)。

阿弥陀如来坐像は本堂の解体修理後も本尊として祀られていたが、昭和三九年、東京・西武百貨店の「元興寺展」に出品された後は本堂に戻らず、法輪閣（収蔵庫）に安置された。

## Ⅱ．板絵曼荼羅は本尊として祀られた

板絵本は内陣の厨子背後に造りつけた奥行きの浅い厨子に、本尊の礼拝方向とは逆の裏（西）向きに安置されていた（極楽坊修理報告）。長年の燻煙と剥落のため、肉眼では図様は分かりにくい。

その性格は曖昧なままに置かれていたと考える。極めて特異な安置方法だったのに、これまでの研究ではその意味は見過ごされ、考察は行われないままだった。もと本尊だったと明確に論じた文献は管見では見当たらない。

智光曼荼羅研究の集大成『智光曼荼羅』（元興寺仏教民俗研究所編、１９６９年、学術書出版会）の第三章「元興寺極樂坊の建築史的変遷」で、工藤圭章は本尊の厨子背面に板絵本がはめ込まれていたことに着目しながら、その意味は考察していない。仏壇の格狭間（こうざま）（装飾のため曲線状の刳形（くりがた）が施された板羽目＝第二章図16参照）の裏に「嘉慶二（一三八八）年」の銘があるのでこの安置法はそれ以来のこととした。

一方で「来迎壁（らいごうへき）（内陣の本尊の背後の二本の柱＝来迎柱の間の壁）があったとすると、板厚が薄く、来迎壁として方柱の間にはめ込むのは無理」で、「裏桟（うらさん）で補強して間柱の間にはめ込み又は釘付けたとすると、板絵本の

高さでは柱間を蔽（おお）うことは難しい」と述べる。

以上の考察から「曼荼羅は独立して安置されたのではないか。この場合、奉安する厨子の存在も考えられよう。（中略）曼荼羅堂という名前からも、曼荼羅だけの堂とみなした方がよさそうである」と指摘した。阿弥陀如来坐像は仏壇が造られた嘉慶のころに持ち込まれたのではないかと考えた。

美術史家の平田寛は同書の第六章「板絵智光曼荼羅の技法」で、約一㌢の薄い板を鉄の合釘で矧ぎ合わせ、麻布張りで補強した堅固な構造は通常の建築壁画とは様相が全く異なると指摘し、「板絵（本）を、建築から独立した形で、独自な一画面をなしていたと想像しておく必要がある」と述べた。

二人とも、特に工藤は板絵本をもと本尊と暗示したようにも取れるが、いま一歩踏み込まず、論旨は徹底を欠くように思われる。

鈴木は『大和古寺大観』の本堂解説で「本尊となった智光曼荼羅がどのような形で祀られていたのかは不明」と述べるに止めた。

浜田隆による同大観の「智光曼荼羅図（板絵本）」解説は、「近年まで極楽坊（元興寺）本堂内陣の厨子裏に置かれていた」「本図を安置していた現本堂」と素っ気ない。「智光曼荼羅について」（前註2）では「板絵本は現在極樂坊本堂の本尊（略）阿弥陀如来坐像の厨子背後から拝むように嵌込（はめこ）まれて居り（以下略）」と書いているので、安置の仕方は認識していた。しかし、板絵本を絵画作品としてのみとらえ、それが特異な安置方法であることには関心を示していない。

浜田は「（板絵本の）本来の位置については確定し難い」とも述べ、本尊だった可能性は想定していなかったように見受けられる。厨子裏の工作は仏壇銘の嘉慶の時点でのこととした。

藤澤隆子と栄林知子も「(本堂には)板絵(本)が納まるべきしかるべき壁面(柱間寸法が合致する壁面や柱間)が比定できない」として祀った場所について判断を保留した(8)。

浜田や藤澤らの「本来の位置については確定し難い」「納まるべきしかるべき壁面が比定できない」とする見解は、板絵は来迎壁や柱の間に板壁としてはめ込むものだという先入観にとらわれ、独立した板絵である可能性を見過ごしたものではないか。

前述したように、板絵本は平安時代末期の前身堂の時期、あるいは鎌倉時代初期に本堂を建立した際に、「掌の曼荼羅」の図様を拡大して制作し、秘仏とした「掌の曼荼羅」に代えて常時拝礼する新たな本尊としたと考えた。本堂では、鈴木の「内陣西方は三柱間とも壁か、中央のみ戸口」という推定に基づき、前者の場合は内陣の後壁に掲げられ、後者の場合は当麻寺本堂(曼荼羅堂)のように仏壇上に厨子を設けて安置されたと考える。板絵本が阿弥陀如来坐像の厨子裏に納められていたことについて、工藤と浜田は仏壇の銘の「嘉慶二(一三八八)年」以来の安置方法とした。

しかし、(1)節で述べたように延宝以後、元禄から享保の間に本尊の阿弥陀如来坐像が安置されたことが明らかなので、これには従えない。厨子はその際、本尊を納めるために他から持ち込まれたものだ。

厨子の改造の様子を見よう。図42と43のように厨子の背に奥行きが浅い厨子状の造り付けを設け、両開きの双折(もろおれ)(左右とも二枚折り)扉を取り付ける。板絵本の幅は約一九五チセンなのに厨子の幅は約一六九チセンしかないので、造り付けは厨子の左右で各一三チセン以上はみ出している。仏壇の厨子平面図では、板絵本を嵌め込む左右の縦枠の正面幅しか数値が示されていないが、その両端にはさらに扉の吊金具(つりかなぐ)を取り付けた半円柱状の縦框(たてかまち)がある＝図43参照。厨子の正面からも背後の左右にはみ出した造り付けと縦框がはっきり見える。特異な工作であり、板絵本を納めるために行われたものに間違いない。

それはいつだったのだろうか。阿弥陀如来坐像を本尊として厨子に祀った後、図様が見えにくくなっていた板絵本は役目を終えた。しかし、大順が「其の一は本堂後壁に黏張」と記すように、少なくとも天明年間までは内陣の後壁に掲げられていた。

その後、厨子を改造して本堂の後ろから拝む「裏(西)向き本尊」としたと考えられる。厨子より板絵本の方が大きくて中に入れられないので、厨子の後ろに浅い厨子を造り付けたのだろう(9)。

ここまで無理をして裏向きに納めた理由は、もと本尊としての由緒を重んじたためとしか考えられない。逆に言えば、この安置方法こそがもと本尊だった証明ではないか。

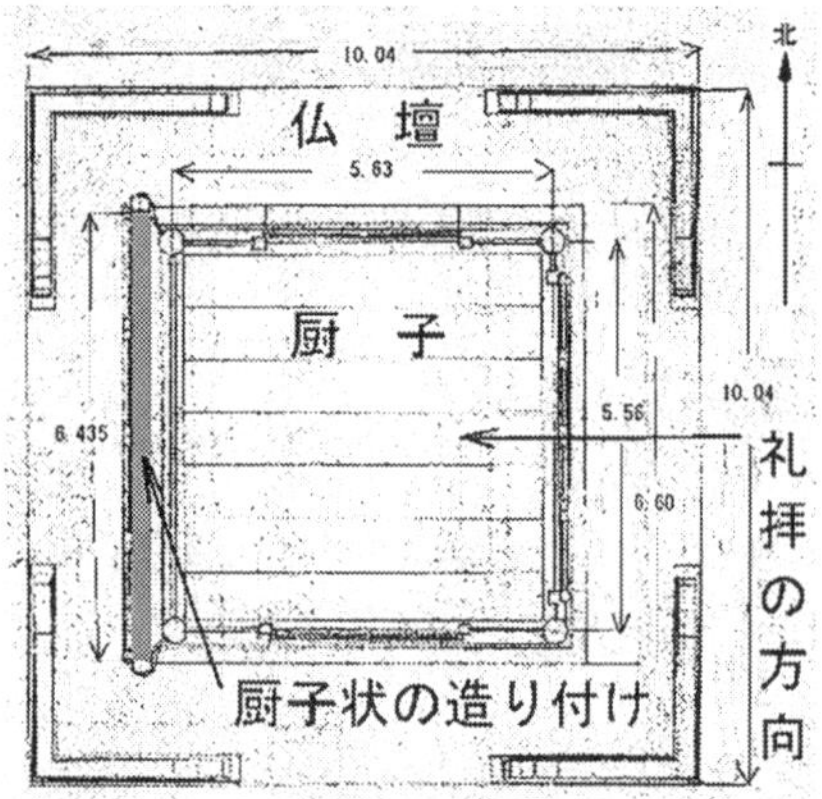

図42(上)近年まで本尊・阿弥陀如来坐像を納めていた仏壇上の厨子(正面)。厨子の左右に背面の板絵本の造り付けの厨子がはみ出している

図43(下)平面図。背後に厨子の幅より大きい造り付けを設け、板絵本を祀っていた。特異な工作は板絵本が本尊だった由緒を重んじたためと考えた=極樂坊修理報告の図に手を加えた。

以上、いずれも単位:尺

## Ⅲ．智光曼荼羅とは何か

智光曼荼羅は当麻曼荼羅、清海曼荼羅とともに〝浄土三曼荼羅〟の一つとして著名だが、原本は焼失し、図様がどのようなものだったかについては議論が分かれる。

もと本尊と推定した板絵本、室町時代に、大乗院門跡の尋尊が焼失した原本の代わりに制作させた厨子入本(10)は、一般に智光曼荼羅の代表とされる。その特徴を挙げる(11)。

①上段中央と左右に回廊でつながる楼閣三棟を描く。

②その前庭にふくらみのある形に合掌（未開敷蓮華印）する阿弥陀如来と脇侍の文殊（向かって右）普賢（同左）の二菩薩、十数体の聖衆を描く。

③文殊、普賢菩薩は外側の足を踏み下げた半跏座。

④下段には舞い踊る歌舞菩薩二体と、奏楽する音声菩薩を左右に二体ずつ描く。

⑤下段の蓮池に架かる左右の橋の上に、合掌する二人の比丘（僧）を描く。

ここで挙げた②の「未開敷蓮華印」＝**写真47**は如来の印相としては特異で、⑤の智光と頼光とされる比丘二人とともに智光曼荼羅の最大の特徴として挙げられる。

問題を複雑にしているのは、阿弥陀如来の印が②の未開敷蓮華印ではなく説法印（転法輪印ともいう）＝**写真48**で、智光と頼光は描かない別の図様が「智光曼荼羅」として伝来していることだ。

元興寺にもあり、（1）節で挙げた③の軸装本がそれに当たる。智光曼荼羅として伝わったが、図様は異なるので「伝智光曼荼羅」と呼ばれる。

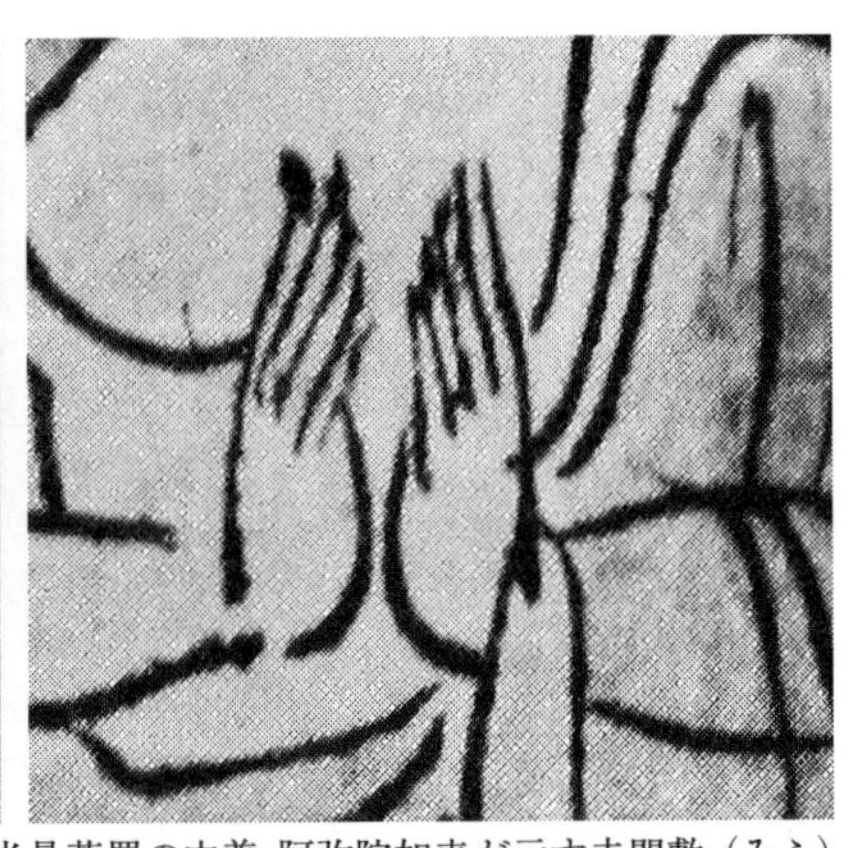

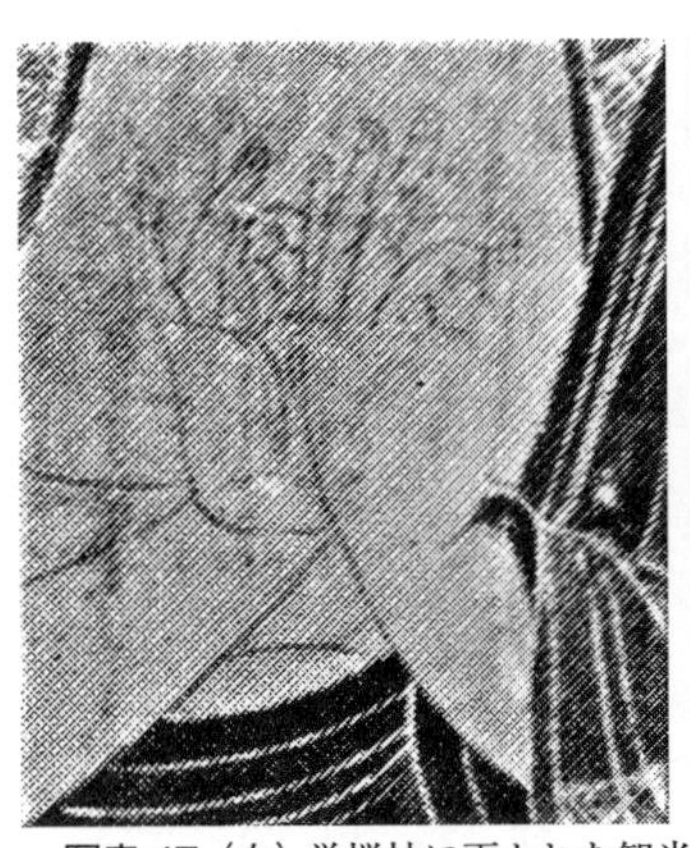

写真47（右）覚禅抄に画かれた智光曼荼羅の中尊・阿弥陀如来が示す未開敷（みふ）蓮華印
写真48（左）軸装本智光曼荼羅図の阿弥陀如来の説法印（転法輪印）＝いずれも「智光曼荼羅」（元興寺仏教民俗研究所刊）より

奈良県桜井市の長谷寺子院・能満院は、軸装本とほぼ同じ大きさで表装（軸装の仕立て）も同じ「智光曼荼羅」を所蔵する。これを納めた箱には「智光曼荼羅　五幅之内　極楽院」という箱書があり、もとは極楽院（元興寺）に伝来したことが明らかだ。

印相が異なり二比丘を描くかどうかも相違する智光曼荼羅のうち、どちらが原本の図様を踏襲しているのかという議論には立ち入らないが、最近、元興寺の軸装本で新しい事実が知られた。軸装本は平成二三～二四年度に修理され、軸木から能満院の箱書きと同じ墨書が見つかり、能満院の智光曼荼羅と一連の遺品であることが確認された[12]。

これらの墨書は、大順の『智光曼荼羅略讃』の「（智光曼荼羅は）総て七幅あり（中略）その余の五幅は常に庫中に蔵す」という記述の「その余の五軸」のうちの二軸であることを示す。ただし、大順はこの記述に続けて「名づけて試みの変相と曰う。其の量四尺六尺許なる可し」と記す。「その余の五軸」は板絵本や厨子入本とは図様が異なる「伝智光曼荼羅」と認識していたことがうかがえる。

「伝智光曼荼羅」が五幅もあったのは不思議だ。『極楽坊記』

の「中央方一間 四方に各(々)安養を図す。中央に石浮図(石塔)あり」という記述と考え合わせ、軸装の曼荼羅を内陣の四方に懸けていた可能性が指摘されている(13)。

そうだとすれば、絹に描いた絵という性質上、常時懸けられていたのではなく、特別な法会(たとえば念仏講)だけの荘厳だっただろう。念仏行道の際、念仏者たちが内陣を巡りながら四方から拝礼したことが考えられる。

## Ⅳ．付論　春日浄土曼荼羅の図像をめぐる新しい解釈

長谷寺能満院は「春日浄土曼荼羅図」(鎌倉時代、重要文化財、絹本着色、縦九九・六センチ×横四二センチ)＝写真49という垂迹画(本地垂迹説に基づき神仏を描いた絵画)も所蔵する。下に春日社の風景、背景の春日山の上に諸仏の浄土を表し、春日社の第三殿から発する雲に乗った本地仏の地蔵菩薩が合掌する僧を浄土へ導く光景を描く(左の円内)。浄土の右下辺には地蔵来迎に手を合わせる老若六人の僧が見える(右の円内)。単なる垂迹画ではなく、説話性に富む図様だ。

浄土の諸尊は中央が釈迦三尊(脇侍のうち、向かって右は文殊菩薩、左は普賢菩薩)、右下は薬師如来、左下は阿弥陀如来、右上は弥勒菩薩、左上は十一面観音菩薩とすることで研究者の意見は一致する。

美術史家の亀田孜は阿弥陀如来が描かれていることについて「この曼荼羅の本旨が実にここにあったのではなかろうか」と述べ、「春日社を霊鷲山(釈迦の浄土)と見、(地蔵菩薩が)安養(極楽)浄土に往生引路するための浄土を描いて春日本地浄土を合成した」と解釈した(14)。晦渋な記述だが、主題は地蔵菩薩が地獄から救済した僧を、春日浄土を経て阿弥陀浄土へ導くところにあるという指摘だ。

地蔵菩薩が導く僧は「春日権現験記」（鎌倉時代、国宝。宮内庁三の丸尚蔵館蔵）に描かれた鎌倉時代の高僧・貞慶の弟子、璋円にまつわる説話を表しているとされる。璋円は罪を犯して春日野の下にある地獄に堕ちたが、春日明神（第三殿の本地仏、地蔵菩薩）の加護により救われたという。

この曼荼羅に描かれた諸尊の組み合わせが何を意味するかについては説が分かれる。最近の奈良国立博物館の展覧会図録解説では、亀田説を踏襲して釈迦の右脇侍の文殊を含む春日本地仏（釈

写真49 春日浄土曼荼羅図（鎌倉時代、重要文化財。能満院所蔵）。地蔵菩薩による来迎（左の円内）と、浄土で手を合わせて来迎を見守る僧たち（右の円内）。説明のため○印を書き入れた＝画像提供 奈良国立博物館

迦、薬師、地蔵、十一面観音、文殊）と、法相宗で崇拝される四仏（釈迦、阿弥陀、薬師、弥勒）とを組み合わせたとする(15)。

しかし、これはいささか苦しい折衷ではないだろうか。

法相四仏は全て表され、春日本地仏も釈迦（一宮）、薬師（二宮）、来迎の地蔵（三宮）、十一面観音（四宮）と釈迦の脇侍の文殊（若宮）で全部が揃う。しかし、地蔵は阿弥陀浄土への先導役に過ぎず、浄土にその座はない。文殊に至っては釈迦の横に小さく表される脇侍でしかない。不自然ではないだろうか。

ここで伝統的な春日本地仏による理解から離れて、新たな視角による解釈を提示する。

この曼荼羅の制作を主導した人物は地蔵来迎の先に阿弥陀如来の極楽浄土がなければならない(16)ことを明確に認識していた。そしてその根拠を興福寺の主要な堂の本尊に求めたのではないか。

興福寺伽藍の諸堂に祀る仏・菩薩を大きく表し、春日社ないし春日曼荼羅と組み合わせた「興福寺曼荼羅」と呼ばれる垂迹画がある。

京都国立博物館蔵「興福寺曼荼羅図」（鎌倉時代初期、重要文化財、絹本着色、縦九六・八センチ、横三八・八センチ）＝**写真50**は、その最古級の優れた作品とされる。伽藍の主要堂である中金堂、東西金堂、講堂の本尊及び本尊級の仏菩薩として、中金堂は釈迦如来、その東の間が十一面観音（二体）、西の間が弥勒如来（弥勒浄土）、東金堂は薬師如来、西金堂は釈迦如来、講堂は如来形を大きく描く＝図44。

同博物館の研究図録『興福寺曼荼羅図』の解説論文（泉武夫執筆）は、講堂について「記録では本尊は阿弥陀だが、脇侍は獅子と象に乗っており、これでは普賢・文殊になってしまい、観音・勢至とする記録とは合致しない」と述べ、一部に補筆も指摘して「三尊像の図様は当初の状態を留めているか疑問」としながら慎重に判断を保留

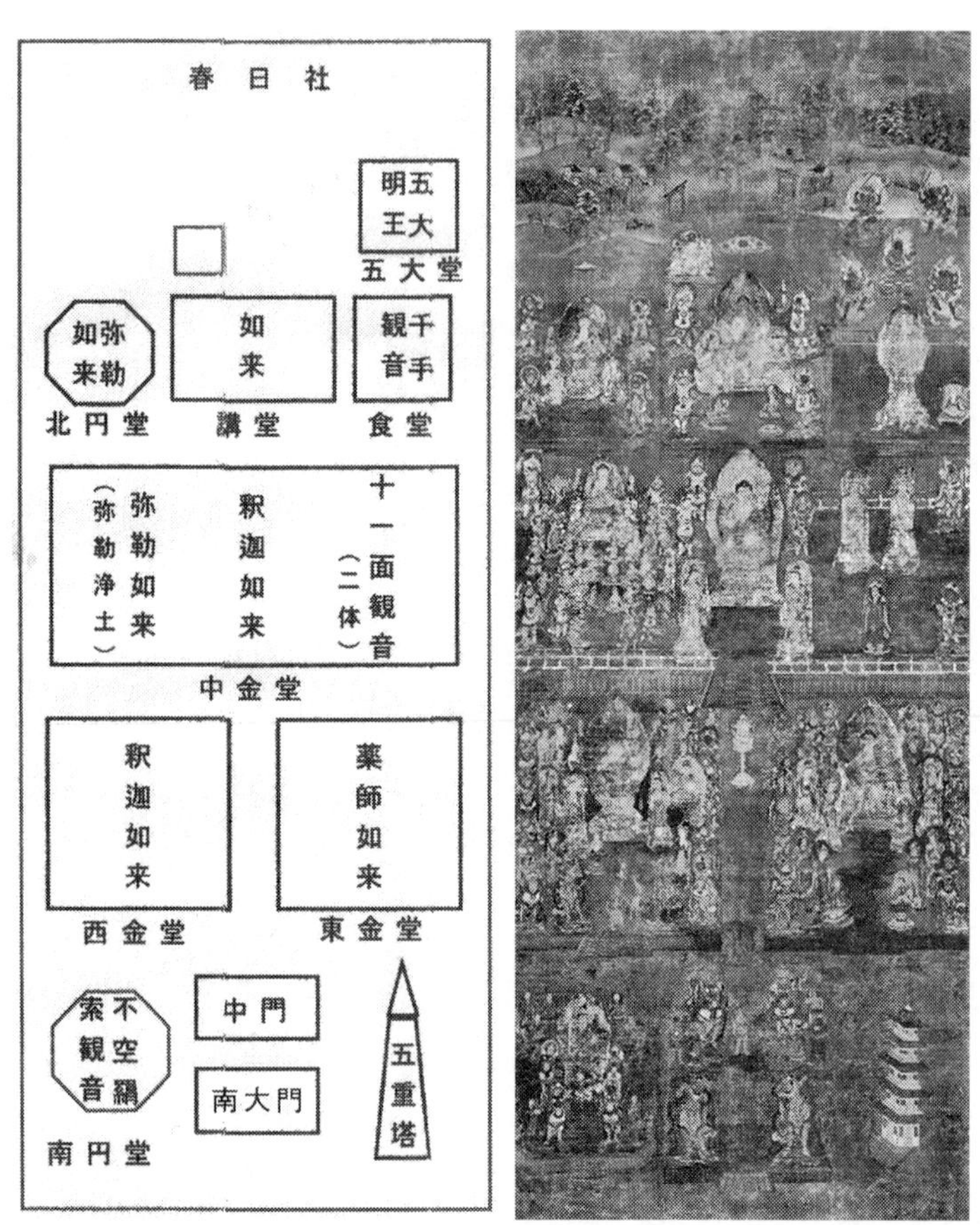


写真50（右）興福寺曼荼羅図（鎌倉時代初期、重要文化財）＝京都国立博物館研究図録『興福寺曼荼羅図』より
図44　図解（左）＝上の研究図録の付図１「興福寺曼荼羅略図」と解説論文を参照して、著者が主な堂塔の本尊・本尊級の仏菩薩などの名称を書き加えて作成した

している。

しかし、講堂の本尊は阿弥陀三尊とする平安時代の記録（大江親通『七大寺日記』『七大寺巡礼私記』）や、興福寺所蔵「春日社寺曼荼羅図」（鎌倉時代後期）が講堂本尊として阿弥陀三尊を描く＝『奈良六大寺大観』第七巻（興福寺一）の真保亨による同図解説＝ことを考え合わせると、講堂の本尊が阿弥陀如来と観音、勢至菩薩だった

ことは動かないだろう。

「興福寺曼荼羅図」で釈迦、十一面観音、弥勒、薬師、阿弥陀が揃うことが確かめられ、「春日浄土曼荼羅図」の諸尊に一致することがわかった(17)。「春日浄土曼荼羅図」は、阿弥陀浄土を描いて地蔵来迎を合理的に説明するため、春日社頭図と興福寺曼荼羅図（春日社寺曼荼羅図）の諸仏とを組み合わせた独自の構想による図だったのではないか。

能満院の開創は比較的新しく、長谷寺第三十八世の即同の開基で文化七（一八一〇）年に土木（建設）が落成したという(18)。この曼荼羅はその際、長谷寺の山内または他寺からもたらされたものに違いない。長谷寺は中世には極楽坊（真言律宗・元興寺）と同じく興福寺大乗院支配だった。能満院にはもと大乗院にあり、門跡の尋尊が造らせた「四方殿舎利厨子(しほうでんしゃりずし)」（室町時代、重要文化財）(19)と、極楽坊にあった前述の「伝智光曼荼羅」が伝わる。

恐らくは明治維新と廃仏毀釈の混乱期、能満院に入ったものだろう。能満院には大乗院と極楽院から什物(じゅうもつ)を引き受けるような密接な関係ないし人脈があったのは確実だ。

「春日浄土曼荼羅図」のもとの所在や伝来の経路は不明だが、図様に智光曼荼羅からの影響が認められるという指摘がある(20)。興福寺―大乗院―極樂坊の周辺で制作されたことは間違いなく、この曼荼羅が示す信仰空間は第三章で提示した元興寺の極楽浄土と春日浄土の信仰軸とも重なることを指摘したい。

## 註

(1)白畑よしは「中尊には堂々とした動的な迫力のある反面、平安時代の貴族的な端正な趣きをにじませる」と評価し、線描の特色や平安時代成立の図像集との比較から、一三世紀以前の平安時代の制作とした。元興寺仏教民俗研究所、1966、『智光曼荼羅』第二章「様式よりみた智光曼荼羅」

(2)浜田隆、1957、「智光曼荼羅について」、『美術史』第25号、及び浜田、1977、『大和古寺大観』第三巻（元興寺極楽坊他）の「智光曼荼羅図（板絵本）」解説。解説では「（制作年代は）念仏講の規式が確立した建久八年ないし、本堂の新修成った寛元二年ごろにおくのが最も妥当」とする

(3)元興寺文化財管理室の高橋正明・総括学芸員の教示と画像提供を受けた。第三章註（11）

(4)岩城隆利「浄土三曼荼羅の歴史」、1987、元興寺文化財研究所『日本浄土曼荼羅の研究』所収

(5)『板絵智光曼荼羅図修理報告書』、1966、元興寺極楽坊

(6)鈴木嘉吉、「板絵と本堂」、『日本仏教民俗基礎資料集成』V

(7)『大和古寺大観』第三巻の「阿弥陀如来坐像」解説で、西川杏太郎は『大乗院寺社雑事記』・文明一五年九月一三日条の禅定院の項に「『同多宝塔八角也　本尊阿ミタ　炎上（著者註：宝徳三年の土一揆による禅定院焼失を指す）以後、極楽坊道場に入れ奉る　今に之在り』（読み下し）とあるのにあたるか」とする。

　旧大乗院調査報告で、谷本啓は興福寺の記録「維摩会幷東寺灌頂記」の記事に基づき、仏師頼助（1054～1119）が造った可能性を指摘した。頼助は定朝の孫とされる平安時代後期の高名な奈良仏師だが、谷本は、阿弥陀如来坐像は一〇世紀末ごろの制作とする西川杏太郎の説に従い、「推定された製作年代と頼助の活動時期とは一〇〇年ほど開きがある」としてそれ以上は踏み込まなかった。

　しかし、頼助の確実な作品は知られておらず、京と比べて保守的だったとされる当時の奈良（南都）仏師の作風とその変遷もわかっていないので本像の制作年代はにわかに特定できないのではないか。谷本の指摘はこれまで紹介されなかった史料による問題提起として注目される。

(8)藤澤隆子・栄林知子「三曼荼羅の図像的研究」、前掲『日本浄土曼荼羅の研究』所収

(9)極樂坊修理報告は厨子の扉装置や腰回りの格狭間に江戸期ごろ、修造や加工があったことを指摘する。本文で述べた板絵

本の安置と関連する可能性が高い
(10)浜田隆、前掲『大和古寺大観』第三巻「智光曼荼羅図(厨子入り)」解説
(11)浜田隆、前掲「智光曼荼羅について」
(12)奈良国立博物館、2015、修復文化財銘文集成「阿弥陀浄土図　元興寺蔵」、『鹿園雑集』第15・16合併号
(13)前掲藤澤・栄林論文に拠る
(14)亀田孜、1940、「長谷能満院の春日浄土曼荼羅」、『日本仏教美術史叙説』(学芸書林)所収
(15)奈良国立博物館、2018、「春日大社のすべて」展図録解説(北澤菜月執筆)
(16)地蔵は地獄など六道に輪廻転生する衆生を救済するとされ、唐末の偽経(ぎきょう)(インドに原典はなく主に中国において撰述された経典)とされる「仏説地蔵菩薩経」によって地蔵来迎と極楽浄土への引導が説かれ、信仰が広まった。松島健『地蔵菩薩像』、1986、日本の美術239、至文堂
(17)ただし興福寺曼荼羅図では弥勒如来なのに春日浄土曼荼羅図では弥勒菩薩としている。十一面観音菩薩との並びを意識した改変だろうか。この事情は従来の「春日本地仏・法相四仏折衷説」でも共通する
(18)堺県管下大和国式上郡初瀬村真言宗大本山長谷寺塔中能満院明細書、1882、奈良県庁文書、県立図書情報館蔵
(19)河田貞、1972、「長谷寺能満院に伝わる尋尊の四方殿舎利殿」、仏教芸術学会『仏教芸術』86号
(20)北澤が註(15)で「(春日浄土曼荼羅図の)浄土図像は智光曼荼羅を参照して作られているようだが、諸仏が同じ地平に会する極めて珍しい浄土」と述べ、智光曼荼羅との関連を指摘するのは注目される。一方で「極楽坊が興福寺下にあった中世において、こうした説話が三宮地蔵による救済と結びついて語られたかは検討を要する」とも述べる

# 第八章　興福寺の国宝・板彫十二神将像は元興寺にあった

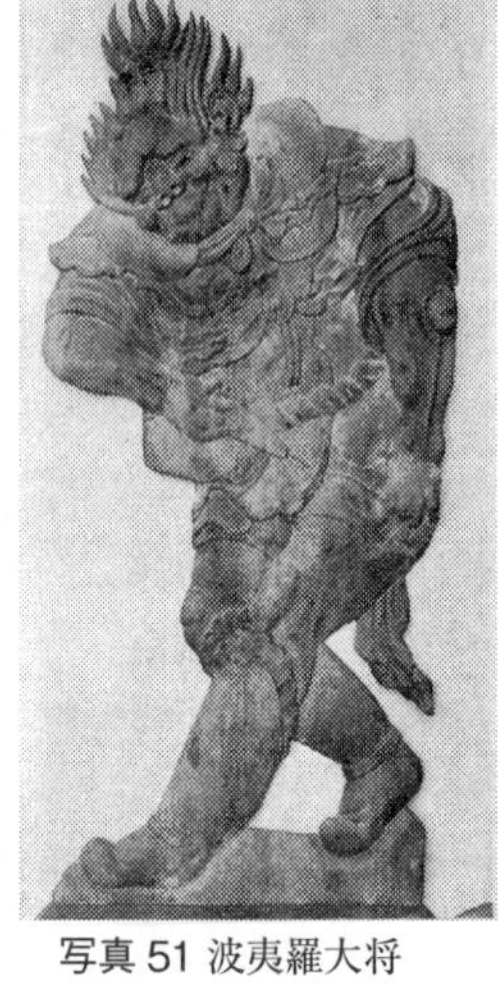

写真 51 波夷羅大将

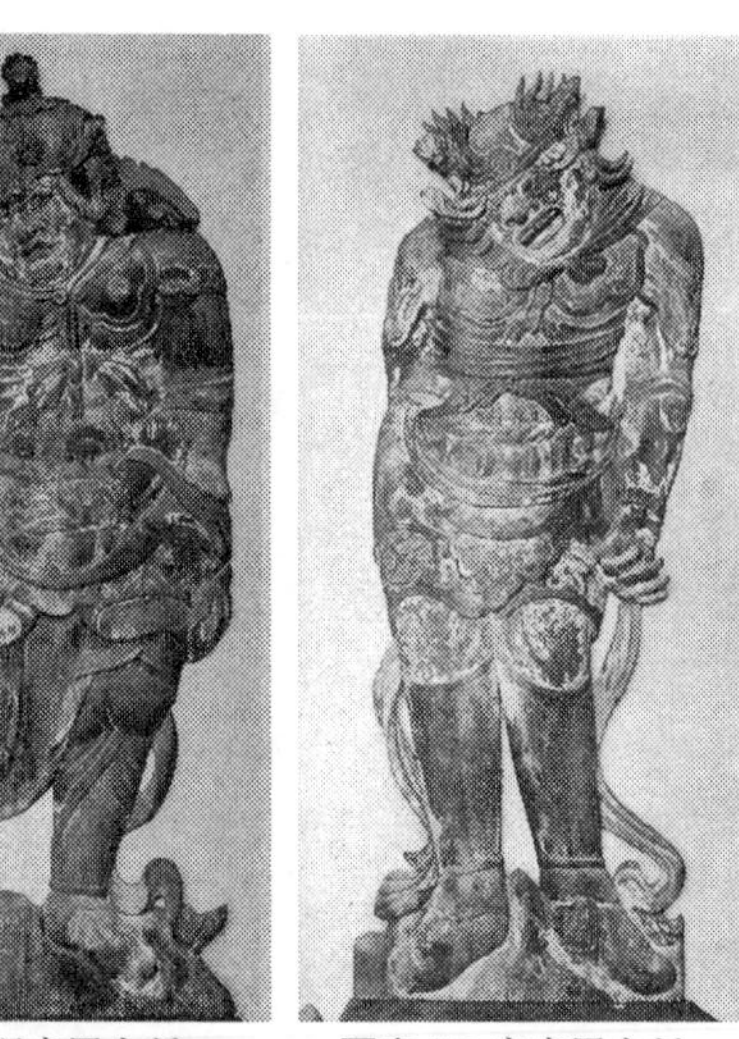

写真 52 安底羅大将

写真 53 珊底羅大将

興福寺の板彫十二神将像（平安時代、国宝）はわが国では珍しい浮彫の傑作です。躍動感に富む像やユーモラスな像など多彩な群像はよく知られています。

近世には興福寺東金堂にありましたが、伝来ははっきりしません。一方で元興寺金堂には平安時代、「半出（浮彫）十二神将」があったと史料に記され、その記述からこれが興福寺に移されたのが板彫十二神将像ではないかとする説が唱えられました。これに対して、もとから興福寺にあったという説もあり、研究上は決着がついていないと思われます。

この章では興福寺における仏像・神将像などの安置のかたちを探り、板彫十二神将像が平安時代から興福寺にあって火災の際に救い出された可能性はほぼないことを論じました。史料通り、やはり元興寺由来の像だったのではないでしょうか。

その性格は、これまで推定されたように薬師如来像の守護神として台座の周囲に貼り付けられていたのではなく、もとから単独のパネル像として制作された可能性を指摘しました。

写真54 毘羯羅大将

写真55 招杜羅大将

写真56 真達羅大将

## Ⅰ．板彫十二神将とは

十二神将は薬師如来の眷属（配下の守護神）で、薬師の十二本願を守護し、十二支ないし東西南北の十二方位に配される。宮毘羅、伐折羅、迷企羅、安底羅、額儞羅、珊底羅、因達羅、波夷羅、摩虎羅、真達羅、招杜羅、毘羯羅の十二神だ。

板彫十二神将像（以下、板彫像という）は桧の板の浮彫で、変化に富む姿態を的確な構図でとらえ、生気に富む＝写真51～62。正面向きが一体（真達羅）、向かって右向きが六体、左向きが五体に分かれる。名称は寺伝によるもので、制作年代は平安時代の一一世紀半ばを降らない。像の裏にはめた枘で裏板に止めて額装としているが、これらは後世の仕事とされる。

厚さは三・三センチ～二・二センチ、縦は一〇〇・三～八八・九センチ、幅は四二・七～三三・六センチで、因達羅像が板二枚を縦に矧ぎ合わせている他は一枚板に彫る。白土を塗った下地の上に彩色や切金（金箔を細線に切って貼り付け、模様などを表す技法）で華麗に装飾されていたが、ほとんど剥落している(1)。

奈良文化財研究所が、木目がわかる六体を選んで年輪年代

写真 57 頞儞羅大将

写真 58 摩虎羅大将

写真 59 迷企羅大将

測定を行い、うち波夷羅像の年輪年代は九六五年で、削られた部分を加えると一一世紀初めから中頃までの伐採と判定され、様式観とほぼ一致した[2]。

このような板彫の十二神将像が元興寺にあったと記す史料がある。平安時代、学者の大江親通が嘉承元（一一〇六）年と三十四年後の保延六（一一四〇）年の二回、南都諸大寺を巡礼して書いた『七大寺日記』と『七大寺巡礼私記』（以下、巡礼私記という）だ。

元興寺金堂の記述を見よう。（引用文のふりがなとかっこ内は補った＝以下同様）

【七大寺日記】

「佛（本尊の弥勒仏）後ノ厨子三尺許、半出〇（鐫の異体字＝彫ると同じ意味）リ造レル十二神将アリ、尤見ル可シ源朝（の）繪様（下絵）云々」

【巡礼私記】

「半出十二神将高三尺許　件（の）神将、佛後（の）厨子（の）内（に）有り、口傳（言い伝えに）云（う）、源朝之繪様（を）以（っ

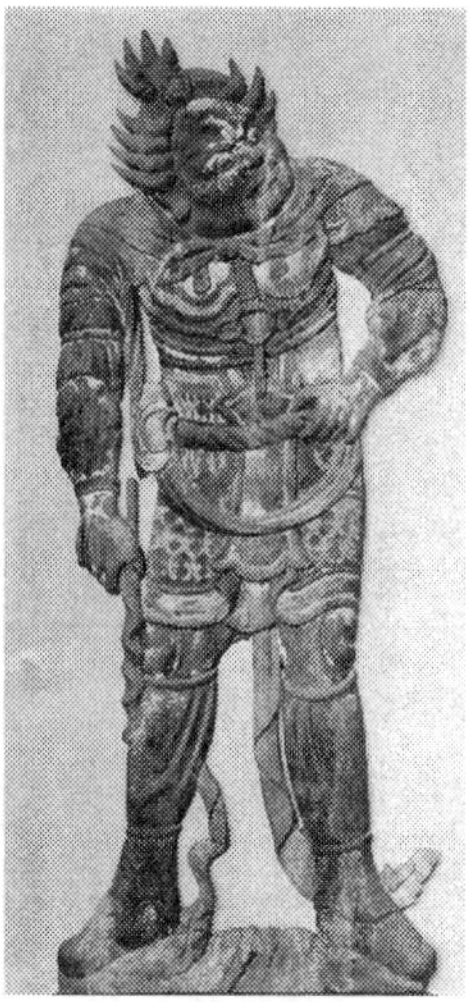

写真60 因陀羅大将

写真61 伐折羅大将

写真62 宮毘羅大将

て）造立云々、不可思議也」

高さ約三尺の半出（浮彫）像で、仏後（後陣）の厨子に納められ、源朝（玄朝）の下絵をもとに造られたことを伝える。

今度は興福寺東金堂の記事を見てみよう。

【七大寺日記】

「件（の）佛（本尊の薬師仏）ノ大（台）座、高二尺余（の）十二神将ノ像、尤見（る）可（し）。妙云（原註：也か）、本新薬師寺十二神将也」

【巡礼私記】

「十二神将立像、長二尺許　斯神将　口傳（に）云（う）、新薬師寺像也、不可思議（の）造様也　而往年之比　此寺に移す中尊大坐之上（の）所に安置する也」

平安時代後期に興福寺東金堂に安置されていた十二神将は浮彫ではなく立像で、本尊の台座の上に安置されていたことが確認できる。興福寺の主要な仏堂で、薬師如来を本尊とする堂は東金堂以外にない。

写真51～62『興福寺大鏡』第5集（東京美術学校刊）より

## Ⅱ．これまでの研究

岡直巳は東京国立博物館の美術誌『ＭＵＳＥＵＭ』35号（１９５４年）の「新国宝　興福寺十二神将像」解説で巡礼私記の記事を引用して、「その半出彫刻といい、三尺ばかりという法量といい、不可思議也との評言といい、この記述は本像のごときものを指すようである」と述べて、元興寺にあった半出像との強い関連を指摘した。

佐和隆研は『仏教芸術』40号の「興福寺特集」（１９５９年）でこの像を取り上げ、「躍動する肉体の強さなどはかなり凹凸も深く美しく彫り出されているけれども、彫刻的にはその表現は不自由で（中略）絵画的表現に束縛されたためであるとみられる」と述べ、「元興寺のそれが此処に移されたという証拠はないが、或いはそれに当たるのではないかと考える人もある。又（中略）元興寺像にならって作ったものではないかと考えられもする」と両論を併記した。

倉田文作は（前註1）の十二神将像解説で、後補の有無や制作技法を含む紹介を行った。これらの像は七大寺日記で元興寺（飛鳥寺）の絵仏師（仏画を描く仏師）だった源朝（玄朝）の絵様によって造像されたものとされるが、醍醐寺に現存する玄朝筆の不動明王図像の一図＝**写真63**の童子と板彫像の中の摩虎羅像などを比較すると共通する趣致があり、板彫像が玄朝様（げんちょうよう）（玄朝の様式）にならって造像されたとしても年代的に矛盾はない。法量（寸法）もほぼ一致する。従って元興寺が中世に荒廃したことを考えれば、板彫像がもと元興寺のもので、中世以降、興福寺に移された可能性も考えられるとした。

また、教王護国寺（東寺）金堂の本尊・薬師如来像＝**写真64**の台座の下框（したがまち）（台座下部の壇状の部分）の上に十二神将の彫像が安置されているように、板彫像は薬師如来坐像の台座の周囲に貼り付けた可能性も指摘した。

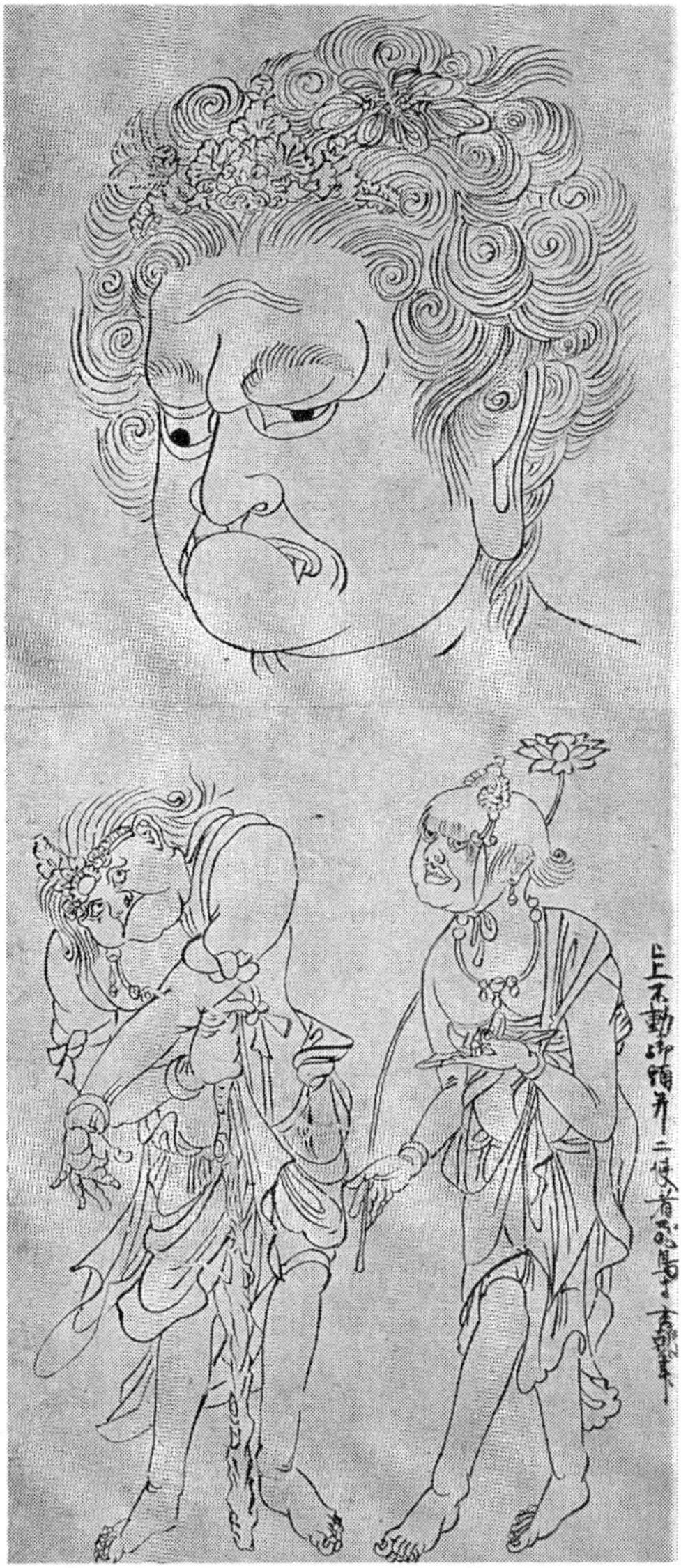

ただし、興福寺の薬師如来像で該当するものは現存しないとした。また、台座に貼り付けたと仮定して、正面向きの真達羅を前面中央に置き、左右向きを周囲の左右に配列したと推定した。

井上正は『奈良の寺　興福寺』（1975年、岩波書店）の「興福寺の平安彫刻」で、板彫像について井上らしい熱のこもった芸術論を展開している。しかし、伝来については「元興寺から移されたものか、あるいは永承三年（一〇四八）年の東金堂再建に際して造られたものかはっきりしないが、玄朝様にもとづいて当時の名手が主となって彫成したものであることは疑いない」とだけ述べる。

その後、板彫像を正面から論じた文献は見当たらない。

**写真63** 玄朝筆「不動明王図」 醍醐寺不動明王図像集（鎌倉時代、重要文化財）の一図（部分）。童子の表現が板彫像と似ている＝「醍醐寺のすべて」展図録（奈良国立博物館）より

「興福寺国宝展」（1997年）の図版解説（浅湫毅執筆）は「元興寺からの移入像とみる説もある」と述べ、むしろ興福寺原所在説に傾いているように思える。

三宮千佳は平安時代、元興寺が次第に興福寺に支配されるようになったことを挙げて、「（板彫像は）興福寺東金堂の一一世紀の罹災とその復興のために源朝様で造像されたが、治承四年の兵火に際し、救出されてもっとも近い位置にある元興寺金堂に移された」と考え、「推測ではあるが、もともと興福寺の像であったからこそ、中世以降再び興福寺に返却されたのではないか」とした（大橋一章、片岡直樹編『興福寺』、2011年、里文出版）。自ら書くように推測の域を出ない。

写真64 教王護国寺（東寺）金堂の本尊・薬師如来坐像（桃山時代、重要文化財）。台座下の周囲に十二神将を配する。近世初頭の復興だが、古代以来の伝統を踏まえる。興福寺東金堂の平安時代の本尊の台座もこのような姿だったのだろう＝『新指定重要文化財3 彫刻』（毎日新聞社刊）より

「興福寺仏頭展」（2013年）の図録解説（芹生春菜執筆）は「興福寺濫觴記には板彫りの十二神将が東金堂にあったことが記され、本像が東金堂に伝来したことがわかる」とだけ述べる。

## Ⅲ．興福寺原所在説は成立するか

板彫像については『興福寺濫觴記』に次のように記される。

「板十二神将　各立像 御長(たけ)二尺五寸五分　弘法大師一刀三禮（礼）」

長（高さ）が二尺五寸五分（約七七チセン）という法量は板彫像と合わないが、他の像の寸法の記述にもおかしな個所があるので問題はない(3)。濫觴記は享保二（一七一七）年の興福寺伽藍炎上の記事が含まれているのでそれ以降の成立ということになる。

伐折羅と毘羯羅像の裏には「南円堂」と書いた付箋が貼り付けられていて、一時は南円堂にあったことが知られるが、近世以前の板彫像の所在はわからない。

板彫像はもとから東金堂にあったのだろうか。前述のように巡礼私記は本尊・薬師如来像の台座に高さ二尺余の十二神将像があったとする。巡礼私記は「往年之比 此（の）寺に移す　中尊大坐之上（の）所に安置する也」とも記す。七大寺日記と同様、「もと新薬師寺の像」と伝える。

「立像」「安置する」とはっきり書かれているので、これを台座に貼り付けた板彫像と解釈する余地はない。大江親通は元興寺金堂で「半出」の板彫像を見ているのだから、もし同じような浮彫像があったとすれば、ここでも「半出」と書くだろう。「二尺余」「二尺許」という法量も板彫像とは相違する。

巡礼私記が言う台座上に安置した十二神将とは、教王護国寺金堂の本尊・薬師如来坐像の台座のようなかたちを指すと考えられる。倉田は教王護国寺金堂像の台座の周囲に板彫像を貼り付けた姿を想定したが、当時、東金堂にあったのはそのような像ではなかったということだ。

ここで毛利久「興福寺東金堂本尊の脇侍像」(『日本仏教彫刻史の研究』所収)、及び太田博太郎『南都七大寺の研究』に基づき、興福寺伽藍の罹災の記録をたどって見よう。板彫像の制作年代と関わる一一世紀以降では、次の火災が知られる。

▽寛仁元(一〇一七)年　落雷のため東金堂と五重塔を焼いた。東金堂の仏像は全て取り出された(藤原道長の日記『御堂関白記』他)。

▽永承元(一〇四六)年　伽藍を焼き尽くし、残ったのは北円堂と倉だけだった。救い出されたのは金堂本尊の釈迦、南円堂の不空羂索、西金堂の諸仏に止まった(僧皇円著の歴史書『扶桑略記』他)。この後、東金堂の本尊・薬師三尊像の再興には仏師定朝がかかわったと推定される。

▽康平三(一〇六〇)年　金堂、講堂、中門、大門(南大門)、三面僧房などを焼く。東西金堂、南円堂、食堂は免れる(平定家の日記『康平記』他)。

▽永長元(一〇九六)年　金堂の一郭を焼く。北円堂、南円堂、東西金堂、塔、食堂は残った(藤原宗忠の日記『中右記』他)。

一世紀にも満たないのにすさまじい被災ぶりだ。

永承の復興に際して、記録にはないが、それまでの立像の十二神将像とは違って倉田が想定したような板彫の十二神将像を貼り付けた台座が制作されたと仮定して見よう。その場合、薬師如来像とともに定朝一門の手で造られた可能性が高い。

康平と永長の火災では東金堂は焼けなかったので、台座の板彫十二神将像も本尊と共に安泰だっただろう。しかし、治承四（一一八〇）年、平重衡の南都焼き打ちで興福寺の伽藍は東大寺とともに灰燼に帰した。九条兼実の日記『玉葉』治承五（一一八一）年正月二九日条に書き写された「興福寺寺家注文」（注進＝報告）によると、東金堂の仏像のうち、後戸（後堂つまり後陣）に祀られていた新羅伝来の金銅釈迦三尊像は「全体破損」「半身損壊」といった状態で、霊像として知られた正了知大将像は頭部だけが僅かに取り出された。本尊・薬師如来像は堂と運命を共にしたことが明らかだ[4]。

時代は江戸時代に下がるが、享保二（一七一七）年、講堂から出火して金堂、西金堂、南円堂、中門、南大門などを焼いた火災でも、南円堂の本尊・不空羂索観音像や西金堂の十大弟子像、六部衆（いずれも国宝）などは辛うじて持ち出された。しかし西金堂の本尊・釈迦如来像は運び出せず、頭部だけが救出された。興福寺に残る木造仏頭（鎌倉時代、重要文化財）だ。

以上の例でわかるように、火災の緊急時には、本尊などの仏像をせめて頭部だけでも運び出すことが優先される。光背や台座はその次になる。しかし、治承の兵火では東金堂本尊の薬師如来像は一部ですら取り出せなかった。従って台座が助かった可能性はないだろう。まして台座に貼り付けた板彫像だけを混乱の中で取り外し、しかも十二枚そろって救出した可能性は皆無と言えるのではないか。

寺家注文は、僧が危険を顧みず西金堂の堂内に飛び込んで炎の中から十一面観音像を持ち出したことを記す。東金堂で板彫像が救出されていたら同様に記録されていたはずだ。

板彫像の用材の年輪年代や作風年代は永承の制作と考えても矛盾はない。だからこそ東金堂の薬師如来坐像の台座に貼りつけられた像で、治承の兵火の際に救い出されたという説が生じたのだろう。しかし、前述の『玉葉』の記述及び火災の状況を踏まえると、仮にそのような台座があったとしても、治承の兵火で助かったと考えるのは難しい。

治承の兵火が伽藍だけでなく安置された仏像に与えた被害は甚大だった。現在、興福寺には平安時代の仏像はほとんど残っていないのはそのためだ(5)。

板彫像はやはりもとは元興寺にあったと考えるべきだろう。大江親通の記事は「高さ三尺ばかり」という法量が一致するなど具体的で、飛鳥寺（元興寺）玄朝の絵様という記述も、現存する玄朝の白描画（墨の線だけで描いた絵）が示す様式と矛盾しないことが認められる。

平安時代末期以降、元興寺は衰微し、一一世紀に元興寺別当に任じられた僧は多くは興福寺僧だった(6)。南北朝から室町時代にかけては興福寺大乗院門跡に支配され、元興寺別院だった禅定院は大乗院門跡の居住坊となった。宝徳三年、金堂が土一揆で焼けて中心部を失い、極楽坊（現在の真言律宗・元興寺）や五重塔などが残るだけになった。こうした経緯を見るとき、板彫像はいつの時点か、想像すれば金堂焼失の際に救い出され、興福寺に移されたと考える。玄朝の図様に基づく有名像として珍重されたのではないか。

## Ⅳ．板彫像を台座の周囲に貼りつけることへの疑問

倉田は教王護国寺金堂像をもとに、板彫像を台座の周囲に貼り付けた姿を想定したが、具体的にどのようなものだったのだろうか。教王護国寺金堂像＝写真64は懸裳（かけも）を伴う八角形台座の下框の上の腰（下敷茄子（したしきなす））の周囲に十二神将像を配置している。

台座の形式で最も例が多い蓮華座でも、唐招提寺金堂の中尊・盧舎那仏坐像（奈良時代、国宝）＝写真65の台座＝写真66のような形なら腰の部分に貼り付けることができる。これらの場合、板彫像の数に合わせて腰は四角、六角、十二角形のいずれかになるだろう。

倉田は板彫像のうち正面向きの真達羅を前面中央に、左右向きをそれぞれ左右に振り分けて貼り付けたのではないかと想定した。正面観を重視した見方だ。果たしてそうだろうか。周囲に貼り付けるなら、十二方位を守護する守護神としての役割から、それぞれ正面を意識して制作するはずだ。ほとんどがまったくの横向きというのはあり得るだろうか。それに倉田の説では、正側面はよいとして背面では左右の向きが反対になるところが一か所できる。裏とはいえ隙ができた形となり、十二方位の守護神としてこれはまずいのではないだろうか。

一〇〇・三～八八・九㌢という板彫像を貼り付けたら、その分、台座は高くなる。教王護国寺金堂像の十二神将は立像で、高さは板彫像とほぼ同じ一一一・三～九二・〇㌢なので台座の高さは三二三・六㌢にもなる。唐招提寺像の台座の高さは現状で二〇三㌢あり、このうち腰の高さは四二・五㌢だ。板彫像を貼り付けるとしたら、腰の部分の高さは少なくとも一二〇㌢は必要と思われ、台座の高さは一二〇㌢と四二・五㌢の差七七・五㌢を単純に足すと約二八〇㌢になる。

これだけの台座だと、その上に載る像、光背を含め大像になる。教王護国寺金堂像の場合は像高二八八㌢、光背高は五一一㌢もある。光背と台座を合わせた総高は八三四・六㌢に達する(7)。南都七大寺でも金堂や講堂など主要な堂の本尊クラスだ。

次は南都諸大寺に平安時代、同じような板彫像を台座に貼り付けた薬師如来像があった可能性を巡礼私記によって吟味する。

東大寺、大安寺には薬師如来を本尊とする主要な仏堂はなかった。元興寺講堂の中尊は「丈六薬師坐像」だったが、親通の記述によって明らかなように板彫像とは関係がない。西大寺には薬師金堂があったが、この時代までに失われており、鎌倉時代、叡尊が現れるまで寺の復興はなかった。

薬師寺金堂の薬師三尊像(奈良時代、国宝)、唐招提寺金堂の薬師如来立像(中尊・盧舎那仏坐像と千手観音立像との三尊構成。奈良時代、国宝)、法隆寺講堂の薬師三尊像(平安時代、同)、西円堂の薬師如来坐像(奈良時代、同)はいずれも台座とともに現存しており、これらも関係がないことは明らかだ。

写真65 唐招提寺金堂の中尊・盧舎那仏坐像
写真66 その台座(斜め横から撮影。右に光背の支柱2本が写っている)
=ともに唐招提寺大鏡第1集(東京美術学校刊)より

結局、平安時代に板彫像を台座に貼り付けた丈六クラスの本尊・薬師如来像があったと、仮定だけでもできるのは興福寺東金堂以外にはないことになる。その場合も前節に述べた通り、治承の兵火で板彫像が助かった可能性はないと考えられる(8)。

## V．板彫像は本来、パネルとして制作された

玄朝の筆勢を受けた板彫像の姿態は自由だ。台座に貼り付けたのではなく、もともと左右各一組のパネルとして制作されたのではないかと考えた。その配列から導いた当初の形状についての試論を述べる。

十二枚を横一列にして、向かって右向きの六枚を左に並べ、次に正面向きの真達羅を置き、続いて左向きの五枚を並べた。左右の順列は向きのみで判断し、並びは適宜とした。写真51〜62はそれを示す。左右各六枚の合計幅は左が二三三・二センチ、右が二三一・三センチ。その差は一・九センチだった＝表15。ほぼ等しいと言ってよいだろう。

（数値は『奈良六大寺大観』興福寺一の「（板彫）十二神将像」解説による）

一枚ごとに高さや幅はばらばらで、最も幅が大きい波夷羅と最も小さい安底羅との差は九・一センチもあるのに、これは偶然ではないだろう。玄朝の下絵をもとに板彫像を彫った仏師は、正面向き像一枚・左向き像五枚の計六枚と、右向き像六枚とを左右各一組として、左右の合計幅が等しくなるように木取りして制作したと推定してみた。

玄朝の下絵自体が左右の向きを考え、体勢や服制に変化をつけたものだ。元興寺金堂にあった当初から、厨子に納めるパネル像として造られたのではないか。台座に貼り付けるために造られたとしたら十二面のサイズ

| | 宮毘羅 | 因陀羅 | 伐折羅 | 迷企羅 | 摩虎羅 | 額你羅 | 真達羅 | 招杜羅 | 毘羯羅 | 珊底羅 | 安底羅 | 波夷羅 |
|---|---|---|---|---|---|---|---|---|---|---|---|---|
| 幅 | 38.2 | 40.3 | 37.2 | 42.4 | 36.9 | 38.2 | 36.9 | 36.3 | 40.0 | 41.8 | 33.6 | 42.7 |
| 左右幅 | 233.2 | | | | | | 231. 3 | | | | | |
| 合計 | 464.5 | | | | | | | | | | | |

表15 十二神将像を向きによって左右各6枚に分けたときの幅の合計寸法。左右の合計は1.9ｾﾝﾁしか違わない＝『奈良六大寺大観』興福寺一のデータに基き著者作成

は統一されるはずだし、このようなかたちで祀られたはずがないと考える。「仏後（後陣）の厨子の内にあり」という巡礼私記の記述は、オリジナルの姿だった可能性が高いのではないか。

元興寺金堂の本尊は弥勒仏で、薬師如来の眷属・十二神将とは関係がない。板彫像が仏後に安置されていたのはそのためだ。巡礼私記によれば、講堂本尊・薬師如来像の左右には「等身十二神将像」が厨子に入れて安置されていた。板彫像は本来なら講堂に安置するべきだが、既に十二神将像があり、重複するので金堂に置かれたと考える。

板彫像は他の場所から元興寺に移入された可能性が高い。飛鳥寺（元興寺）玄朝と呼ばれ、元興寺と縁が深い高名な絵仏師の絵様に基づく像だけに、金堂本尊とは関係ないものの、後陣で講堂の本尊・薬師如来坐像に向かい合うように祀られたのではないか。

## Ⅵ．東金堂の国宝・十二神将立像はなぜ独立像になったのか

現在、東金堂には木造十二神将立像（鎌倉時代、国宝）＝写真67が祀られている。高さは高さ一一三〜一二六・三ｾﾝﾁで、鎌倉時代らしい写実と躍動感に富む。

前述の通り、平安時代には高さ二尺あまりの十二神将像が本尊・薬師如来像の台座上の周囲に安置されていた。興福寺は度重なる火災に見舞われながら藤原氏の氏寺としての伝統を守り、堂や仏像は元のかたちを重んじて復興されてきたことで知られる。それ

なのに東金堂の十二神将が独立像になったのはなぜだろうか。

その鍵は鎌倉復興時の本尊をめぐる有名な事件にあると考えた。

太田博太郎によれば、治承の兵火のあと、最も早く再建が進んだのは東金堂と西金堂だった。東金堂は「寺家沙汰（興福寺が費用をまかなう方式）として造営すでに了んぬ」＝九条兼実『玉葉』・元暦二（一一八五）年六月二八日条＝とあるので、このときには完成していた。ところが、「造仏の条においては、その力及び難し」とあり、肝心の仏像の復興はその費用の捻出をめぐって難航した。

業を煮やした東金堂衆（東金堂に属した衆徒）は文治三（一一八七）年、飛鳥・山田寺に発向（押し寄せること）して、講堂本尊の金銅薬師三尊像を武力にものを言わせて理不尽にも奪い取り、興福寺に運んで東金堂の本尊にしてしまった(9)。

図67 伐折羅大将（国宝十二神将像のうち　東金堂）＝興福寺大鏡第４集（東京美術学校刊）より

この大事件の後、東金堂はしばらく無事だったが、文和五（一三五六）年、五重塔に落雷して塔とともに炎上した。このとき薬師三尊は救出されて無事だった。しかし、応永一八（一四一一）年、またも五重塔に落雷して塔や東金堂などが焼失したとき、薬師三尊の両脇侍（日光、月光菩薩像）は損傷を被りながら救出された（現重要文化財）が、中尊の薬師如来坐像は運び出すことができずに火熱で焼け熔け、頭部だけが残った。

昭和一二（一九三七）年、東金堂の解体修理の際、奈良県技手の黒田曻義（くろだのりよし）が須弥壇の中から発見した有名な旧山田寺仏頭（奈良時代初期、国宝）だ。

図68 薬師寺本尊・薬師如来坐像の宣字形台座＝画像提供　薬師寺

この薬師如来坐像には、制作年代が似通う薬師寺の本尊・薬師如来坐像（国宝、奈良時代初期）のように、古式の宣字形台座（せんじけいだいざ）[10]＝写真68が備わっていたと考えた。応永の火災後に復興された現在の本尊・銅造薬師如来坐像（室町時代、重要文化財）の台座も宣字形なのは、旧山田寺像の姿を継承したものだ。

宣字形台座の下框には、本来、ものを置くことが想定されていない。このため鎌倉復興で山田寺講堂本尊を本尊に据えて十二神将像を造立する際、平安時代までのように台座上の周囲に安置できないので仏壇上に置く独立像とされたのだろう。

波夷羅大将像の足枘には建永二（一二〇七）年の墨書があるので[11]、造像は本尊奪取の約二十年後であることが知られ、以上の推定を裏書きする。

# 註

(1)倉田文作、1967、「十二神将解説」、『奈良六大寺大観』七(興福寺一)、岩波書店

(2)光谷拓実他、2007、「年輪年代法による興福寺国宝板彫十二神将像の年代調査」、『奈良文化財研究所紀要』

(3)同じ東金堂の像では、例えば文殊大士(文殊菩薩坐像、鎌倉時代、国宝)の法量は「御長二尺五寸(約七五・八チセン)」と記しているが、実際は九四・〇チセンで大幅に食い違う。倉田文作は板彫像の解説で、『濫觴記』が「板十二神将(略)御長二尺五寸五分(約七七・三チセン)」としていることを挙げ、「法量(著者註:寸法)が違うのでこの一具の像(板彫像)に擬すにはやや困難があるが」と書くが、その懸念は当たらない

(4)『玉葉』第二、1907，国書刊行会

(5)興福寺には平安時代の薬師如来坐像(重要文化財)が所蔵されている。納入品から長和二(一〇一三)年に造られたことがわかり、この時代の基準作例とされる。台座、光背とも失われている。定朝作という寺伝があり、制作年代もほぼ一致するので板彫像との関連を吟味する必要がある。板彫像が台座に配されていたとすれば、大きさのバランスから丈六(普通は座った高さでその約半分の二四〇チセン前後)の本尊級の薬師如来坐像と考えられるが、重文像の高さは一〇七・五チセンなので、その可能性はない。重文像はサクラ、板彫像はヒノキという材質も相違する。

(6)岩城隆利、1980、「大寺元興寺の盛衰」、『日本仏教民俗基礎資料集成』(Ⅶ)第三章、中央公論美術出版

(7)教王護国寺・薬師如来坐像の台座の十二神将像の高さは東寺国宝館、薬師如来坐像の台座高と光背高は文化庁文化財第一課に照会して教示を受けた。ここに謝意を表する。像高は新指定重要文化財の解説に拠った。唐拓提寺像は『奈良六大寺大観』十二(唐拓提寺一)の解説に従った。

(8)室町時代再建の東金堂(国宝)の須弥壇上から天井までの高さは、縮尺をもとに計算すると約七・三メートルになった(『奈良六大寺大観』七(興福寺一)の東金堂解説所収の断面図)。東金堂は中世風で屋根の勾配を含めた姿はかなり建ち(平面に比べた柱や棟の高さ)が高い。平安時代の堂は現状より建ちが低かったと考えられ、板彫像を貼り付けた高い台座を入れたら、像とのバランス上、光背だけ低くはできないので天井につかえてしまうのではないか。このことも板彫像が東金堂由来ではないという傍証となる

(9)安田次郎は「国宝興福寺仏頭展」の図録小論文でこの前年、仁和寺の守覚法親王(しゅかくほうしんのう)が興福寺支配だった大覚寺を押領(著者註:

支配権を力で奪うこと）したことを挙げ、東金堂衆が仁和寺支配の山田寺から薬師三尊を奪ったのはこの報復だった可能性を指摘した

（10）「宣」の字を正面から見た形の台座。上下框、中框（腰）とも四角形で、上框の前面または周囲の三方に仏の裳を垂らす懸裳を伴う。古代、如来の座としてよく用いられた

（11）田辺三郎助、1970、「東金堂十二神将解説」、『奈良六大寺大観』八（興福寺二）

## 主な参考文献

『興福寺大鏡』第四、五集　『唐招提寺大鏡』第一集　1921～22、東京美術学校
『奈良六大寺大観』第七巻（興福寺一）、同八巻（興福寺二）、同十二巻（唐招提寺一）、同十四巻（西大寺）、1968～73、岩波書店
『大和古寺大観』第三巻（元興寺極楽坊他）、同第五巻（海龍王寺他）、1977～78、同
『日本建築史基礎史料集成』11（塔婆1）、1984、中央公論美術出版
『元興寺極楽坊本堂禅室及び東門修理工事報告書』、1957、奈良県教育委員会
『奈良時代僧房の研究』、1957、奈良国立文化財研究所学報第四冊（前掲報告書に付載）
『元興寺極楽坊五重小塔修理工事報告書』、1968、奈良県教育委員会
『書院（今西家書院）修理工事報告書』、1979、同
『奈良県史蹟名勝天然記念物報告』11、1930年、奈良県
『奈良県文化財図録』Ⅵ、1973、奈良県教育委員会
辻善之助編、1931～37、『大乗院寺社雑事記』一－一二、三教書院
史料研究の会編、1988～9、『大乗院寺社雑事記総索引』上下、臨川書店
中村達太郎、1933、『日本建築辞彙』（第一七版）、丸善
藤田経世編、1972、『校刊美術史料』（上）所収『七大寺日記』『七大寺巡禮私記』『社寺縁起集』（菅家本）、中央公論美術出版

『川路聖謨文書（寧府紀事他）』第二、1933、日本史籍協会
岩城隆利編、1963〜66、『元興寺編年史料』上中下、吉川弘文館
岩城隆利、1999、『元興寺の歴史』、同
五来重編、1964、『中世庶民信仰の研究』、法蔵館
元興寺仏教民俗研究所編、1969、『智光曼荼羅』、学術書出版会
――、1974〜80、『日本仏教民俗基礎資料集成』Ⅲ、Ⅴ、Ⅶ、中央公論美術出版
元興寺文化財研究所編、1987、『日本浄土曼荼羅の研究』、同
――、2018、元興寺創建1300年記念「大元興寺展」図録、真言律宗元興寺、華厳宗元興寺、真言律宗小塔院
――、2020、『華厳宗元興寺所蔵歴史資料調査報告書』
――、2020、『元興寺の歴史と美術』、吉川弘文館
亀田孜、1940（初出）、「長谷能満院の春日浄土曼荼羅」、『日本仏教美術史叙説』、1970、学芸書院に所収
奈良国立博物館、2018、特別展「春日大社のすべて」展図録、同博物館
河田貞、1972、「長谷寺能満院に伝わる尋尊の四方舎利殿」、『仏教芸術』86号、毎日新聞社
太田博太郎、1979、『南都七大寺の歴史と年表』、岩波書店
――、1983〜86、『日本建築史論集』Ⅰ-Ⅲ、同
大岡實、1966、『南都七大寺の研究』、中央公論美術出版
京都国立博物館、1995、『興福寺曼荼羅図』、同博物館
東京大学史料編纂所、1988、『日本荘園図聚』3（近畿2）、同大学出版会
伊藤鄭爾、1958、『中世住居史』、同
奈良文化財研究所、2003、『平城京条坊総合地図』（史料第六〇）
――、2020、『名勝旧大乗院庭園発掘調査報告』（学報第九七）
森蘊、1959、『中世庭園文化史』（学報第六）、吉川弘文館
毛利久、1970、『日本仏教彫刻史の研究』、法蔵館
浜田隆、1970、『図像』、日本の美術12、至文堂

日本仏教芸術学会、１９５９、『仏教芸術』40号「興福寺特集」、毎日新聞社
永島福太郎、１９６３、『奈良』、吉川弘文館
坂本太郎、「辻子について」、１９６４、『日本古代史の基礎的研究』下（制度編）、東京大学出版会に所収
高橋康夫、１９８３、『京都中世都市史研究』、思文閣
足利健亮、１９８４、『中近世都市の歴史地理―町・筋・辻子をめぐって』、地人書房
石井進、２０００、『中世の村を歩く』、朝日新聞社
五味文彦編、１９９２、『都市の中世』、吉川弘文館
『奈良市史』建築編、１９８５、同
『大和志』２（覆刻）、１９８２、同
安田次郎、１９９８、『中世の奈良』、同
増尾正子、２００３、『奈良の昔話』奈良町編、ブレーンセンター
谷直樹、２００５、『町に住まう知恵』、平凡社
高橋康夫、吉田伸之他編、１９９３、『図集・日本都市史』、東京大学出版会
土本俊和、１９６４、「中世奈良における郷の形態」、『日本建築学会計画系論文集』４９５号
村井古道著、喜多野徳俊訳註、１９７７、『奈良坊目拙解』、綜芸舎
――、同、１９７９、『南都年中行事』、同
高田十郎、１９４３、『井上町年代記抄』、桑名文星堂
社団法人奈良まちづくりセンター編、２０１１、『奈良町の「会所」の歴史と現況』
奈良市教育委員会、１９８２、『奈良町―都市計画道路杉ヶ町高畑線の工事に伴う町並調査』
――、１９８３、『奈良町（１）（元興寺周辺地区）昭和57年度伝統的造物群保存対策調査報告書』

## 初出一覧

旧稿は読みやすくするため改題、加筆したが、論旨は変えていない。

・第一章「奈良町のシンボル・元興寺五重塔の再建のために」
奈良まちづくりセンター論文集『地域創造』54号、2016年
・第二章「元興寺五重小塔は西塔の<象徴>として祀られた――焼失した五重塔との相似から伝来の謎に迫る」
――『地域創造』59号、2021年
・第三章「元興寺本堂の『設計』意図と本尊の変遷についての考察」の前半部を改稿
――『地域創造』58号、2020年
・第四章「今西家書院がわが国住宅史上に占める位置―大乗院御殿の移建説は成立するか」
――『地域創造』56号、2018年
・第五章「奈良町の会所のかたち―薬師堂町の会所を中心に」
平成29年度文化庁助成『奈良町の歴史・文化遺産を活かした地域活性化事業（奈良町モノ語り調査）報告書』の第1章「奈良町の会所」
・第六章「奈良町の辻子・突抜を考える」新稿
・第七章「元興寺本堂の『設計』意図と本尊の変遷についての考察」の後半部を改稿
――前掲『地域創造』58号
・第八章「興福寺の国宝・板彫十二神将像は元興寺にあった」新稿
・ならまちの散歩道Ⅰ「奈良町とその周辺にあった塔をめぐる覚書」～興福寺五重塔といまは滅びた塔
奈良まちづくりセンター月刊『町家くん通信』388号、2022年3月
・ならまちの散歩道Ⅱ「奈良町の礎石のことども」
――『町家くん通信』361号、2019年11月
・ならまちの散歩道Ⅲ「近代の華厳宗・元興寺復興と森鷗外、石川淳」
――『町家くん通信』371号、2020年9月

## あとがき

今は昔。新聞記者として神戸支局で兵庫県警を三年間担当し、殺人や知能犯、暴力団山口組などの事件取材に明け暮れましたが、文化財の取材を希望して奈良支局に配属されました。

奈良では行政担当の傍ら国立博物館、文化財研究所、大和文華館、県教育委員会文化財保存課の美術史や建築史・古建築修理の専門家に取材しました。その後、本社でサブデスク兼特定の持ち場がない遊軍記者になり、朝夕刊の交代で自由時間が増えたので京都国立博物館や神戸市立博物館、東京、福岡などに取材範囲を広げました。新発見を報じた記事二本は美術誌『国華』の論文註に取り上げられました。

取材現場を離れてから、事業局ではまた違う面で美術館・博物館との関係が続きました。退職後は町家保存や建築と暮らしにかかわる奈良まちづくりセンターの活動に参加し、年一回発行の論文集「地域創造」に元興寺の建築をはじめ、ならまちの歴史文化遺産について調べた論稿を発表してきました。

一書とするにあたり、過去に取材でお世話になった林進さん、吉田宏志さん、冷泉為人さん、奥平俊六さん、成澤勝嗣さん、故成瀬不二雄さんにお礼を申し上げます。

公益社団法人奈良まちづくりセンター前理事長（現理事）の二十軒起夫さん、『地域創造』編集長で前副理事長（同）の岩本廣美さん（奈良教育大学名誉教授）と拙稿の掲載時に査読してもらったまちづくりセンターの理事各位、文化庁の助成でならまちの生活文化遺産を対象にした「モノ語り」調査を一緒に行った副理事長の上嶋晴久さん、理事の勝野一さん、倉本宏さん、神野武美さん、山本素世さん、奈良民俗文化研究所代表の鹿谷勲さんに感謝します。

執筆にあたり調査や撮影などの便宜と教示をいただいた真言律宗元興寺住職の辻村泰善師をはじめ同寺文化財管理室総括学芸員の高橋平明、公益財団法人元興寺文化財研究所主任技師の大久保治、主任研究員の佐藤亜聖(現滋賀県立大教授)、研究員の服部光真、奈良県文化・教育・くらし創造部文化財保存課主幹の馬場宏道、同課の吉田恭純、山下秀樹、落合悠斗、独立行政法人国立文化財機構奈良文化財研究所都城発掘調査部長の箱崎和久、谷本啓、奈良女子大学名誉教授の上野邦一、一般社団法人氷室神社文化興隆財団代表理事の大宮守友、菊岡泰政、今西靖子、粉川大義、S_minaga 各氏と融通念仏宗徳融寺の阿波谷俊宏師にお礼を申し上げます。

出版に際して新規撮影を含む画像と図の提供ないし本書への掲載の許諾をいただいた真言律宗元興寺、元興寺文化財研究所、華厳宗元興寺をはじめ、興福寺、薬師寺、唐招提寺、法隆寺、海龍王寺、長谷寺能満院、奈良県、奈良市教育委員会、薬師堂町自治会、奈良文化財研究所、奈良国立博物館、天理大学付属天理図書館、醍醐寺、教王護国寺、園城寺、滋賀県、岩波書店、綜芸舎、筑摩書房、東京大学出版会、毎日新聞社、泉武夫・東北大学名誉教授、今西清悟氏、勝野一氏、菊岡泰政氏、高橋康夫・京都大学名誉教授、土本俊和・信州大学教授、堀賀貴・九州大学教授、山岸常人・京都大学名誉教授、山田真人氏、出版でお世話になった京阪奈情報教育出版の住田幸一社長に感謝申し上げます。

令和四年十月十二日

著者

< 著者プロフィール >

1946 年、広島県生まれ。関西学院大学経済学部卒。読売新聞大阪本社に入社。神戸、奈良支局などを経て大阪本社地方部。その後、事業局でイベントや美術展などの企画及び運営を行う。退職後は奈良市立入江泰吉記念写真美術館の「入江泰吉記念写真賞」創設にかかわり、同賞実行委員会副会長を務めた。現在、公益社団法人奈良まちづくりセンター理事

元興寺とならまちの建築・美術
～語られなかった謎に迫る～

2023年 1 月15日 初版 発行

発行・著者　清水　和彦
販　売　所　京阪奈情報教育出版株式会社
〒 630-8325 奈良市西木辻町 139 番地の 6
Tel：0742-94-4567　Fax：0742-24-2104
URL：http://www.narahon.com/
印刷・製本　共同プリント株式会社

ISBN978-4-87806-827-0